资助项目（基金）：
四川省"西部卓越中学数学教师协同培养计划"项目（ZY16001）
四川省高校人文社科研究基地四川中小学教师专业发展研究中心科研项目
　　——中学数学教师核心素养结构与测评研究（PDTR2018-02）
四川省高校人文社科研究基地四川中小学教师专业发展研究中心科研项目
　　——教育现代化环境下数学教师专业能力提升研究（PDTR2020-35）
内江师范学院2020年校级教改项目——中学数学探究教学的案例开发与实验研究（JG202019）
内江师范学院2020年校级教改项目——初中生几何直观能力水平现状及发展策略（JG202022）
四川省教育科研资助金项目重点课题"差错诊断与差错控制——数学教与学解困新路探究"（SCJG20A049）
高中数学原创性命题研究与推广（HXL-21111）

内江师范学院
四川省"西部卓越中学数学教师协同培养计划"项目
研究成果之一

中学几何
专题研究

ZHONGXUE JIHE
ZHUANTI YANJIU

编　著　徐小琴　赵思林

四川大学出版社
SICHUAN UNIVERSITY PRESS

项目策划：毕　潜
责任编辑：毕　潜
责任校对：周维彬
封面设计：墨创文化
责任印制：王　炜

图书在版编目（CIP）数据

中学几何专题研究 / 徐小琴，赵思林编著. — 成都：四川大学出版社，2021.8
ISBN 978-7-5690-4980-0

Ⅰ.①中… Ⅱ.①徐… ②赵… Ⅲ.①几何课—教学研究—中学 Ⅳ.① G633.632

中国版本图书馆 CIP 数据核字 (2021) 第 176842 号

书　名	中学几何专题研究
编　著	徐小琴　赵思林
出　版	四川大学出版社
地　址	成都市一环路南一段24号（610065）
发　行	四川大学出版社
书　号	ISBN 978-7-5690-4980-0
印前制作	四川胜翔数码印务设计有限公司
印　刷	郫县犀浦印刷厂
成品尺寸	185mm×260mm
印　张	12.25
字　数	312 千字
版　次	2021年11月第1版
印　次	2021年11月第1次印刷
定　价	55.00 元

◆ 版权所有 ◆ 侵权必究

◆ 读者邮购本书，请与本社发行科联系。
　电话：(028)85408408/(028)85401670/
　(028)86408023　邮政编码：610065
◆ 本社图书如有印装质量问题，请寄回出版社调换。
◆ 网址：http://press.scu.edu.cn

四川大学出版社
微信公众号

前　言

　　中学几何内容主要包括平面几何（平面解析几何）与立体几何．中学几何问题是中学生学习数学的难点，中学数学学习的转折点在于中学几何的学习．几何学习对学生的演绎推理能力、空间想象能力、逻辑表达能力、作图能力、运算能力都有较高要求．杨乐院士曾说过："几何严密的逻辑推理对我的思维训练起了积极的作用，引起对数学学习的极大兴趣，老师布置的课外作业基本上在课内就能完成，课外驰骋在数学天地里，看数学课外读物，做各种数学题，为后来攀登数学高峰奠定了基础．"几何学的发展是建立在欧氏几何公理化体系基础之上的，1607 年，传教士利玛窦与我国科学家徐光启共同翻译的《几何原本》正式出版．《几何原本》内容涉及初等数学的各个方面，五个公理与五个公设推导出 465 个数学命题．初中平面几何的内容主要取材于其中的点、线、面、角的概念，三角形，两条直线的位置关系，四边形，圆，相似形，图形的面积等．这也形成了我国初中平面几何教学的重要内容，在此基础上形成了适应中学生心理发展规律的几何教学体系．

　　在立体几何中，帮助学生建立从二维到三维的空间思维模式，充分发挥学生的空间想象能力，这也是中学生应具备的重要能力之一．在立体图形的认识、空间直角坐标系的建立、空间图形的性质、立体图形的面积与体积等知识的学习过程中，让学生逐步提升空间想象能力，建立三维空间体系，并运用平面几何中的严密逻辑思维能力处理空间几何问题．中学常见的立体几何主要包括球、柱体、锥体等，通常涉及空间直线间的位置关系（平行、垂直、异面）、空间的直线与平面的关系（平行、相交、直线在平面内）、空间的平面间的关系（平行、相交、重合）．立体几何常用的方法主要有几何法和向量法，当空间几何体的直线、平面间的关系符合特殊几何图形性质时，往往可以借助其几何性质直接得出相关结论，同时可以建立空间直角坐标系，借助笛卡尔直角坐标系（仿射坐标系），将空间中的点与实数系一一对应，借助代数计算得到空间关系．本书将借助上述方法分析近年高考试题中立体几何的典型问题，从学习者的角度分析和点拨．

　　解析几何是平面几何中的重要内容，由于其在高中数学中的重要教育地位和研究价值，本书将其作为重点内容放在第三章，与初中平面几何予以区别．解析几何开创了用代数方法研究几何问题的先河，首次将代数与几何学科紧密联系，是数学史上的重要里程碑．高中解析几何是学生难学、教师难教的课题，圆锥曲线的概念与性质、重要结论的推导都蕴含大量的数学运算．有研究表明，解析几何难就难在运算．高中解析几何要求掌握直线、圆、椭圆、双曲线、抛物线以及直线与圆锥曲线的位置关系．本书将重点介绍圆锥曲线的几种教学设计，从知识的产生和发展中准确认识圆锥曲线．同时，以近年高考典型试题为例，分析解决问题的思路、方法和技巧，帮助学生掌握知识，激发学生的学习动机，培养学生的探索意识．

　　本书在撰写过程中力求体现以下特点：

（1）中学几何专题研究教材及相关参考资料较少，案例陈旧，本书归纳了中学几何问题中的主要内容，涵盖了平面几何、立体几何及解析几何，例题丰富．由于解析几何在高中数学中占据重要地位，故将解析几何单独罗列出来，对部分中学典型几何问题进行了探究性学习．

（2）重视教材的实用性．本书收纳了有关中学几何问题研究的典型例题及案例，对几何法、向量法在几何问题解决中的运用进行了全面的概括，对于部分几何问题的教学进行了教学设计，可直接应用于课堂教学．

（3）重视中学平面几何与立体几何的整体地位．在平面几何部分突出对解法的探究和推广，在立体几何部分注重从几何法与向量法两种重要解题方法的逻辑思维、代数运算的层面各个击破．在普遍认可难度系数大的解析几何部分，通过建构主义视角下的教学设计、基于数学素养视角下的教学设计对圆锥曲线进行深刻认识，再渗透多种视角的解题方法，建立循序渐进的认知过程．

（4）吸收了近年来本科生对中学几何问题研究的部分成果．

感谢为本书的出版提供有力支持和大力资助的内江师范学院数学与信息科学学院、科技处、教务处，四川省"西部卓越中学数学教师协同培养计划"项目（ZY16001），四川省高校人文社科研究基地四川中小学教师专业发展研究中心科研项目——中学数学教师核心素养结构与测评研究（PDTR2018-02），四川省高校人文社科研究基地四川中小学教师专业发展研究中心科研项目——教育现代化环境下数学教师专业能力提升研究（PDTR2020-35），内江师范学院2020年校级教改项目——中学数学探究教学的案例开发与实验研究（JG202019），内江师范学院2020年校级教改项目——初中生几何直观能力水平现状及发展策略（JG202022），四川省教育科研资助金项目重点课题"差错诊断与差错控制——数学教与学解困新路探究"（SCJG20A049），内江师范学院教材出版基金等；感谢为本书的出版付出辛勤劳动的四川大学出版社的编辑们；感谢为本书的出版提供资料的高峥（成都七中）、赵伟（巴中市巴州区教师进修学校）、张先毅（内江二中）、汪洋（成都西藏中学）、陈志强（内江二中）、李红霞、樊红玉、王玲、郭燕、曹羽、罗娟、李菊雯、汪翰志、谢琴、张静、周映红、满欣、田甜、肖丹丹、马明勇、蒋玲凤、邓佩轩、左静文、吉莹君、兰凤、吴爽、熊露、刘艺、程雪莲、胡富雅、蒋双等；对引用研究成果的作者致以衷心的谢意，同时也深深感谢关心、支持本书出版的所有同行和朋友们．

限于水平和时间，书中难免存在不足之处，敬请大家批评指正．

编　者
2021年6月

目 录

第一章 平面几何 (1)
  第一节 一个等边三角形问题的思路探究与推广 (1)
  第二节 由一道高考题引发的探究 (5)
  第三节 基于数学史背景的平面几何试题赏析 (11)
  第四节 "解三角形"中的常见问题与解题方法 (14)
  第五节 对一道平面几何试题的探究 (18)
  第六节 一道平面几何题的多解研究 (21)

第二章 立体几何 (23)
  第一节 几何法在立体几何中的应用研究 (23)
  第二节 向量法在立体几何中的应用研究 (47)
  第三节 APOS理论视角下的直线与平面垂直关系的教学设计 (57)
  第四节 探其成因，究其本质——妙寻外接球专题教学 (64)
  第五节 用几何法解决三种空间所成角的问题 (71)

第三章 解析几何 (78)
  第一节 建构主义视角下椭圆标准方程的教学设计 (78)
  第二节 基于数学学科核心素养的圆锥曲线教学设计 (87)
  第三节 在圆锥曲线教学中如何培养数学核心素养 (94)
  第四节 高考圆锥曲线综合问题研究 (102)
  第五节 直线与圆锥曲线几类综合问题探究 (115)
  第六节 高考解析几何涉角问题的解题策略 (151)
  第七节 减少解析几何运算量的几种策略 (154)
  第八节 向量法在解析几何中的应用 (161)

第四章 本科生发表的论文 (176)
  第一节 高考圆锥曲线中定点与定值问题解析 (176)
  第二节 解析几何最值求解的几种转化策略 (183)

第一章　平面几何

平面几何简单来说就是研究平面上的几何问题，是按照欧几里得的《几何原本》构造的几何学，主要研究的是平面上的直线和二次曲线的几何结构和度量性质（面积、长度、角度、位置关系）．平面几何采用了公理化方法，在数学史上具有重要的意义．

平面几何是发展学生逻辑思维，培养学生推理能力的主要内容．王元教授指出："几何的学习不是说学完了这些知识有什么用，而是针对它的逻辑推导能力和严密的证明．而这一点对一个人成为一个科学家，甚至成为社会上素质很好的公民都是非常重要的，而这个能力若能在中学里得到训练，会受益无穷．"平面几何是逻辑思维训练的初步，借助图形的性质、特点，几何的定理、公理等对问题进行严密的逻辑推导．平面几何的教学离不开数学直观，几何问题是对物质世界的投射，是现实世界客观存在的抽象，抛开物质的物理、化学等属性，抽象它的形状、大小和位置关系．

傅种孙先生认为："平面几何的教学不在知其然，而在知其所以然，不在知其所以然而在何由以知其所以然．几何的教学在于启发学生，示以思维之道尔．"平面几何的呈现整体的逻辑顺序为背景、定义、分类、性质、联系[1]．初中平面几何从简单地认识几何图形，认识图形的几何性质，到计算长度、角度、证明关系等．三角形作为最简单的封闭图形，是平面几何研究的重要基础，贯穿整个义务教育阶段，内容难度螺旋上升．从三角形几何图形的辨认，区别于正方形、长方形、平行四边形的几何属性，到简单地认识长度、测量长度，再到认识三角形的边角关系，认识不同三角形的基本属性，最后上升到三角形的内角和定理、全等与相似、解三角形．

中学平面几何的主要内容包括圆及其性质、三角形及其性质、三角形的全等与相似、解直角三角形、平行四边形的判定与性质、梯形、多边形内角和性质、特殊的平行四边形、解任意三角形及平面解析几何．本章将介绍平面几何中的典型问题，从探究、分析、解答、推广等角度对平面几何问题进行深入研究．

第一节　一个等边三角形问题的思路探究与推广[2]

人类生活的地球无时无刻都处在旋转之中．显然，旋转是宇宙物质存在的基本方式之一．数学作为刻画大自然的基本工具，当然要研究旋转问题，几何中的旋转变换法就是专

---

[1] 邱冬，王光明．平面几何教学的新视角——"示以思维"——基于章建跃先生对"研究三角形"的过程分析[J]．数学通报，2018，5(8)：27-30．

[2] 作者：蒋玲凤、赵思林．本节内容刊登在《中学数学（初中版）》2020年第9期．

门利用图形的对称性研究几何对象的旋转规律的方法. 旋转变换法是一种重要的几何初等变换方法，在处理等边三角形、等腰直角三角形等几何问题时具有独特优势，能简捷地解决问题. 以一个等边三角形中的求角问题为例，用旋转变换法给出该问题的思路探究和解答，并给出该问题的几个推广.

一、问题

已知点 P 是等边三角形 ABC 内一点，如图 1.1 所示，$AP=5$，$BP=4$，$CP=3$，求 $\angle BPC$ 的度数.

评注：这是一个经典的几何名题. 题中等边三角形及三条线段长度的勾股数给人以熟悉和亲切的感觉，但在分析和解决问题时又给人无从下手的陌生之感. 因此，本题是一道有一定思维难度和思考价值的好题目.

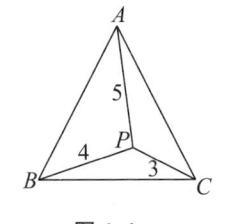

图 1.1

二、思路探究

分析：本题是一道熟悉的"难题"，难在 AP，BP，CP 没有放在同一个三角形中. 把条件相对"集中"，即把 AP，BP，CP 放在同一个三角形中是解决这类问题的基本策略.

由于 AP，BP，CP 的长度构成一组勾股数，自然会想到利用直角三角形来解决问题. 但这三条线段没有放在同一个三角形中，给人以条件分散的感觉. 自然的想法是把条件集中，可以考虑以斜边 AP 来构造直角三角形，两直角边长度分别为 3 和 4. 假设构造的直角三角形为 APP'，画出图形后，可知 $AP'=BP=4$，通过观察可以发现 $BC=AC$，所以学生就会猜想连接 $P'C$ 后，$\triangle BCP$ 与 $\triangle ACP'$ 是否全等. 最后，通过证明 $\triangle PP'C$ 为等边三角形即可解决问题.

通过构造全等三角形（即 $\triangle BCP$ 与 $\triangle ACP'$ 全等）将问题转化，是解决本题的主要思想. 对于初中生来说，如果不构造全等三角形是无法解决问题的；对于高中生来说，可以通过解三角形建立方程来求解，但这样涉及四个未知数，方法可行，计算过程太复杂，实际上不可取.

本题若构造全等三角形（即 $\triangle BCP$ 与 $\triangle ACP'$ 全等），则需要一定的技巧，学生难以把握，并有需要构造很多条线段的麻烦. 细究 $\triangle BCP$ 与 $\triangle ACP'$ 全等的本质，其实就是将 $\triangle BCP$ 绕点 C 顺时针旋转 60°. 因此，用旋转变换法解决本题真是"好方法用在难题上".

解：如图 1.2 所示，以点 C 为旋转点将 $\triangle BCP$ 顺时针旋转 60°，使 BC 与 AC 重合，得到 $\triangle ACP'$，连接 PP'，则 $\angle PCP'=60°$. 又因为 $\triangle ACP' \cong \triangle BCP$，所以 $AP'=BP=4$，$CP'=CP=3$，所以 $\triangle PP'C$ 为等边三角形，所以 $\angle PCP'=60°$，$PP'=CP=3$，所以 $\triangle APP'$ 为直角三角形，$\angle AP'P=90°$，所以 $\angle BPC=\angle AP'C=\angle AP'P+\angle PP'C=150°$.

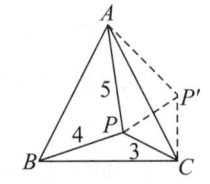

图 1.2

评注：这种方法具有一定的技巧性，虽然简捷明快，但是大多数学

2

生难以想到. 本题结合等边三角形的特殊性, 容易想到的方法是构造全等三角形. 构造 △BCP 与 △ACP' 全等的本质, 就是将 △BCP 绕点 C 顺时针旋转 60°. 因此, 用旋转变换法巧妙地求解 ∠BPC, 看似偶然, 实则必然. 学生经过这个典型问题的学习, 可获得用旋转变换法解决几何问题的经验.

三、问题的推广

1. 将等边三角形内的三条线段的长度进行推广

推广 1 已知点 P 是等边三角形 ABC 内一点, 如图 1.3 所示, $AP=13$, $BP=5$, $CP=12$, 求 $\angle BPC$ 的度数.

分析: 将 △BCP 绕点 C 顺时针旋转 60° 得 △ACP', 则 $AP'=BP=5$, $CP=CP'=12$, 因为旋转角为 60°, 所以 $\angle PCP'=60°$, 所以 △P'CP 为等边三角形, $PP'=12$, $\angle PP'C=60°$, 所以 △APP' 为直角三角形, $\angle PP'A=90°$, 所以 $\angle AP'C=\angle AP'P+\angle CP'P$.

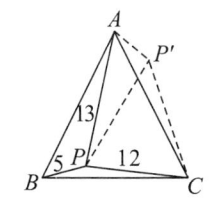

图 1.3

评注: 本题与原问题类似, 只不过是把 AP, BP, CP 的长度换成了另一组勾股数罢了. 不难发现, 在等边三角形内一点, 若这点与等边三角形的三个顶点连线的长度可以构成勾股数, 那么经过旋转后得到的两个拆分角分别为 60° 和 90°, 所以两条短边的夹角就为 150°. 这个结论具有普适性.

推广 2 已知点 P 是等边三角形 ABC 内一点, 如图 1.4 所示, $AP=BP=4$, $CP=3$, 求 $\angle BPC$ 的度数.

分析: 将 △BCP 绕点 C 顺时针旋转 60° 得到 △ACP', 所以 $AP'=4$, $PP'=PC=3$, $\angle PP'C=60°$.

由余弦定理 $\cos\angle AP'P=\dfrac{AP'^2+PP'^2-AP^2}{2AP'\cdot PP'}$,

可解得 $\cos\angle AP'P=\dfrac{3}{8}$.

故 $\angle AP'C=\angle AP'P+\angle CP'P=\arccos\dfrac{3}{8}+\dfrac{\pi}{3}$.

图 1.4

评注: 本题的解法与原问题的解法是一样的, 解题思路仍然是通过旋转构造全等三角形.

推广 3 已知点 P 是等边三角形 ABC 内一点, 如图 1.5 所示, $AP=a$, $BP=b$, $CP=c$, 求 $\angle BPC$ 的度数.

分析: 本题的一般解法就是列方程求解, 这是最容易想到的方法, 但方程会很复杂, 运算量很大. 不难发现, 构造全等三角形后, 可得到一个等边三角形和一个已知三边的三角形, 已知三边解角比列方程求解要简单.

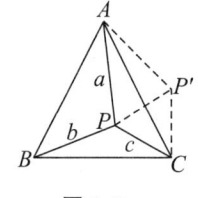

图 1.5

思路 1 设 $AB=x$, $\angle BPC=\alpha$, $\angle BPA=\beta$, $\angle APC=\gamma$, 则 $\alpha+\beta+\gamma=360°$. 由余弦定理, 得 $a^2+b^2-x^2=2ab\cos\beta$, $a^2+c^2-x^2=2ac\cos\gamma$, $b^2+c^2-x^2=2bc\cos\alpha$. 联立这四个方程, 因为恰好有四个未知数, 所以问题是可解的. 解答过程从略.

思路 2 如图 1.5 所示，将 △BCP 绕点 C 顺时针旋转 60° 得 △ACP'，从而 $AP'=b$，$PP'=PC=c$，$\angle PP'C=60°$。

由余弦定理，得 $\cos\angle AP'P=\dfrac{b^2+c^2-a^2}{2bc}$。

所以 $\angle AP'P=\arccos\dfrac{b^2+c^2-a^2}{2bc}$，

故 $\angle BPC=\angle AP'C=\arccos\dfrac{b^2+c^2-a^2}{2bc}+\dfrac{\pi}{3}$。

由上面三个推广可得到一个一般性结论，即命题 1。

命题 1 对于等边三角形内任一点 P，若 $AP=a$，$BP=b$，$CP=c$，那么 $\angle BPC=\arccos\dfrac{b^2+c^2-a^2}{2bc}+\dfrac{\pi}{3}$。

特别地，当 a，b，c 可以构成以 a 作为斜边的直角三角形时，$\angle BPC=150°$。

2. 将等边三角形推广为等腰直角三角形

推广 4 已知点 P 是等腰直角三角形 ABC 内一点，$\angle ABC=90°$，如图 1.6 所示，$AP=6$，$BP=4$，$CP=2$，求 $\angle BPC$ 的度数。

分析：将 △BPC 绕点 B 逆时针旋转 90° 得到 △BP'A，则 $\angle PBP'=90°$，$BP'=BP=4$，所以 $\angle BP'P=45°$，$PP'=4\sqrt{2}$，因为 $AP'=CP=2$，$AP'^2+PP'^2=AP^2$，所以 $\angle AP'P=90°$，所以 $\angle BPC=\angle BP'P+\angle AP'P=135°$。

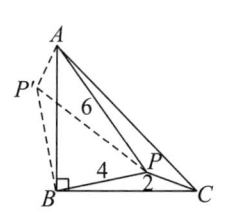

图 1.6

评注：本题具有一定的特殊性，因为 6，2，$4\sqrt{2}$ 恰好是一组勾股数，所以可以得到特殊角 90°。

推广 5 已知点 P 是等腰直角三角形 ABC 内一点，$\angle ABC=90°$，如图 1.7 所示，$AP=6$，$BP=4$，$CP=4$，求 $\angle BPC$ 的度数。

分析：解法同推广 4，但 $\angle AP'P$ 的大小发生了变化，因为 $AP'=CP=4$，$PP'=4\sqrt{2}$，由余弦定理可解得 $\cos\angle AP'P=\dfrac{3\sqrt{12}}{16}$，

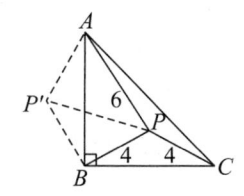

图 1.7

所以 $\angle BPC=\angle AP'P+\angle BP'P=\arccos\dfrac{3\sqrt{12}}{16}+\dfrac{\pi}{4}$。

推广 6 已知点 P 是等腰直角三角形 ABC 内一点，$\angle ABC=90°$，如图 1.8 所示，$AP=a$，$BP=b$，$CP=c$，求 $\angle BPC$ 的度数。

分析：与推广 4 的思路一样，可得 $\angle BPC=\angle AP'P+\angle BP'P=\arccos\dfrac{2b^2+c^2-a^2}{2\sqrt{2}bc}+\dfrac{\pi}{4}$。

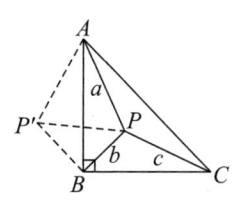

图 1.8

由推广 4、5、6 可得到一个一般性结论，即命题 2。

命题 2 等腰直角三角形内任一点 P，若 $AP=a$，$BP=b$，$CP=c$，那么 $\angle BPC=\arccos\dfrac{2b^2+c^2-a^2}{2\sqrt{2}bc}+\dfrac{\pi}{4}$。

特别地，当 $2b^2+c^2=a^2$ 时，$\angle BPC=135°$。

在上述推广中，涉及余弦定理或反三角函数的内容，对初中学生都不作要求．鉴于高中已不要求学反三角函数了，因此上述解答中凡涉及反三角函数的内容，对高中学生都不作要求．教师可根据命题 1 和命题 2，对 a，b，c 适当赋值，编拟出一些适合初中学生解答的问题．

综上可见，运用旋转变换法可以快速地找到解题的突破口，即解题思路，并能使问题的解决得到极大的简化，这充分体现了几何的旋转之妙、旋转之简、旋转之美．

第二节　由一道高考题引发的探究[①]

研究高考试题的解法是训练逻辑思维和发散思维的重要途径，也是培养应用意识和创新意识的重要方法．以一道高考平面几何试题为例，从方程思想、和角公式、解析法、平面几何四个角度给出问题解答的 14 种方法，并对问题进行变式、推广．

（2007 年四川卷）如图 1.9 所示，l_1，l_2，l_3 是同一平面内的三条平行直线，l_1 与 l_2 间的距离是 1，l_2 与 l_3 间的距离是 2，正三角形 ABC 的三个顶点分别在 l_1，l_2，l_3 上，则 $\triangle ABC$ 的边长是（　　）．

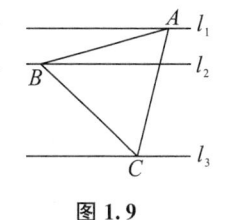

A. $2\sqrt{3}$　　　　　　　　　　B. $\dfrac{4\sqrt{6}}{3}$

C. $\dfrac{3\sqrt{17}}{4}$　　　　　　　　　D. $\dfrac{2\sqrt{21}}{3}$

图 1.9

一、试题立意分析

立意是试题的考查目的，通过探究试题立意掌握考点本质，是学生会做一道题便会做一类题的关键．下面从考查数学基础知识、思想方法、能力素养等方面分析该题的立意．

考查数学基础知识．本题属于解三角形问题，考查了正弦定理、余弦定理、勾股定理、平行线性质、面积公式、和角公式等内容．

考查数学思想方法．本题考查了方程、等积、相似、对称等数学思想，并考查了化归与转化的思想等．

考查数学能力素养．本题主要考查了学生的思维能力和运算能力，既考查了观察、联想、猜想等直觉思维能力，又考查了灵活运用正弦定理、余弦定理、勾股定理等工具解三角形的逻辑思维能力．不同的学生通过作不同的辅助线，实现了一题多解的发散思维，培养学生的探究与创新能力．

[①] 作者：周映宏、徐小琴．

二、试题解法探究

思路 1 方程思想，建立等量关系

在解决几何题求长度时，经常会通过设未知量、找等量关系，用方程思想来解题，而利用方程思想的过程中，最关键的是找等量关系．可以通过构造直角三角形，利用勾股定理建立等量关系；根据特殊角的三角函数，利用正弦或余弦定理建立等量关系；由于三角形面积分割的特殊性，利用"等积思想"将三角形分割成两部分之和，建立面积相等的关系．

方法 1 构造直角三角形，运用勾股定理

如图 1.10 所示，过点 A 作垂线分别交直线 l_2，l_3 于点 D，E，过点 B 作垂线分别交直线 l_1，l_3 于点 M，N，故构造出三个直角三角形 $\triangle AMB$，$\triangle AEC$，$\triangle BNC$，设正三角形的边长为 x．

由勾股定理，得 $\begin{cases} AM^2 + BM^2 = x^2, \\ AE^2 + CE^2 = x^2, \\ BN^2 + NC^2 = x^2. \end{cases}$

又已知 $BM=1$，$BN=2$，$AE=3$，且 $AM=NC+CE$．

整理得到 $3x^4 - 28x^2 = 0$．又 $x > 0$，即 $x = \dfrac{2\sqrt{21}}{3}$．

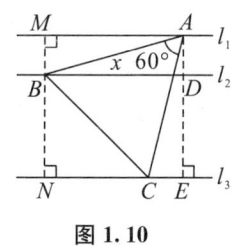

图 1.10

评注：在解三角形中，勾股定理是最常用、最简单的工具，利用勾股定理建立方程是最实用的解题方法．由于正弦定理、余弦定理是由勾股定理推导而得到的，那么能用勾股定理解题是否也能用正弦定理、余弦定理解题呢？

方法 2 利用特殊角的正弦定理

如图 1.11 所示，令 $\angle ABD = \theta$，则 $\angle DBC = 60° - \theta$．设正三角形的边长为 x，由平行线分线段成比例定理，可知 $AD = \dfrac{x}{3}$，$CD = \dfrac{2x}{3}$．

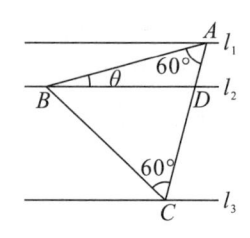

在 $\triangle ABD$ 中，由正弦定理，得 $\dfrac{BD}{\sin\angle BAD} = \dfrac{AD}{\sin\theta}$，

图 1.11

在 $\triangle BCD$ 中，由正弦定理，得 $\dfrac{BD}{\sin\angle BCD} = \dfrac{CD}{\sin(60°-\theta)}$，又因为 $\angle BAD = \angle BCD$，所以 $\dfrac{x}{3\sin\theta} = \dfrac{2x}{3\sin(60°-\theta)}$．

解得 $\tan\theta = \dfrac{\sqrt{3}}{5}$，即 $\sin\theta = \dfrac{\sqrt{3}}{\sqrt{28}}$，则 $x = \dfrac{2\sqrt{21}}{3}$．

方法 3 利用特殊角的余弦定理

如图 1.12 所示，过点 C 作 l_2 的垂线，垂足为点 D，设正三角形的边长为 x．由平行线分线段成比例定理，可知 $AE = \dfrac{x}{3}$，$EC = \dfrac{2x}{3}$．

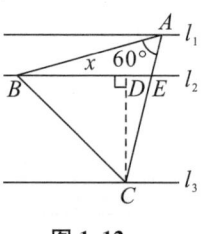

图 1.12

由 $CD \perp BE$，$BD = \sqrt{x^2 - 4}$，$DE = \sqrt{\left(\dfrac{2x}{3}\right)^2 - 4}$，

得 $BE = \sqrt{x^2 - 4} + \sqrt{\left(\dfrac{2x}{3}\right)^2 - 4}$.

在 $\triangle ABE$ 中，由余弦定理，得 $BE^2 = AB^2 + AE^2 - 2AB \cdot AE \cdot \cos\angle BAE$，即 $BE^2 = x^2 + \left(\dfrac{x}{3}\right)^2 - 2x \cdot \dfrac{x}{3} \cdot \cos 60°$，得 $BE = \dfrac{\sqrt{7}x}{3}$.

故 $\sqrt{x^2 - 4} + \sqrt{\left(\dfrac{2x}{3}\right)^2 - 4} = \dfrac{\sqrt{7}x}{3}$，整理得 $3x^4 - 28x^2 = 0$，解得 $x = \dfrac{2\sqrt{21}}{3}$.

方法 4　根据等边三角形边长相等，建立等量关系

过点 B 作 l_1，l_3 的垂线，垂足分别为点 E，F. 由于 $\angle ABC = 60°$，令 $\angle EBA = \theta$，则 $\angle FBC = 120° - \theta$.

在 $\mathrm{Rt}\triangle AEB$ 中，$AB = \dfrac{BE}{\cos\theta}$. 在 $\mathrm{Rt}\triangle FBC$ 中，$BC = \dfrac{BF}{\cos(120° - \theta)}$. 又 $BE = 1$，$BF = 2$，$AB = AC$，所以 $\dfrac{1}{\cos\theta} = \dfrac{2}{\cos(120° - \theta)}$.

解得 $\tan\theta = \dfrac{5}{\sqrt{3}}$，则 $\cos\theta = \dfrac{\sqrt{3}}{\sqrt{28}}$，故 $AB = \dfrac{1}{\cos\theta} = \dfrac{2\sqrt{21}}{3}$.

方法 5　巧用"等积"建立等量关系

如图 1.13 所示，设正三角形的边长为 x，由平行线分线段成比例定理，可知 $AM = \dfrac{1}{3}x$，$MC = \dfrac{2}{3}x$.

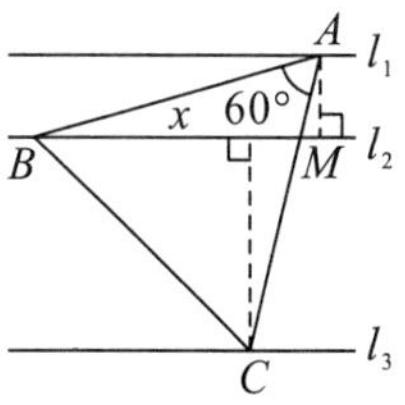

在 $\triangle ABM$ 中，由余弦定理，得 $BM^2 = x^2 + \left(\dfrac{x}{3}\right)^2 - 2x \cdot \dfrac{x}{3} \cdot \cos 60°$，解得 $BM = \dfrac{\sqrt{7}x}{3}$. 又 $S_{\triangle ABC} = S_{\triangle ABM} + S_{\triangle BCM}$，即 $\dfrac{1}{2}x^2 \sin 60° = \dfrac{1}{2}BM + \dfrac{1}{2}BM \cdot 2$.

图 1.13

整理得 $\dfrac{\sqrt{3}x^2}{4} - \dfrac{\sqrt{7}x}{2} = 0$，解得 $x = \dfrac{2\sqrt{21}}{3}$.

评注：在解三角形时，分割三角形的面积，具有"等高"或"同底"的特征，进而用不同的方式表示三角形的面积，建立等式.

思路 2　利用和角公式

观察到一个特殊角被分成两个角，且两个角的正弦值、余弦值都可以由未知量表示出来，故想到两角的和角公式，而如何选择和角公式，又使得解题方式多样化.

方法 6　余弦和角公式（或正弦和角公式）

过点 A 作垂线，分别交直线 l_2，l_3 于点 E，F，设正三角形的边长为 x，令 $\angle ABE = \alpha$，$\angle EBC = \beta$，即 $\angle ABC = \alpha + \beta = 60°$.

由已知，可得 $\sin\alpha = \dfrac{1}{x}$，$\sin\beta = \dfrac{2}{x}$，即 $\cos\alpha = \dfrac{\sqrt{x^2 - 1}}{x}$，$\cos\beta = \dfrac{\sqrt{x^2 - 4}}{x}$.

由和角公式：$\cos(\alpha + \beta) = \cos 60°$，

得 $\cos\alpha\cos\beta-\sin\alpha\sin\beta=\dfrac{1}{2}$，即 $\dfrac{\sqrt{x^2-1}}{x}\cdot\dfrac{\sqrt{x^2-4}}{x}-\dfrac{1}{x}\cdot\dfrac{2}{x}=\dfrac{1}{2}$．

整理得 $3x^4-28x^2=0$，即 $x=\dfrac{2\sqrt{21}}{3}$．

方法 7　正切和角公式

在 $\triangle ABE$ 中，$BE=\sqrt{x^2-1}$，故 $\tan\alpha=\dfrac{1}{\sqrt{x^2-1}}$，同理，有 $\tan\beta=\dfrac{2}{\sqrt{x^2-4}}$．

由和角公式：$\tan(\alpha+\beta)=\dfrac{\tan\alpha+\tan\beta}{1-\tan\alpha\tan\beta}$，得 $\tan 60°=\dfrac{\dfrac{1}{\sqrt{x^2-1}}+\dfrac{2}{\sqrt{x^2-4}}}{1-\dfrac{1}{\sqrt{x^2-1}}\dfrac{2}{\sqrt{x^2-4}}}$，

整理得 $\sqrt{3(x^2-4)}=4$，解得 $x=\dfrac{2\sqrt{21}}{3}$．

思路 3　解析法

解析法是解决几何问题的另一思路，利用坐标建立解析式是求解几何问题的有力工具，根据题中的特殊角度，建立向量数量积关系，通过转化为求向量的模长求未知长度．

方法 8　向量法

以点 B 为坐标原点，以 l_2 为 x 轴，过点 B 垂直于 l_2 的直线为 y 轴，建立平面直角坐标系．

设 $|\overrightarrow{AB}|=a$，可知 $B(0,0)$，$A(\sqrt{a^2-1},1)$，$C(\sqrt{a^2-4},-2)$，则 $\overrightarrow{BA}=(\sqrt{a^2-1},1)$，$\overrightarrow{BC}=(\sqrt{a^2-4},-2)$．

由 $\overrightarrow{BA}\cdot\overrightarrow{BC}=|\overrightarrow{BA}|\cdot|\overrightarrow{BC}|\cdot\cos\angle ABC$，

得 $\sqrt{a^2-1}\cdot\sqrt{a^2-4}-2=a\cdot a\cdot\cos 60°$，

整理得 $3a^4-28a^2=0$，解得 $a=\dfrac{2\sqrt{21}}{3}$．

思路 4　平面几何法

从几何直观的角度，根据已知条件直接求会有一定难度，如何作辅助线也是一种解题技巧．当特殊角比较多时，作适当条垂线，利用相似直角三角形求未知量；也可以通过旋转、对称转化已知条件，构造出特殊的直角三角形，从而使解题更简捷，但不易想到的是旋转、对称等辅助手段．

方法 9　相似三角形

如图 1.14 所示，过点 A，C 作 l_2 的垂线，垂足分别为点 E，F，过点 B 作 AC 的垂线，垂足为点 G．设正三角形的边长为 x，由平行线分线段成比例定理，可知 $AD=\dfrac{x}{3}$，$DC=\dfrac{2x}{3}$．

由三线合一定理，可知点 G 是 AC 的中点，故 $DG=\dfrac{x}{6}$，且 $BG=\dfrac{\sqrt{3}x}{2}$．

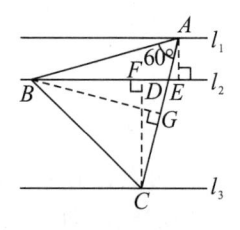

图 1.14

又 $\triangle BDG \backsim \triangle CDF$，有 $\dfrac{BG}{CF}=\dfrac{DG}{DF}$，即 $\dfrac{\frac{\sqrt{3}x}{2}}{2}=\dfrac{\frac{x}{6}}{DF}$，解得 $DF=\dfrac{2\sqrt{3}}{9}$.

故 $DE=\dfrac{1}{2}DF=\dfrac{\sqrt{3}}{9}$，则 $AD=\sqrt{AE^2+DE^2}=\dfrac{2\sqrt{21}}{9}$，$AC=3AD=\dfrac{2\sqrt{21}}{3}$.

方法 10　通过旋转构造直角三角形

如图 1.15 所示，过点 A，C 作 l_2 的垂线，垂足分别为点 E，F，将 Rt$\triangle BCF$ 绕点 B 逆时针旋转 $60°$ 至 $\triangle BAD$，延长 DA 交 l_2 于点 G.

显然，$AD=2$，$\angle DBG=60°$，即 $\angle AGE=30°$，

则 $AG=\dfrac{AE}{\sin\angle AGE}=2$，所以 $DG=AD+AG=4$.

故 $DB=DG\tan\angle AGE=2\sqrt{3}$，

所以 $AB=\sqrt{DB^2+AD^2}=\dfrac{2\sqrt{21}}{3}$.

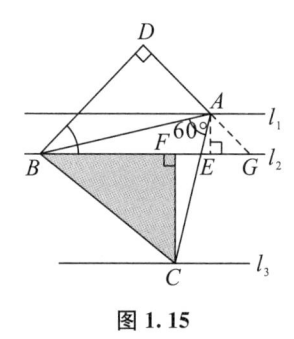

图 1.15

图 1.16

方法 11　通过旋转构造直角三角形

如图 1.16 所示，过点 A，C 作 l_2 的垂线，垂足分别为点 E，F，将 Rt$\triangle ABE$ 绕点 B 顺时针旋转 $60°$ 至 $\triangle BCD$，延长 DC 交 l_2 于点 G.

显然，$CD=1$，$\angle DBG=60°$，即 $\angle BGD=30°$，

则 $CG=\dfrac{CF}{\sin\angle BGD}=4$，所以 $DG=CD+CG=5$.

故 $DB=DG\tan\angle BGD=\dfrac{5\sqrt{3}}{3}$，

所以 $BC=\sqrt{DB^2+CD^2}=\dfrac{2\sqrt{21}}{3}$.

评注："旋转"很好地利用了特殊角度，打破了常规的建立等量关系的思维，有效地培养了学生的空间想象能力，体现了直观想象的数学核心素养.

方法 12　对称思想（点 B 关于 l_3 对称）

如图 1.17 所示，作点 B 关于 l_3 的对称点 B'，连接 AB'，$B'C$，过点 B 作 l_1，l_3 的垂线，垂足分别为点 E，F.

由题意，$BF=B'F=2$，即 $B'E=5$.

由于 $CB=CB'=CA$，所以点 A，B，B' 在以 C 为圆心，CA 为半径的圆上，所以

9

$\angle BB'A = \frac{1}{2}\angle BCA = 30°$.

即 $AE = \dfrac{B'E}{\cot \angle BB'A} = \dfrac{5\sqrt{3}}{3}$，故 $AB = \sqrt{AE^2 + EB^2} = \dfrac{2\sqrt{21}}{3}$.

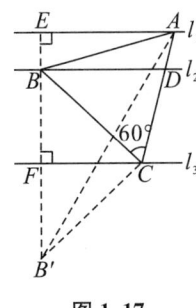

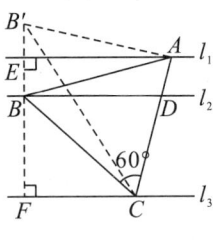

图 1.17

图 1.18

方法 13 **对称思想（点 B 关于 l_1 对称）**

如图 1.18 所示，作点 B 关于 l_1 的对称点 B'，连接 AB'，$B'C$，过点 B 作 l_1，l_3 的垂线，垂足分别为点 E，F.

由题意，$BE = B'E = 1$，即 $B'F = 4$.

由于 $AB' = AB = AC$，所以点 B'，B，C 在以 A 为圆心，AC 为半径的圆上，所以 $\angle BB'C = \frac{1}{2}\angle BAC = 30°$.

即 $CF = B'F\tan\angle BB'C = \dfrac{4\sqrt{3}}{3}$，故 $AB = \sqrt{AE^2 + EB^2} = \dfrac{2\sqrt{21}}{3}$.

方法 14 **对称思想（点 A 关于 l_3 对称）**

如图 1.19 所示，作点 A 关于 l_3 的对称点 A'，连接 $A'B$，$A'C$.
由题意，$AE = A'E = 3$，即 $A'D = 5$.
由于 $CB = CA' = CA$，所以点 A，B，A'在以 C 为圆心，CA 为半径的圆上，所以 $\angle BA'A = \frac{1}{2}\angle BCA = 30°$.

即 $BD = A'D\tan\angle BA'A = \dfrac{5\sqrt{3}}{3}$，故 $AB = \sqrt{AD^2 + BD^2} = \dfrac{2\sqrt{21}}{3}$.

评注：对称不仅利用了中垂线的性质，而且很好地转化了特殊角，构造特殊的直角三角形利于计算. 对称思想也体现了数学的对称美，增加了学生学数学的兴趣.

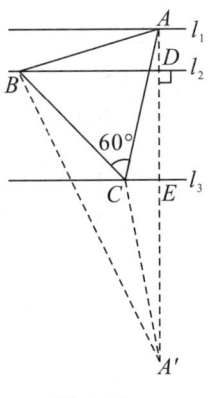

图 1.19

三、试题的推广

推广 1 若 l_1，l_2，l_3 是同一平面内的三条平行直线，l_1 与 l_2 间的距离是 1，l_2 与 l_3 间的距离是 2，正方形 $ABCD$ 的三个顶点分别在 l_1，l_2，l_3 上，求正方形的边长.

推广 1 是将平行线间的正三角形换成了正方形，求正方形的边长，思路是类似的，可通过 A，C 两点作垂线，构造直角三角形，运用正弦定理、余弦定理、勾股定理、和角公式、三角形的相似等建立等量关系求解.

第三节　基于数学史背景的平面几何试题赏析[①]

张奠宙[②]先生指出，在中学的数学教学过程中，运用数学史知识是进行素质教育的重要方面. 数学文化应该从不同方面渗透到教学过程中去，帮助学生从历史、文化、精神、知识结构的角度去理解数学，感受数学，最终发展学生的数学核心素养，以数学的眼光看待事物.《义务教育数学课程标准（2011年版）》指出："数学文化作为教材的组成部分，应渗透在整套教材中."[③] 在数学史背景下讲授平面几何试题，能让学生从单一做题中解放出来，更深层次地去了解数学文化背景、数学问题的发现在数学史中的作用，带着好奇探究的心理去经历具有独特数学文化氛围的过程，从而激发学习数学的兴趣，感受数学家探究过程的严谨，欣赏数学的和谐优美.

一、赵爽弦图

例1　我国汉代数学家赵爽为了证明勾股定理，创制了一幅"弦图"，后人称其为"赵爽弦图". 图1.20由弦图变化得到，体现出弦图中全等的直角三角形向内以及向外翻折所形成的图形都可证明勾股定理. 记图1.20中正方形 $ABCD$、正方形 $EFGH$、正方形 $IJKM$ 的面积分别为 S_1，S_2，S_3，若 $S_1+S_2+S_3=10$，则 S_2 的值是_____.

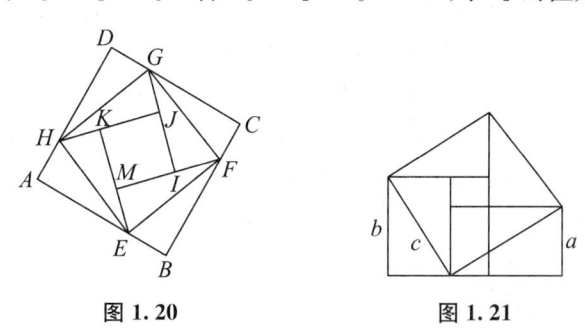

图 1.20　　　　　图 1.21

分析：如图1.20所示，因为 $S_1=4S_{\triangle HAE}+S_2$，$S_2=S_3+4S_{\triangle HKE}$，其中 $\triangle HAE$ 是由 $\triangle HKE$ 沿 HE 翻折的，则 $\triangle HKE \cong \triangle HAE$，所以 $S_1+S_3=2S_2+4S_{\triangle HAE}-4S_{\triangle HKE}=2S_2$，联立 $S_1+S_2+S_3=10$，得 $S_2=\dfrac{10}{3}$.

评注：赵爽通过弦图无字证明勾股定理，将边长为 a，b 的正方形利用出入相补原理将原图形分割、拼接成面积不发生改变的边长为 c 的正方形（图1.21），也可将勾股定理 $c^2=a^2+b^2$ 配凑出三角形而拆分成 $c^2=(a+b)^2-2ab$ 和 $c^2=(a-b)^2+2ab$，从而将边长

[①] 作者：田甜、徐小琴.
[②] 张奠宙. 要重视科学史在科学教育中的应用[J]. 国际学术动态，199（8）：9-10.
[③] 中华人民共和国教育部. 义务教育数学课程标准（2011年版）[M]. 北京：北京师范大学出版社，2011：63.

为 c 的正方形分割成边长为 $a+b$ 或 $a-b$ 以及 4 个全等三角形(图 1.20),实则是将直角三角形向内或向外翻折,体会证明勾股定理时利用出入相补原理、数形结合的思想,反映我国数学文化中所产生的追求简捷、直观、实用的和谐美.

二、希波克拉底几何图形

例 2 (2018 年全国卷 I 理科第 10 题) 图 1.22 来自古希腊数学家希波克拉底所研究的几何图形. 此图由三个半圆构成, 三个半圆的直径分别为直角三角形 ABC 的斜边 BC, 直角边 AB, AC, $\triangle ABC$ 的三边所围成的区域记为 I, 斜线部分记为 II, 其余部分记为 III. 在整个图形中随机取一点, 此点取自 I, II, III 的概率分别记为 p_1, p_2, p_3, 则( ).

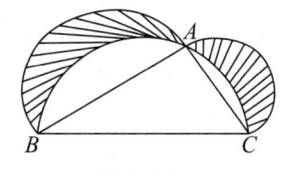

图 1.22

A. $p_1 = p_2$
B. $p_1 = p_3$
C. $p_2 = p_3$
D. $p_1 = p_2 + p_3$

分析:如图 1.22 所示,$S_{\triangle ABC} + S_{\widehat{AB}} + S_{\widehat{AC}} = S_{\widehat{BC}} + S_{\mathrm{II}}$,由勾股定理,得 $\frac{\pi}{8}AB^2 + \frac{\pi}{8}AC^2 = \frac{\pi}{8}BC^2$,即 $S_{\widehat{BC}} = S_{\widehat{AC}} + S_{\widehat{AB}}$,代入化简得 $S_{\triangle ABC} = S_{\mathrm{II}}$,则选 A.

评注:本题的背景是古希腊数学家希波克拉底为求取圆形面积转化成方形面积发现的月牙定理,其实只有特殊的月牙形状通过勾股定理代换才能转化为等面积方形形状. 该题中的化圆为方思想与我国古代的勾中容方思想具有异曲同工的作用, 说明最初我们求取曲形图形面积是将其转化为等面积的方形图形. 月牙定理是利用勾股定理所得到的, 基于月牙定理的图, 我们可在不同的直角边上衍生出更多的月牙定理图, 即得到新勾股数图(图 1.23), 这体现出数学中数与形产生的结合美.

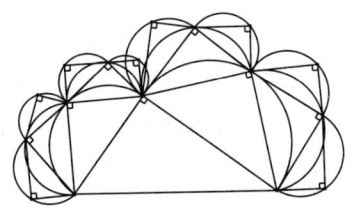

图 1.23

三、阿波罗尼斯圆

例 3 (2008 年江苏卷第 13 题) 若 $AB = 2$, $AC = \sqrt{2} BC$, 则 $S_{\triangle ABC}$ 的最大值为_____.

分析:$\triangle ABC$ 中边 AB 是定长,则 $S_{\triangle ABC}$ 的大小取决于边 AB 上的高,因为存在关系 $AC = \sqrt{2} BC$,以 AB 的中点建立直角坐标系,则 $A(-1, 0)$, $B(1, 0)$. 设 $C(x, y)$,则 $(x+1)^2 + y^2 = 2[(x-1)^2 + y^2]$,化简得 $(x-3)^2 + y^2 = 8 (y \neq 0)$,因此点 C 的运动轨迹为圆形,由图 1.24 直观可得在圆形轨迹的顶点上取到最值,即 $0 < S_{\triangle ABC} \leqslant AB \cdot y_C = 2\sqrt{2}$.

图 1.24　　　　　　　　　图 1.25

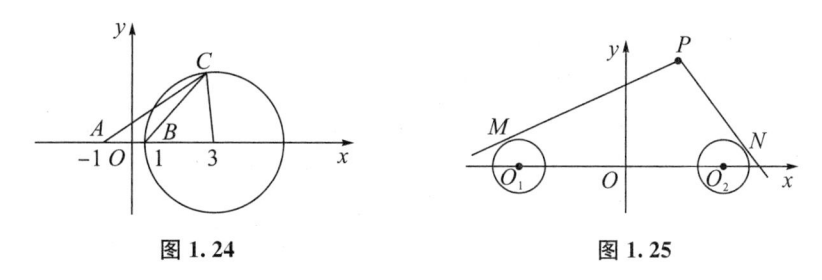

评注：本题的背景是古希腊数学家阿波罗尼斯在作图的过程中发现的，得出圆的轨迹：已知平面上两点 A，B，若满足 $\dfrac{PA}{PB}=k\neq 1$，则点 P 的轨迹是一个以定比 $m:n$ 内分和外分定线段 AB 的两个分点的连线为直径的圆. 其实在我们的现实生活中，自行车两个车轮的排布就是阿波罗尼斯圆生活投影的典型代表(图 1.25).

四、米勒问题

例 4　（2005 年天津卷第 20 题）某人在一山坡 P 处观看对面山顶上的一座铁塔，如图 1.26 所示，塔高 $BC=80$ m，塔所在的山高 $OB=220$ m，$OA=200$ m，图中所示的山坡可视为直线 l 且点 P 在直线 l 上，l 与水平地面的夹角为 α，$\tan\alpha=\dfrac{1}{2}$. 试问此人距离水平地面多高时，观看塔的视角 $\angle BPC$ 最大（不计人的身高）？

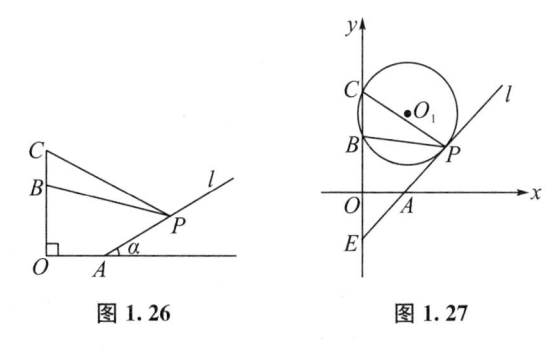

图 1.26　　　　　　　　　图 1.27

分析：由米勒问题可知，如图 1.27 所示，当且仅当过点 B，C，P 的圆 O_1 与射线 AP 相切于点 P 时，$\angle BPC$ 最大. 由此建立如图所示的直角坐标系，根据已知条件可得直线 l 的方程为 $y=\dfrac{1}{2}(x-200)$，则得直线 l 与 y 轴的交点 $E(-100,0)$，由圆幂定理 $EP^2=EC^2\cdot EC^2$，得 $EP=\sqrt{320\times 400}=160\sqrt{5}$，又有 $y_P+100=EP\sin\alpha$，已知 $\tan\alpha=\dfrac{1}{2}$，解得 $y_P=60$.

评注：米勒问题是德国数学家米勒向诺德尔教授提出的问题：在地球表面的什么部位，一根垂直的悬杆呈现最长（可见角最大）？看似难以计算的问题，实则蕴含巧解之法：若 $\angle BOA$ 的边 OB 上有两点 E，F，在 OA 上找一点 P，使 $\angle EPF$ 最大；当点 P 为过两点 E，F 且和射线 OA 相切的圆的切点时，我们就能使可见角 $\angle EPF$ 最大. 这样可以培养学生从历史的角度和用数学的眼光去看待问题，避免形成定式思维，从复杂问题中抽象出简单的数学模型.

在数学文化教育过程中主要强调的是学生的心理体验,不是形式训练. 针对解题过程中的数学文化发现,不应停留在对其数学文化背景的泛泛而谈,而应去发掘其中的数学文化知识、思想、精神,让学生感受数学文化产生的历程,最终引起数学文化共鸣. 同时应该将相关教育的学术形态转化为易于让学生接受的教育形态,再经学生的主动建构,最终变成学生的个体形态. 把数学看成是一种文化,把学生的学习当作一种数学的再创造活动,在数学历史的印记上创造出新的组合[①].

第四节 "解三角形"中的常见问题与解题方法[②]

解三角形是高中数学的一个重要内容,同时也是高考中常考的知识点,涉及三角形的边、角、周长、面积等内容,需要掌握的公式、定理比较多,通常借助正、余弦定理的灵活变通来解答问题. 本节针对这几类问题通过实例进行阐述,对于三角形的形状问题,可以转化成边角问题,这里不赘述.

一、三角形中有关角的问题

这类问题一般涉及三角形的边角转化以及三角函数的变形. 解题的关键是灵活运用正弦定理或余弦定理,将边的问题转换成角的问题,有时也要根据题中隐含的条件找到角的范围,从而确定角的大小.

例1 (2019年全国卷Ⅰ理科第17题) $\triangle ABC$ 的内角 A,B,C 的对边分别为 a,b,c,设 $(\sin B - \sin C)^2 = \sin^2 A - \sin B \sin C$.

(1) 求 A;

(2) 若 $\sqrt{2}a + b = 2c$,求 $\sin C$.

分析:(1) 题目给定角的关系,利用正弦定理化简已知边角关系,可得 $b^2 + c^2 - a^2 = bc$,从而可以整理出 $\cos A$,根据隐含条件 $A \in (0, \pi)$ 可求得结果;(2)所求为 C 的正弦,已知边的关系,利用正弦定理把边化为角的正弦,可得 $\sqrt{2}\sin A + \sin B = 2\sin C$,利用三角形中内角之和等于 $180°$ 转化成两角关系 $\sin B = \sin(A + C)$、两角和差正弦公式,可得关于 $\sin C$ 和 $\cos C$ 的方程,通过三角函数关系解方程可求得结果.

解:(1) 因为 $(\sin B - \sin C)^2 = \sin^2 B - 2\sin B \sin C + \sin^2 C = \sin^2 A - \sin B \sin C$,即 $\sin^2 B + \sin^2 C - \sin^2 A = \sin B \sin C$,由正弦定理,可得 $b^2 + c^2 - a^2 = bc$,所以 $\cos A = \dfrac{b^2 + c^2 - a^2}{2bc} = \dfrac{1}{2}$. 又因为 $A \in (0, \pi)$,所以 $A = \dfrac{\pi}{3}$.

(2) 因为 $\sqrt{2}a + b = 2c$,利用正弦定理,得 $\sqrt{2}\sin A + \sin B = 2\sin C$,而 $\sin B =$

[①] 王新民. 高中数学课程中数学文化的设置与教学研究[D]. 兰州:西北师范大学,2003.
[②] 作者:肖丹丹、徐小琴.

$\sin A\cos C + \cos A\sin C$,$A = \dfrac{\pi}{3}$,所以 $\sqrt{2} \times \dfrac{\sqrt{3}}{2} + \dfrac{\sqrt{3}}{2}\cos C + \dfrac{1}{2}\sin C = 2\sin C$,即 $3\sin C - \sqrt{6} = \sqrt{3}\cos C$. 又因为 $\sin^2 C + \cos^2 C = 1$,$(3\sin C - \sqrt{6})^2 = 3(1 - \sin^2 C)$,所以 $\sin C = \dfrac{\sqrt{6} + \sqrt{2}}{4}$ 或 $\dfrac{\sqrt{6} - \sqrt{2}}{4}$. 因为 $\sin B = 2\sin C - \sqrt{2}\sin A = 2\sin C - \dfrac{\sqrt{6}}{2} > 0$,所以 $\sin C > \dfrac{\sqrt{6}}{4}$,故 $\sin C = \dfrac{\sqrt{6} + \sqrt{2}}{4}$.

评注:本题考查利用正弦定理、余弦定理解三角形的问题,涉及两角和差正弦公式、同角三角函数关系的应用,解题的关键是利用正弦定理对边角关系式进行化简,得到余弦定理的形式或角之间的关系,需要注意的是隐含条件中角的取值范围,从而确定角的函数值.

二、三角形中有关边与周长的问题

求解边长的题通常采用余弦定理,题目中已知角边关系,要结合余弦定理转化已知条件. 求解周长问题必须找到三边长的值或关系($C = a + b + c$),要灵活运用公式及定理进行变形转化求解.

例2 (2017年全国卷Ⅲ理科第17题) $\triangle ABC$ 的内角 A,B,C 的对边分别为 a,b,c,已知 $\sin A + \sqrt{3}\cos A = 0$,$a = 2\sqrt{7}$,$b = 2$,求 c.

分析:先根据同角的三角函数的关系求出 A,再由题目中的边的已知条件想到余弦定理即可求解.

解:由 $\sin A + \sqrt{3}\cos A = 0$,可知 $\tan A = -\sqrt{3}$,又因为 $A \in (0, \pi)$,所以 $A = \dfrac{2\pi}{3}$. 由余弦定理,可得 $a^2 = b^2 + c^2 - 2bc\cos A$,即 $28 = 4 + c^2 - 4c \cdot (-\dfrac{1}{2})$,即 $c^2 + 2c - 24 = 0$,解得 $c = 4$ 或 $c = -6$(舍弃),故 $c = 4$.

评注:本题考查余弦定理解三角形的问题,涉及同角三角函数关系的应用,解题的关键是利用余弦定理建立边角关系,从而得到解.

例3 (2016年全国卷Ⅰ理科第17题) $\triangle ABC$ 的内角 A,B,C 的对边分别为 a,b,c,已知 $2\cos C(a\cos B + b\cos A) = c$.

(1) 求 C;

(2) 若 $c = \sqrt{7}$,$\triangle ABC$ 的面积为 $\dfrac{3\sqrt{3}}{2}$,求 $\triangle ABC$ 的周长.

分析:(1) 已知等式利用正弦定理化简,再利用两角和与差的正弦函数公式及诱导公式化简,根据 $\sin C$ 不为 0 求出 $\cos C$ 的值,即可得到 C 的值;(2) 已知角、边的值,利用余弦定理列出关系式,建立三边关系,利用三角形面积公式列出关系式,求出 $a + b$ 的值,即可得到 $\triangle ABC$ 的周长.

解:(1) 因为在 $\triangle ABC$ 中,$0 < C < \pi$,所以 $\sin C \neq 0$. 由题所给等式进行化简,得 $2\cos C(\sin A\cos B + \sin B\cos A) = \sin C$,则 $2\cos C\sin(A + B) = \sin C$,而 $A + B + C =$

π，所以 $2\cos C\sin C=\sin C$，所以 $\cos C=\dfrac{1}{2}$，所以 $C=\dfrac{\pi}{3}$.

(2) 由余弦定理，得 $7=a^2+b^2-2ab\cdot\dfrac{1}{2}$，所以 $(a+b)^2-3ab=7$，因为 $S=\dfrac{1}{2}ab\sin C$，所以 $\dfrac{\sqrt{3}}{4}ab=\dfrac{3\sqrt{3}}{2}$，所以 $ab=6$. 那么 $(a+b)^2-18=7$，所以 $a+b=5$，所以三角形的周长为 $5+\sqrt{7}$.

评注：本题考查了正弦定理、余弦定理、三角形的面积公式以及三角函数的恒等变形，熟练掌握定理及公式是解本题的关键.

三、三角形中有关面积的问题

求解三角形的面积问题需要熟练掌握三角形的面积公式 $\left(S=\dfrac{1}{2}ah=\dfrac{1}{2}ab\sin C\right)$，抓住面积公式里的基本量，利用正弦或余弦定理对已知条件进行分析转化，从而求出基本量. 当然也可以根据几何求解方法，利用作图添加辅助线构造直角三角形这一思路进行求解.

例 4 （2017 年全国卷Ⅲ理科第 17 题节选）已知 $\triangle ABC$ 的内角 A，B，C 的对边分别为 a，b，c，已知 $\sin A+\sqrt{3}\cos A=0$，$a=2\sqrt{7}$，$b=2$，设点 D 为 BC 边上的一点，且 $AD\perp AC$，求 $\triangle ABD$ 的面积.

分析：先根据同角三角函数的关系求出 A，再根据余弦定理求出 c，已知三边根据余弦定理求出 $\cos C$，求出 CD 的长，得到 $S_{\triangle ABD}=\dfrac{1}{2}S_{\triangle ABC}$，即可求解.

解：在 $\triangle ABC$ 中，由 $\sin A+\sqrt{3}\cos A=0$，可得 $\cos A=-\dfrac{1}{2}$，$A=\dfrac{2\pi}{3}$. 由余弦定理，知 $\cos A=\dfrac{b^2+c^2-a^2}{2bc}=-\dfrac{1}{2}$，则 $c=4$. 根据余弦定理 $\cos C=\dfrac{a^2+b^2-c^2}{2ab}$，得到 $\cos C=\dfrac{2}{\sqrt{7}}$，又因为 $AD\perp AC$，所以在 $\mathrm{Rt}\triangle ACD$ 中，$\dfrac{AC}{CD}=\dfrac{2}{CD}=\dfrac{2}{\sqrt{7}}$，所以 $CD=\sqrt{7}$，$AD=\sqrt{3}$，所以 $CD=\dfrac{1}{2}BC$. 因为 $S_{\triangle ABC}=\dfrac{1}{2}AB\cdot AC\cdot\sin\angle BAC=\dfrac{1}{2}\times 4\times 2\times\dfrac{\sqrt{3}}{2}=2\sqrt{3}$，所以 $S_{\triangle ABD}=\dfrac{1}{2}S_{\triangle ABC}=\sqrt{3}$.

评注：求解三角形的面积时，要抓住三角形面积公式中的元素，根据已知条件，通过正弦、余弦定理转化边角关系，求解公式中的未知元素. 当然，本题还可以根据几何作图的方法求解.

四、三角形中的最值问题

三角形中的最值问题主要包括边的最值问题、周长的最值问题、面积的最值问题. 求解最值一般要考虑取值范围的问题，所以这里归为一类. 求解这类问题，首先需要运用正弦、余弦定理将所求量(边长、周长、面积)表示成某一个角度的三角函数或者某一边长的函数,然后借助相关函数的性质或不等式进行范围求解.

例 5 （2019 年全国卷 Ⅲ 理科第 18 题）$\triangle ABC$ 的内角 A，B，C 的对边分别为 a，b，c，已知 $a\sin\dfrac{A+C}{2}=B\sin A$.

（1）求 B；

（2）若 $\triangle ABC$ 为锐角三角形，且 $c=1$，求 $\triangle ABC$ 面积的取值范围.

分析：（1）求角可以化边为角的正弦,利用正弦定理化简已知等式,得到关于 B 的三角函数方程,最后根据 A，B，C 是三角形的内角得到 $B=\dfrac{\pi}{3}$；（2）求面积的取值,要根据三角形的面积公式 $S_{\triangle ABC}=\dfrac{1}{2}ac\sin B$（因为（1）中求得 B 的值）以及正弦定理得到 $S_{\triangle ABC}$ 关于 C 的函数,利用锐角三角形确定角 C 的范围,再利用函数性质求解 $S_{\triangle ABC}$ 的范围.

解：（1）因为 $a\sin\dfrac{A+C}{2}=B\sin A$，根据正弦定理,得 $\sin A\sin\dfrac{A+C}{2}=\sin B\sin A$，且 $0<A<\pi$，所以 $\sin A>0$，消去 $\sin A$，得 $\sin\dfrac{A+C}{2}=\sin B$，而 A，B，C 是三角形的内角,因此 $\dfrac{A+C}{2}=B$ 或 $\dfrac{A+C}{2}+B=\pi$. 因为 $A+B+C=\pi$，所以 $\dfrac{A+C}{2}+B=\pi$ 不成立,所以 $\dfrac{A+C}{2}=B$，解得 $B=\dfrac{\pi}{3}$.

（2）因为 $\triangle ABC$ 是锐角三角形,又因为 $B=\dfrac{\pi}{3}$，$A+B+C=\pi$，所以 $A+C=\dfrac{2\pi}{3}$，所以 $C\in\left(\dfrac{\pi}{6},\dfrac{\pi}{2}\right)$. 根据正弦定理 $\dfrac{a}{\sin A}=\dfrac{c}{\sin C}$ 可以得到 a，c 的关系式,由三角形的面积公式 $S_{\triangle ABC}=\dfrac{1}{2}ac\sin B$，可得 $S_{\triangle ABC}=\dfrac{1}{2}ac\sin B=\dfrac{1}{2}c^2\cdot\dfrac{a}{c}\sin B=\dfrac{1}{2}c^2\dfrac{\sin A}{\sin C}\cdot\sin B$，又因为 $c=1$，$B=\dfrac{\pi}{3}$，$A=\dfrac{2\pi}{3}-C$，所以 $S_{\triangle ABC}=\dfrac{\sqrt{3}}{4}\cdot\dfrac{\sin\left(\dfrac{2\pi}{3}-C\right)}{\sin C}=\dfrac{\sqrt{3}}{4}\cdot\left(\sin\dfrac{2\pi}{3}\cot C-\cos\dfrac{2\pi}{3}\right)\Rightarrow S_{\triangle ABC}=\dfrac{3}{8}\cot C+\dfrac{\sqrt{3}}{8}$. 又因为 $\dfrac{\sqrt{3}}{8}=\dfrac{3}{8}\cot\dfrac{\pi}{2}+\dfrac{\sqrt{3}}{8}<S_{\triangle ABC}<\dfrac{3}{8}\cot\dfrac{\pi}{6}+\dfrac{\sqrt{3}}{8}=\dfrac{\sqrt{3}}{2}$，故 $\dfrac{\sqrt{3}}{8}<S_{\triangle ABC}<\dfrac{\sqrt{3}}{2}$，所以 $S_{\triangle ABC}$ 的取值范围为 $\left(\dfrac{\sqrt{3}}{8},\dfrac{\sqrt{3}}{2}\right)$.

评注：本题考查了三角函数的基础知识、正弦定理或余弦定理的使用(本题也可以用余弦定理求解),并考查了利用锐角三角形这个条件确定角的取值范围,结合三角函数知识确定三角形面积的取值范围,考查范围比较全面.

解三角形中的三角函数问题每年都以不同的形式出现在高考卷中,一般是有关边、角、周长、面积的求解,因此,我们要抓住重点内容,如三角恒等变换、同角关系、正弦和余弦定理等,深刻理解知识；通过对相关题型的训练,注意知识的理解渗透,掌握其思维方式及思想方法；注重变式训练,强化知识的灵活运用,达到熟练掌握的目的.

第五节 对一道平面几何试题的探究[①]

数学作为中学阶段的重要课程，发散思维显得尤为重要．本节以一道平面几何证明题为例，从辅助线的选取与方法的选取得到不同的解法，培养学生的发散思维和创新思维．

原题再现：如图 1.28 所示，在 △ABC 的两边 AB 和 AC 上作正方形 ABEF 和 ACGH，试证 BC 边上的高线 AD 平分 FH．

这是一道平面几何证明题，在解决此类问题时我们一般从求证的问题入手，根据已知条件，一步步地分析从而得出结论，大多数时候需要我们构造辅助线帮助证明得以进行．

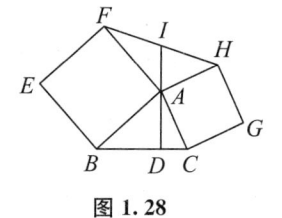

图 1.28

一、作辅助线，证明全等

方法 1 如图 1.29 所示，延长 DI，作 FJ⊥DJ，HK⊥AI．因为 AD 为 BC 边上的高，FJ⊥DJ，所以 ∠ADB=∠FJA=90°．

在正方形 ABEF 中，∠BAF=90°，AF=AB，且 ∠BAD+∠FAJ=90°，∠ABD+∠BAD=90°．

所以 ∠ABD=∠FAJ（等角的余角相等）．

所以 △ABD≌△FAJ（AAS）．

又因为 △ABD≌△FAJ，所以 AD=FJ．又 HK⊥AI，所以 ∠HKA=∠ADC=90°．

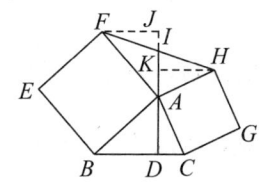

图 1.29

在正方形 ACGH 中，∠HAC=90°，AH=AC，因为 ∠KHA+∠KAH=90°，所以 ∠KAH+∠DAC=90°，所以 ∠KAH=∠DAC（等角的余角相等）．

所以 △ADC≌△HKA（AAS），HK=AD，所以 HK=FJ．

因为 ∠FJI=∠HKI=90°，所以 ∠FIJ=∠HIK．

所以 △FJI≌△HKI（AAS），FI=IH．

故 BC 边上的高线 AD 平分 FH．

评注：此法根据求证问题入手，将两边分别放进两个三角形中，通过证明全等，从而得出相等的结论，但此法需要进行三次全等证明，较为烦琐．

方法 2 如图 1.30 所示，延长 DI，使 BC=AJ，连接 FJ，HJ．在正方形 ACGH 中，AH=AC，∠CAH=90°，因为 ∠JAH+∠DAC=90°，∠CAD+∠ACD=90°，所以 ∠JAH=∠ACD（等角的余角相等）．所以 △ABC≌△HJA（SAS），HJ=AB．

在正方形 ABEF 中，∠BAF=90°，AB=AF，所以 HJ=AF．

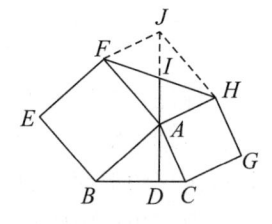

图 1.30

[①] 作者：满欣、徐小琴．

因为 $\angle BAD + \angle FAJ = 90°$，$\angle ABC + \angle BAD = 90°$，所以 $\angle ABC = \angle FAJ$（等角的余角相等）．所以 $\triangle ABC \cong \triangle FAJ$（SAS），$\triangle FAJ \cong \triangle HJA$．所以 $FJ = AH = AC$，$AF = HJ$．

所以四边形 $AHJF$ 为平行四边形（两组对边分别相等的四边形为平行四边形）．

又因为 AJ，FH 为平行四边形 $AHJF$ 的对角线，且 AJ 与 FH 交于点 I，故点 I 为 FH 的中点（平行四边形两条对角线的交点就是这两条线的中点）．

故 BC 边上的高线 AD 平分 FH．

评注：此法同样需要证明三次全等，但第三次全等的结论可以根据等量代换得到，不需具体证明．此法还运用了平行四边形的性质，这也考查了对平行四边形的掌握情况．

方法 3 如图 1.31 所示，过点 F 作 $FM \perp BC$，延长 HA 交 FM 于点 N，且过点 A 作 $AL \perp FM$，则 $FM \parallel AD$，$BM \parallel AL$，且 $\angle LMD = 90°$．

故四边形 $ADML$ 为正方形，所以 $\angle LAD = 90°$，$AL = AD$．

又因为在正方形 $ACGH$ 中，$\angle HAC = 90°$，故 $\angle CAD + \angle NAD = 90°$，$\angle LAN + \angle NAD = 90°$，所以 $\angle CAD = \angle LAN$（等角的余角相等）．

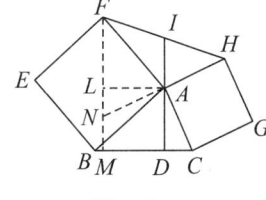

又因为 $\angle ALN = \angle ADC = 90°$，所以 $\triangle ALN \cong \triangle ADC$（ASA），所以 $AN = AC$．

因为 $AH = AC$，所以 $AN = AH$．又因为 $FM \parallel AD$，故 $FN \parallel AI$，即点 A 为 NH 的中点．所以 IA 为 $\triangle FHN$ 的中位线．

故 BC 边上的高线 AD 平分 FH．

评注：此法只需证明一次全等，但此法作辅助线时非常巧妙，运用正方形的判定定理以及中位线定理，很快便能证得 $FI = IH$．

二、同一法，证明两点重合

方法 4 如图 1.32 所示，作 DA 的延长线 AM' 平分 FH，因为在正方形 $ABEF$ 和正方形 $ACGH$ 中，有 $AB = AF$，$AH = AC$，且 $\overrightarrow{AF} \cdot \overrightarrow{AB} = 0$，$\overrightarrow{AH} \cdot \overrightarrow{AC} = 0$．

$$\overrightarrow{AM'} \cdot \overrightarrow{BC} = \frac{1}{2}(\overrightarrow{AF} + \overrightarrow{AH}) \cdot (\overrightarrow{AC} - \overrightarrow{AB})$$
$$= \frac{1}{2}(\overrightarrow{AF} \cdot \overrightarrow{AC} - \overrightarrow{AF} \cdot \overrightarrow{AB} + \overrightarrow{AH} \cdot \overrightarrow{AC} - \overrightarrow{AH} \cdot \overrightarrow{AB})$$
$$= \frac{1}{2}(\overrightarrow{AF} \cdot \overrightarrow{AC} - \overrightarrow{AH} \cdot \overrightarrow{AB})$$
$$= \frac{1}{2}|\overrightarrow{AF}| \cdot |\overrightarrow{AC}| \cdot \cos\left(\frac{\pi}{2} + \angle BAC\right) - |\overrightarrow{AH}| \cdot |\overrightarrow{AB}| \cdot \cos\left(\frac{\pi}{2} + \angle BAC\right)$$
$$= 0.$$

所以 $\overrightarrow{AM'} \perp \overrightarrow{BC}$．

又因为 BC 边上的高线 DA 的延长线交 FH 的交点唯一，故点 M 与 M' 重合，故 BC 边上的高线 AD 平分 FH．

评注：此法以同一法为主体，向量法为辅助，使解答过程更为简捷．同一法是解决平面几何问题时常用的方法．

三、旋转法

方法 5 将△ADB 顺时针旋转 $\frac{\pi}{2}$，得到△AKF；将△ADC 逆时针旋转 $\frac{\pi}{2}$，得到△AJH．

因为 AD 是 BC 边上的高线，故 $AD \perp BC$，所以 $AJ \perp HJ$，$AK \perp FK$，所以 $FK \parallel AI \parallel HJ$，且 $AD = AK = AJ$．

故四边形 HJKF 为直角梯形，K，A，J 三点共线．

线段 AI 为直角梯形 HJKF 的中位线，所以线段 AI 平分 FH，故 BC 边上的高线 AD 平分 FH．

评注：将三角形旋转，不需证明全等，再根据中位线定理即可证得．此法过程简捷，易证明．

在平面几何证明问题中，通过作辅助线可以帮助我们简化解题思路，同时不同的辅助线做法也为我们提供了不同的解题思路．在解决平面几何问题时常常想到的都是作辅助线，我们应根据求证的问题入手，而不是凭空想象地作辅助线．作辅助线的方法是解决平面几何问题的常规方法，但有时却较为烦琐，所以我们不妨尝试其他证明方法，如同一法、面积法、向量法等．

四、变式推广

在△ABC 的两边 AB 和 AC 上作正方形 ABEF 和 ACGH，试证：平分 FH 的线段是 BC 边上的高线．

证明：作 $NM = AM$，连接 NH，因为 AM 为 DA 的延长线，故 AM 平分 FH，所以 $FM = MH$．

因为 $\angle AMF = \angle NMH$，所以△AMF ≅△NMH（SAS），所以 $AF = NH$．

因为 $\angle FAM = \angle HNM$，所以 $AF \parallel NH$．

又因为 $\angle FAH + \angle NHA = 180°$，$\angle FAH + \angle BAC = 180°$，所以 $\angle NHA = \angle BAC$．

又因为 $AH = AC$，$NH = AF = AB$，所以△ABC ≅△HNA（SAS），故 $\angle NAH = \angle ACB$．因为 $\angle NAH + \angle DAC = 90°$，所以 $\angle ACD + \angle DAC = 90°$，故 $\angle ADC = 90°$．

所以 $AD \perp DC$，AD 为 BC 边上的高线．

第六节　一道平面几何题的多解研究[①]

在教学中引导学生对例题的解法进行研究,有利于激发学生的学习兴趣,培养学生勇于探究的个性品质. 对几何问题进行转化、构造相似三角形、借助相似比等,进而求解,并从中获得创新能力. 对问题进行一题多解是培养发散思维的重要途径. 下面是一道平面几何题的多解研究,通过转化、构造、数形结合等思想对问题进行精解、巧解.

如图 1.33 所示,已知 $A(0,4)$,$B(2,0)$,点 E 是 OB 上的动点,且 $OE=AF$,若 AB,EF 交于点 G,且 $\angle AGF=45°$,求点 G 的坐标.

方法 1　通过常规思路的求解,将线段 EF 的斜率求出,联合直线 AB 与直线 EF,进而求解交点的坐标.

过点 F 作线段 EF 的垂线,过点 A 作 OA 的垂线,两垂线交于点 K,连接 KE. 因为 $\triangle EOF \cong \triangle FAK$,所以 $FE=FK$,又 $\angle KFE=90°$,所以 $\angle KEF=45°=\angle AGF$,所以 $AB\ //\ EK$. 设 $OF=x$,则 $AK=BE=x$,所以 $AF=4-x=OE=2+x$,所以 $OE=3$.

故直线 EF 的解析式为 $y=-\dfrac{1}{3}x+1$,直线 AB 的解析式为 $y=-2x+4$,则点 G 的坐标为 $\left(\dfrac{9}{5},\dfrac{2}{5}\right)$.

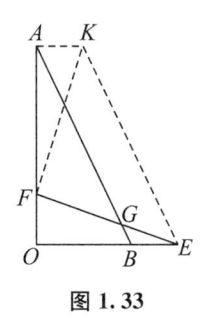

图 1.33　　　图 1.34

方法 2　通过斜率转化思想,间接求解直线 BC 的斜率,得到直线 EF 的斜率.

如图 1.34 所示,过点 B 作 EF 的平行线交 OA 于点 C,过点 C 作 BC 的垂线交 AB 于点 D,过点 D 作 $DH \perp OA$ 于点 H.

因为 $\angle DBC=\angle DGF=45°$,所以 $\triangle DCB$ 是等腰直角三角形,易证 $\triangle BOC \cong \triangle CHD$.

设 $HD=x$,$AH=2x$,则 $OH=4-2x$,$OC=HD=x$,所以 $OB=CH=OH-OC=4-2x-x=4-3x=2$,解得 $x=\dfrac{2}{3}$. 设 $OF=y$,则 $OE=3y=4-y$,所以 $y=1$,故直线 EF 的解析式为 $y=-\dfrac{1}{3}x+1$,又直线 AB 的解析式为 $y=-2x+4$,联立可解得 $\begin{cases} x=\dfrac{9}{5} \\ y=\dfrac{2}{5} \end{cases}$,

---

[①] 作者:马明勇、徐小琴.

即 $G\left(\dfrac{9}{5},\ \dfrac{2}{5}\right)$.

方法 3 通过构造等腰直角三角形、相似三角形，得到相似比，进而求解斜率.

如图 1.35 所示，延长 OE 至点 C，使得 $EC=OF$，连接 AC，作 $BH\perp AC$ 于点 H，则 $\triangle BHC$ 是等腰直角三角形.

因为 $\angle BAH=45°-(\angle OFE-45°)=90°-\angle OFE=\angle OEF$，所以 $\triangle AHB\sim\triangle EOF$，又因为 $CH=\dfrac{BC}{\sqrt{2}}=\dfrac{2}{\sqrt{2}}=\sqrt{2}$，$AC=4\sqrt{2}$，所以 $AH=3\sqrt{2}$，$\dfrac{OF}{OE}=\dfrac{BH}{AH}=\dfrac{\sqrt{2}}{3\sqrt{2}}=\dfrac{1}{3}$，则 $k_{EF}=-\dfrac{1}{3}$. 设 $OF=y$，则 $OE=3y=4-y$，所以 $y=1$，故直线 EF 的解析式为 $y=-\dfrac{1}{3}x+1$.

易知直线 AB 的解析式为 $y=-2x+4$，联立可解得 $\begin{cases}x=\dfrac{9}{5}\\y=\dfrac{2}{5}\end{cases}$，即 $G\left(\dfrac{9}{5},\ \dfrac{2}{5}\right)$.

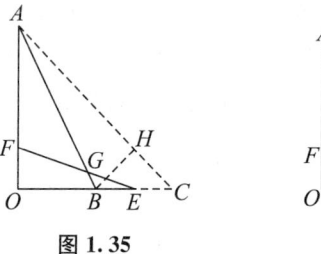

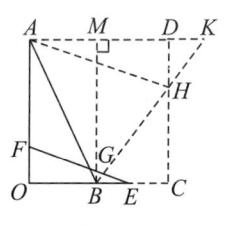

图 1.35   图 1.36

方法 4 转化思想，通过构造相同斜率线段，间接求解.

如图 1.36 所示，以 AO 为边，向右构造正方形 $AOCD$，过点 A 作 EF 的平行线交 CD 于点 H. 连接 BH，延长 BH 交 AD 的延长线于点 K.

因为 $\angle AGF=45°$，$AH\parallel EF$，所以 $\angle BAH=45°$，易证 $\angle ABO=\angle ABH$，所以 $\angle KAB=\angle ABO=\angle KBA$，即 $KA=KB$. 设 $DK=x$，$BC=2$，$AD=4$，过点 B 作 $BM\perp AD$ 于点 M，所以 $BK=\sqrt{BM^2+KM^2}=\sqrt{4^2+(2+x)^2}$，而 $AK=4+x$，即 $\sqrt{16+(2+x)^2}=4+x$. 解得 $x=1$，即 H 为 CD 的三等分点，则 $\tan\angle FEO=\tan\angle HAD=\dfrac{1}{3}$，$k_{EF}=-\dfrac{1}{3}$.

设 $OF=y$，则 $OE=3y=4-y$，所以 $y=1$，故直线 EF 的解析式为 $y=-\dfrac{1}{3}x+1$.

易知 AB 的解析式为 $y=-2x+4$，联立可解得 $\begin{cases}x=\dfrac{9}{5}\\y=\dfrac{2}{5}\end{cases}$，即 $G\left(\dfrac{9}{5},\ \dfrac{2}{5}\right)$.

第二章 立体几何

三维空间的欧氏几何叫作立体几何. 立体几何是与二维平面相对的三维空间几何, 是几何学的重要分支, 也是对现实世界物体进行抽象得到的空间图形. 由于三维空间对学生的空间想象能力具有较高要求, 所以我国著名数学家丁尔陞先生曾说: "几何的重要内容是教导学生研习演绎法, 要点在于让学生逐步体会空间基本性质的本质和方法." 这也是我国空间几何教学的指导思想. 立体几何需要学生建立思维空间体系, 善于将空间几何体抽象为几何思维, 并结合平面几何的相关演绎推理知识解决问题, 故立体几何的重难点在于建立空间关系, 形成空间图形.

中学立体几何的主要内容包括空间几何体的三视图、直观图、表面积与体积, 点、直线、平面的位置关系 (空间点、直线、平面之间的位置关系, 直线、平面垂直 (平行) 的判定与性质), 空间向量与立体几何.

立体几何的解题方法可分为几何法与向量法. 几何法需要较强的逻辑推理能力、丰富的空间想象能力, 往往通过添加辅助线、分解图形等方式来实现目的. 向量法则是一种借助坐标和代数运算的方法, 运算量较大. 本章将介绍几何法与向量法在立体几何中的应用及典型案例.

第一节 几何法在立体几何中的应用研究[①]

一、几何法研究概况

立体几何一直是高中数学重要且难学的内容之一, 在高考数学中也占有比较重要的地位. 由近年的全国高考立体几何试题来看, 从原来对立体几何中位置与度量问题进行证明或计算, 到现在加入了"动态"立体几何问题, 不仅加强了问题的探究性, 而且提高了学生对创新意识的培养, 也为现在的考试命题提供了新的思路.

解决立体几何问题常用两类方法: 一类为传统的几何法, 另一类为向量法. 王博等[②]认为几何法需要学生有较强的空间想象能力和严谨的逻辑推理能力, 通常通过作辅助线后再证明来得到对应的结果, 而很多基础较弱的学生无法在脑海里形成直观图形, 从而导致

[①] 作者: 罗娟、赵思林 (指导教师).
[②] 王博, 周龙虎. 理科立体几何为何青睐于坐标法解决问题的几点思考 [J]. 中学数学杂志, 2017 (1): 11-12.

解题失败；向量法只需要掌握向量坐标的相关公式，通过数据代入运算来实现相应的结果，大大降低了立体几何中论证、解题的难度，为很多基础较弱的学生提供了新的工具.

李善佳[1]认为几何法是一种非代数研究方法，将图形直观分析与逻辑论证相结合，从公理或定理出发，根据逻辑规律，通过演绎推理得出结论，对培养空间想象能力与逻辑思维能力十分有益，但此种方法涉及理论知识较多，学生对添加辅助线也较为迷茫，故在解题方面稍显阻碍；向量法则是将向量作为工具来求解问题，用计算来代替演绎，将推理过程转化为代数运算，此种方法对空间想象能力与逻辑推理能力不是特别强调，只需要通过向量运算来研究几何的关系.

洪昌强等[2]认为几何法是在利用已知条件、性质定理的情况下，将复杂、不规则的图形进行分解、修理，并加以调整，使得图形中"隐藏"的几何特征"显示"出来，再根据已知的性质定理，将空间几何转化为平面几何，适当添加一些辅助线来降低解题难度，但这正是学生感觉比较困难的地方，所以用几何法解决立体几何问题不仅需要思维灵活，还需要掌握一定的解题技巧；向量法就是将所求的几何问题转化为数量问题，然后进行量化处理，这对学生的运算能力要求较高，不强调技巧性，所以较容易操作，但向量法解题的过程具有程式化，经过强化训练后会产生习惯思维，在遇上一些不适合用坐标表达的问题时，缺乏思维灵活性的学生便会受其影响，从而产生思维定式，为解题设置了障碍.

通过以上几位学者对几何法与向量法的理解可以了解到，在解决立体几何问题时几何法稍显复杂. 几何法需要记忆很多立体几何相关的定义与定理，还要会正确地添加辅助线来帮助理解未知与已知的关系，最后还需要详细严谨的演绎推理过程来推理出结果，的确是稍显复杂. 向量法就略显简单些，不需要大量的定义与定理，减少了添加辅助线的次数，也省略了一些逻辑推理过程，只需要记住空间向量坐标的定义与公式以及向量运算的法则，拥有正确且灵活的计算能力，最后通过向量运算来得出结论.

另外，洪昌强等[3]针对几何综合法与向量坐标法在立体几何问题中的使用情况，对浙江省台州市三所普通高中的部分高三理科学生进行了调查，将其分为甲、乙两组，给出两道题目，甲、乙两组各完成一道. 调查结果显示，两道题分别有89%与81%的学生采用了向量坐标法解题，但第二道题采用向量坐标法的满分率只有14%，这说明大多数学生在解决立体几何问题时习惯采用向量坐标法. 然后对这两道题的解法进行了分析，并提出疑问：为什么学生喜欢用向量坐标法，而排斥几何综合法？最后从知识、教材、高考这三个方面来探究其原因.

总之，如今大多数学生都采用向量法来解决立体几何问题，只有极少数喜爱立体几何的学生会用多种方法研究. 因此，研究几何法在立体几何问题中的应用是十分重要的.

已有许多数学教师对几何法在立体几何问题中的应用进行了研究，但多数是针对立体几何中的一类问题或几类问题做出研究的.

江忠东[4]探究了空间几何体的基本图形及其应用，对每一类图形给出了对应的例题及

---

[1] 李善佳. 向量法与综合法在几何解题中的整合 [J]. 数学教学通讯，2010 (5)：31—32.
[2] 洪昌强，胡小莉. 例谈几何综合法与向量坐标法的合理使用 [J]. 中学数学研究，2014 (5)：45—47.
[3] 洪昌强，胡小莉. 几何综合法与向量坐标法的使用调查分析 [J]. 福建中学数学，2014 (4)：9—12.
[4] 江忠东. 微专题八 立体几何体中的基本图形及其应用 [J]. 中学数学教学参考，2017 (1)：78—82.

解法，多道例题用几何法求解较为简单．

朱恒杰[①]主要围绕三视图、组合体、折叠图的表面积与体积来进行探究，对应的例题也给出了解题思路，以几何法为主．

胡慧海等[②]研究了化归方法在立体几何中的应用，提出了化归方法的定义与一般模式，研究了化归法在解决立体几何计算问题中的应用，并给出了适当的问题进行分析，最后总结了化归法在立体几何问题中的作用与意义．

鲁岩等[③]对2018年高考中的"立体几何"问题进行了分类解析，认为学生在解题过程中应加强对传统几何解法的训练，教师也应加强对基本概念、看图识图、空间想象、推理论证等的教学．

蒋海瓯[④]研究了"直线与平面"的位置关系，介绍了判定线面位置关系的方法，以便提高解题效率，给出了多类典型例题以及优质训练，多个几何法简解．

吴建明等[⑤]对空间角求解策略进行了比较，即对采用传统几何法与向量法求解空间角的过程、解题思想进行了对比，最后反思总结两种方法的利弊．

杨劲[⑥]对立体几何中空间距离问题的求解进行了研究，对应的例题均能一题多解，其中将空间距离转化为平面距离，再利用几何法求解．

董林伟[⑦]针对立体几何中角与距离的计算进行了研究，具体表现为化归思想在立体几何中的应用．第一部分研究了空间角的计算，对异面直线所成角、线面所成角、两平面的夹角给出了相应的例题；第二部分研究了空间距离的计算，具体对空间中两点间的距离、点到面的距离、异面直线间的距离、线到面的距离给出了相应的例题，最后对例题进行了分析与评注．

林明成[⑧]研究了空间几何体体积的求法，通过例题说明了解决体积问题的七种方法，即分割法、公式法、整体处理、补形法、巧比、妙换、极端化．

朱豪等[⑨]对立体几何中的"动态"问题进行了探讨，分析了其在高考中的走势，并对几类典型例题进行了剖析，虽然采用的是向量法，但用几何法也可实现．

郭建华[⑩]针对"动态"立体几何问题的解法进行了剖析，给出了八道例题进行求解与点评，并总结了"八字方针"（截、移、割、补、展、折、射、转）以供参考．

从研究的角度来看，符合课程标准的要求，以提高学生数学核心素养为理念，对几何法在立体几何中的应用进行了深入研究．另外，不妨大胆借鉴前人的观点，总结提炼、丰富创新，从不同视角深入地研究几何法在立体几何中的应用．

---

① 朱恒杰．微专题十六 立体几何中的表面积与体积［J］．中学数学教学参考，2018（1）：108–110．
② 胡慧海，张瑜．化归方法在立体几何问题中的应用［J］．数学教学研究，2001（9）：16–18．
③ 鲁岩，吴丽华．2018年高考"立体几何"专题解题分析［J］．中国数学教育（高中版），2018（7）：98–107．
④ 蒋海瓯．直线与平面的位置关系［J］．中学数学教学参考，2016（1）：87–90．
⑤ 吴建明，顾雪．空间角求解策略的比较研究［J］．中学数学，2015（15）：80–81．
⑥ 杨劲．一题多解 拓展提升［J］．中学数学，2019（3）：29–31，33．
⑦ 董林伟．立体几何中角与距离的计算［J］．中学数学月刊，1997（4）：18–21．
⑧ 林明成．例说空间几何体体积的求法［J］．中学教研（数学），2009（11）：9–12．
⑨ 朱豪，王红权．"动态"立体几何题型与高考走势［J］．中学教研（数学），2008（3）：38–40．
⑩ 郭建华．"动态"立体几何题解法剖析［J］．中学教研（数学），2010（9）：11–13．

R. D. Hannafin 等[①]指出空间能力对几何成就有着十分重要的影响，而几何法对学生空间想象能力的培养有着独特的作用，所以研究几何法在立体几何中的应用是很有必要的．

对立体几何中的"静态"与"动态"问题进行深入研究的意义在于：为高考立体几何开阔了思路；提高了自身的数学核心素养，在培养空间想象能力与逻辑推理能力方面有了更深层次的理解；在前人的研究理论价值得到充分体现的基础上，加强了数学应用意识，从数学的角度对立体几何问题进行分类、阐述和分析，是创造性思维的一种体现；加强了对三维空间的直观理解，同时为以后接触了解四维空间奠定了基础．因此，几何法在立体几何问题中的应用，在思维能力的培养和空间维度的发展上都具有重大的意义，也在一定程度上促进了当今立体几何教学的发展．

研究目的在于为高中数学教师在立体几何部分的教学以及学生掌握立体几何知识提供一些参考，可以根据几何法在不同角度、不同层次立体几何问题中的应用，让教师能够更好地指导学生学习，掌握几何法的好处，体会立体几何的美妙之处．同时也为高三学生提供了帮助，让他们不再对用向量法解决立体几何问题"情有独钟"，针对某些更适合用几何法的题目能够用几何法解答，进而使学生的学习成绩有所提高．

二、几何法在"静态"立体几何中的应用

从历年高考试题来看，有关立体几何问题的考查多数以解答题的形式呈现．在空间几何体中的位置与度量均不产生变化时，即"静态"立体几何中，给出两个问题，第一问证明，第二问计算．在部分省市的试题中还会出现了第三问，一般也为计算题．根据学生的解题习惯，通常第一问用几何法证明，第二、三问用向量法计算较为简捷，但对于某些题型来说，用几何法会更简便一些．因此，下面将从证明和计算这两个方面来研究几何法在"静态"立体几何中的应用，立体几何证明问题包括线线、线面、面面位置关系的几何法证明，立体几何计算问题包括用几何法求解空间角、空间距离以及空间几何体的表面积与体积等．

（一）用几何法解决立体几何证明问题

立体几何证明问题的常见形式为线面位置关系的证明．一般用几何法进行论证，需理解和掌握线、面平行或垂直的定义、性质以及判定定理，进行推理，得出结论．

1. 线线位置关系的几何法证明

线线位置关系包括线线平行、线线垂直，是高中所学立体几何知识中最基础的部分，在试题中一般作为条件给出，少数作为结论论证．

例1 如图 2.1 所示，四棱锥 $P-ABCD$ 的底面 $ABCD$ 为直角梯形，$PA=PB=PD$，$BC/\!/AD$，$AB=AD=\dfrac{1}{2}BC$，求证：$PB\perp CD$．

[①] Hannafin R D, Truxaw M P, Vermillion J R, et al. Effects of Spatial Ability and Instructional Program on Geometry Achievement [J]. The Journal of Educational Research, 2008, 101 (3): 148-157.

证明：取 BC 的中点 E，连接 DE.

由于 $ABCD$ 为直角梯形，$BC/\!/AD$，$AB=AD=\dfrac{1}{2}BC$，所以矩形 $ABED$ 为正方形.

过点 P 作 $PO\perp$ 平面 $ABCD$ 于点 O，连接 OA，OB，OE，OD.

易知 OA，OB，OD 分别为 PA，PB，PD 在平面 $ABCD$ 上的射影.

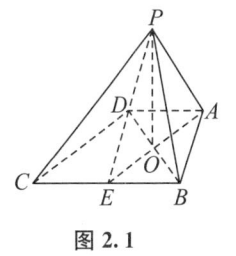

又因为 $PA=PB=PD$，所以 $OA=OB=OD$，因此点 O 为正方形 $ABED$ 对角线的交点，$OE\perp OB$.

由三垂线定理，可得 $OE\perp PB$. 又因为 $OE/\!/CD$，故 $CD\perp PB$.

评注：本例考查了线线垂直的证明问题，关键在于熟练运用三垂线定理，并适当添加辅助线来得到相关直线，帮助证明.

2. 线面位置关系的几何法证明

常见线面位置关系包括线面平行、线面垂直，在高考试题中常常作为立体几何大题的第一问，主要考查学生对立体几何基础知识的掌握.

例 2 如图 2.2 所示，已知四棱锥 $P-ABCD$ 的底面 $ABCD$ 为平行四边形，点 E 为棱 PD 上一点，且 $PE=2ED$，若点 F 为 PC 的中点，求证：$BF/\!/$ 平面 AEC.

证明：连接 FD 交 EC 于点 G，取 PE 的中点 H，连接 HF.

因为点 F 为 PC 的中点，所以 HF 为 $\triangle PCE$ 的中位线，$HF/\!/EC$.

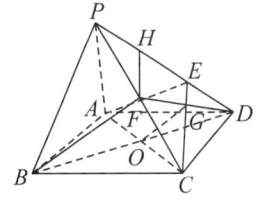

又因为 $PE=2ED$，所以 $ED=HE$，EG 为 $\triangle HFD$ 的中位线，点 G 为 FD 的中点.

连接 BD 交 AC 于点 O，连接 OG. 在 $\square ABCD$ 中，点 O 为 BD 的中点，所以 OG 为 $\triangle BDF$ 的中位线，即 $OG/\!/BF$.

又因为 $OG\subset$ 平面 AEC，$BF\not\subset$ 平面 AEC，故 $BF/\!/$ 平面 AEC.

评注：本例考查了线面平行的证明问题，证明的关键是在平面 AEC 内找到一条直线与 BF 平行，需添加一些辅助线来帮助寻找. 这是根据线面平行的判定定理来论证的，另外还可以根据线面平行的定义、性质来进行论证.

3. 面面位置关系的几何法证明

对于"面面位置关系"这一问题来说，常作为条件出现，不常作为结论来证明，尤其是近几年的试题中，几乎少有见到论证"面面位置关系"的题目. 但熟练掌握面面平行或垂直的定义、性质、判定定理，能够为后续计算空间角、距离等提供合适的依据.

例 3 如图 2.3 所示，三棱锥 $D-ABC$ 中，$AD\perp AC$，$AD=12$，$BC=16$，点 E，F，G 分别为棱 DC，AC，AB 的中点，$EG=10$，求证：平面 $BEF\perp$ 平面 ABC.

证明：因为点 E，F，G 分别为线段 DC，AC，AB 的中点，所以 $EF/\!/AD$，$FG/\!/BC$，且 $EF=\dfrac{1}{2}AD=6$，$FG=\dfrac{1}{2}BC=8$.

又因为 $EG=10$，所以 $EF^2+FG^2=EG^2$，即 $EF\perp FG$. 由于 $AD\perp AC$，所以 $EF\perp AC$. 又 $FG\cap AC=F$，所以 $EF\perp$ 平面 ABC，又 $EF\subset$ 平面 BEF，故平面 $BEF\perp$ 平面 ABC.

评注：本例考查了面面垂直的证明问题，证明的关键是一个平面的垂线包含于另一个平面，即可证两平面互相垂直. 这是根据面面垂直的判定定理来论证的，另外还可根据判定定理的两个推论来求证.

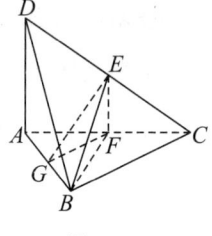

图 2.3

（二）用几何法解决立体几何计算问题

立体几何计算问题的常见形式为空间角、空间距离、表面积与体积的计算. 用几何法求解此类问题，需掌握其相关定义、性质、定理，适当添加辅助线，进行推理运算，才能得出结论.

1. 空间角的计算

空间角包括异面直线所成角、直线与平面所成角以及平面与平面所成角，在高考试题中常作为立体几何大题的第二问，主要考查学生对平面几何与立体几何知识的掌握.

例 4 如图 2.4 所示，在四面体 $ABCD$ 中，$AB=AD=1$，$CA=CB=CD=BD=\sqrt{2}$，求 AB 与 CD 所成角的大小.

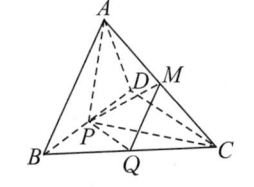

解：分别取 BD，BC，AC 的中点 P，Q，M，连接 PM，MQ，PQ.

易知 $MQ\parallel AB$，$PQ\parallel CD$，因此 $\angle PQM$ 为异面直线 AB 与 CD 所成的角.

图 2.4

由题意得 $MQ=\dfrac{1}{2}AB=\dfrac{1}{2}$，$PQ=\dfrac{1}{2}CD=\dfrac{\sqrt{2}}{2}$. 连接 PC，因为 $CB=CD=BD=\sqrt{2}$，所以 $\triangle BCD$ 为等边三角形，$PC=\dfrac{\sqrt{6}}{2}$. 又因为 $AB=AD=1$，所以 $\triangle ABD$ 为等腰三角形，$AP=\dfrac{\sqrt{2}}{2}$.

于是 $AP^2+PC^2=AC^2$，即 $AP\perp PC$. 在 $\text{Rt}\triangle APC$ 中，$PM=\dfrac{1}{2}AC=\dfrac{\sqrt{2}}{2}$.

在 $\triangle PQM$ 中，$\cos\angle PQM=\dfrac{PQ^2+MQ^2-PM^2}{2PQ\cdot MQ}=\dfrac{\sqrt{2}}{4}$.

故异面直线 AB 与 CD 所成角的大小为 $\arccos\dfrac{\sqrt{2}}{4}$.

评注：本例考查了求异面直线所成角的大小，解题的关键是找到两异面直线在同一平面内的夹角，通过取特殊点，作辅助线得到 $\angle PQM$ 为所求角，利用已知条件，结合余弦定理即可求出. 这是根据几何法中的平移法来求解的，即利用三角形中位线来构造平行线.

例 5 如图 2.5 所示，已知等腰三角形 ABC 中，$AB=BC=\sqrt{2}$，$\angle ABC=120°$，若点 P 在平面 ABC 外，且 $PA=PB=PC=2$，求 PB 与平面 ABC 所成角的大小.

解：过点 P 作 $PO \perp$ 平面 ABC，点 O 在平面 ABC 上，连接 OA，OB，OC，易知 $\angle OBP$ 为 PB 与平面 ABC 所成的角.

因为 $PA = PB = PC = 2$，OA，OB，OC 分别为 PA，PB，PC 在平面 ABC 上的射影，所以 $OA = OB = OC$，即点 O 为 $\triangle ABC$ 外接圆的圆心.

设 $OB = R$，因为 $\angle ABC = 120°$，$AB = BC = \sqrt{2}$，所以 $\angle BAC = \angle BCA = 30°$.

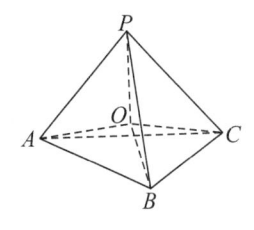

图 2.5

根据正弦定理，得 $2R = \dfrac{AB}{\sin \angle BCA} = 2\sqrt{2}$，$R = \sqrt{2}$. 又 $PO \perp$ 平面 ABC，所以 $PO \perp OB$. 在 $\text{Rt}\triangle POB$ 中，$OB = \sqrt{2}$，$PB = 2$，$\cos \angle OBP = \dfrac{OB}{PB} = \dfrac{\sqrt{2}}{2}$，所以 $\angle OBP = 45°$.

故 PB 与平面 ABC 所成角的大小为 $45°$.

评注：本例考查了用几何法求解直线与平面所成角的大小，解题的关键在于找到直线与平面的夹角. 根据线面角的定义，过该直线上一点作平面的垂线 PO，将直线、垂线分别与平面的交点相连接，即可得出所求角 $\angle OBP$.

2. 空间距离的计算

空间距离包括两点间、点到线、异面直线间、点到面、线到面的距离. 通常均可转化为点到面的距离. 解决空间距离的几何方法：①将空间距离转化为平面距离，利用平面知识推理运算；②利用等体积法，寻找距离所在几何体的体积等量关系.

例 6 如图 2.6 所示，四棱锥 $P-ABCD$ 中，$PA \perp$ 底面 $ABCD$，$BC = CD = a$，$AC = 2a$，$\angle ACB = \angle ACD = 60°$，点 E 为 PC 的中点，当 $AE \perp PB$ 时，求棱 PA 的长.

解：取 PB 的中点 F，连接 AF，EF. 由于 $BC = CD = a$，$AC = 2a$，$\angle ACB = 60°$，所以 $AB \perp BC$，$AB = \sqrt{3}a$. 因为 $PA \perp$ 底面 $ABCD$，$BC \subset$ 底面 $ABCD$，所以 $PA \perp BC$.

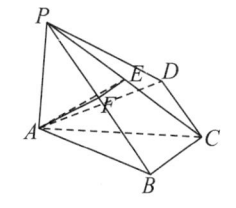

图 2.6

又因为 $PA \cap AB = A$，因此 $BC \perp$ 平面 PAB. 而 $PB \subset$ 平面 PAB，所以 $BC \perp PB$. 因为点 E 为 PC 的中点，从而 $EF // BC$，$EF \perp PB$.

又 $AE \perp PB$，所以 $PB \perp$ 平面 AEF. 而 $AF \subset$ 平面 AEF，所以 $PB \perp AF$.

易知 $\text{Rt}\triangle PAB$ 为等腰直角三角形，故 $PA = AB = \sqrt{3}a$.

评注：本例考查了用几何法求解空间中两点间的距离 PA，解题的关键在于找到距离所在平面图形的特殊性，通过取特殊点 F，推理可得 $\text{Rt}\triangle PAB$ 为等腰直角三角形，故结果易求. 本例较为简单，主要考查学生对基础知识的掌握情况.

例 7 如图 2.7 所示，在长方体 $ABCD-A_1B_1C_1D_1$ 中，$AB = 5$，$BC = 3$，$AA_1 = 3\sqrt{2}$，点 E，F 分别在线段 AD，AB 上，且 $AE = AF = 2$，求点 C_1 到直线 EF 的距离.

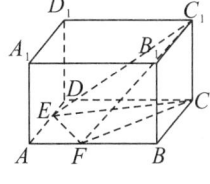

图 2.7

解：连接 CE，CF.

因为 $AB=5$，$AF=2$，所以 $BF=3$.

在 $\mathrm{Rt}\triangle BCF$ 中，$BC=3$，$CF=\sqrt{BF^2+BC^2}=3\sqrt{2}$.

在 $\mathrm{Rt}\triangle CC_1F$ 中，$CC_1=AA_1=3\sqrt{2}$，$C_1F=\sqrt{CF^2+CC_1^2}=6$.

因为 $AE=2$，所以 $DE=1$.

在 $\mathrm{Rt}\triangle CDE$ 中，$DC=5$，$CE=\sqrt{DE^2+DC^2}=\sqrt{26}$.

在 $\mathrm{Rt}\triangle CC_1E$ 中，$C_1E=\sqrt{CE^2+CC_1^2}=2\sqrt{11}$.

在 $\mathrm{Rt}\triangle AEF$ 中，$EF=\sqrt{AE^2+AF^2}=2\sqrt{2}$.

在 $\triangle C_1EF$ 中，$\cos\angle EC_1F=\dfrac{C_1E^2+C_1F^2-EF^2}{2C_1E\cdot C_1F}=\dfrac{3\sqrt{11}}{11}$，所以 $\sin\angle EC_1F=\dfrac{\sqrt{22}}{11}$，从而 $S_{\triangle C_1EF}=\dfrac{1}{2}C_1E\cdot C_1F\cdot\sin\angle EC_1F=6\sqrt{2}$.

设点 C_1 到直线 EF 的距离为 d，则 $S_{\triangle C_1EF}=\dfrac{1}{2}EF\cdot d=6\sqrt{2}$，所以 $d=6$.

故点 C_1 到直线 EF 的距离为 6.

评注：本例考查了用几何法求解空间中点到线的距离，可将其放在同一平面图形 $\triangle C_1EF$ 中，所求距离可转化为求 EF 边上的高，由三角形面积公式产生等量关系，再求解．此类问题主要考查学生对平面几何知识的熟练掌握，对化归与转换思想的合理运用．

例 8 如图 2.8 所示，在三棱锥 $A-BCD$ 中，所有棱长均为 a，点 E，F 分别为 AB，CD 的中点，求 AB 与 CD 间的距离．

解：连接 AF，BF.

由题意，可得 $\triangle BCD$ 与 $\triangle ACD$ 为全等的等边三角形，所以 $AF=BF$，$\triangle AFB$ 为等腰三角形．

又因为点 E 为 AB 的中点，于是可得 $EF\perp AB$.

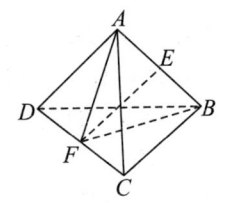

图 2.8

同理可得 $EF\perp CD$，所以 EF 为 AB 与 CD 的公垂线段，即为 AB 与 CD 间的距离．

因为点 F 为 CD 的中点，所以 $CF=\dfrac{a}{2}$，$BF\perp CD$.

在 $\mathrm{Rt}\triangle BCF$ 中，$BF=\sqrt{BC^2-CF^2}=\dfrac{\sqrt{3}a}{2}$.

在 $\mathrm{Rt}\triangle BEF$ 中，$BE=\dfrac{a}{2}$，$EF=\sqrt{BF^2-BE^2}=\dfrac{\sqrt{2}a}{2}$.

故 AB 与 CD 间的距离为 $\dfrac{\sqrt{2}a}{2}$.

评注：本例考查了用几何法求解空间中两异面直线之间的距离，即公垂线段，易知公垂线段为 EF，可直接计算 EF 的长度．此类问题较为简单，主要考查学生对公垂线段定义的掌握情况．

例 9 如图 2.9 所示，边长为 $2a$ 的正方形 $ABCD$ 外有一点 P，$PC\perp$ 平面 $ABCD$，且 $PC=a$．若点 E，F 分别为 AB，AD 的中点，求点 D 到平面 EFP 的距离．

解：连接 AC，BD，EF，EP，FP.

设 $AC \cap BD = O$，$EF \cap AC = G$. 因为 $ABCD$ 为正方形，点 E，F 分别为 AB，AC 的中点，所以 $EF // BD$，点 G 为 AO 的中点.

又 $EF \subset$ 平面 EFP，$BD \not\subset$ 平面 EFP，所以 $BD //$ 平面 EFP，因此点 D 到平面 EFP 的距离可转化为点 O 到平面 EFP 的距离.

连接 GP，因为 $BD \perp AC$，所以 $EF \perp GC$.

又因为 $PC \perp$ 平面 $ABCD$，$EF \subset$ 平面 $ABCD$，所以 $EF \perp PC$，$EF \perp$ 平面 CGP. 而 $EF \subset$ 平面 EFP，所以平面 $EFP \perp$ 平面 CGP，平面 $EFP \cap$ 平面 $CGP = GP$.

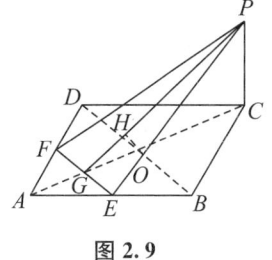

过点 O 作 $OH \perp GP$，垂足为点 H. 易知 $OH \perp$ 平面 EFP，从而可得线段 OH 的长即为点 D 到平面 EFP 的距离.

因为正方形 $ABCD$ 的边长为 $2a$，所以 $AC = 2\sqrt{2}a$，$OG = \dfrac{1}{4}AC = \dfrac{\sqrt{2}}{2}a$，$CG = \dfrac{3}{4}AC = \dfrac{3\sqrt{2}}{2}a$.

在 $\mathrm{Rt}\triangle CGP$ 中，$PC = a$，$GP = \sqrt{CG^2 + PC^2} = \dfrac{\sqrt{22}}{2}a$. 易知 $\mathrm{Rt}\triangle HGO \backsim \mathrm{Rt}\triangle CGP$，所以 $\dfrac{OH}{PC} = \dfrac{OG}{GP}$，$OH = \dfrac{\sqrt{11}}{11}a$.

故点 D 到平面 EFP 的距离为 $\dfrac{\sqrt{11}}{11}a$.

评注：本例考查了用几何法求解点到平面的距离，根据线面平行的性质，可将点 B 到平面 EFG 的距离转化为点 O 到平面 EFG 的距离，作 $OH \perp GP$，易知 OH 的长度为所求距离. 本例也可用等体积法 $V_{B-EFG} = V_{G-BEF}$ 求解，不用考虑具体垂线段的位置，大大简化了运算.

3. 表面积与体积的计算

几何体的表面积是指几何体与外界接触面的大小，体积是指几何体所占空间的大小. 表面积与体积的计算需掌握空间几何体的表面积、体积公式，找到几何体中特殊的部分，推理运算，得出结论.

例 10（2015 年新课标Ⅰ试题改编）如图 2.10 所示，四边形 $ABCD$ 为菱形，点 O 为 AC 与 BD 的交点，$BP \perp$ 平面 $ABCD$，当 $\angle ABC = 120°$，$AP \perp PC$，$V_{P-ACD} = \dfrac{3}{2}$ 时，求三棱锥 $P-ACD$ 的表面积.

解：设菱形 $ABCD$ 的边长为 a.

因为 $\angle ABC = 120°$，所以 $AO = OC = \dfrac{\sqrt{3}}{2}a$，$BO = OD = \dfrac{a}{2}$，

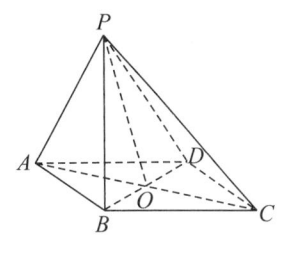

因此 $S_{\triangle ACD} = \frac{1}{2} AC \cdot OD = \frac{\sqrt{3}}{4} a^2$.

因为 $AP \perp PC$，点 O 为 AC 的中点，在 $\text{Rt}\triangle ACP$ 中，$OP = \frac{\sqrt{3}}{2} a$.

又因为 $BP \perp$ 平面 $ABCD$，所以 $BP \perp BD$.

在 $\text{Rt}\triangle BOP$ 中，$BP = \sqrt{OP^2 - BO^2} = \frac{\sqrt{2}}{2} a$，所以 $V_{P-ACD} = \frac{1}{3} S_{\triangle ACD} \cdot BP = \frac{\sqrt{6}}{24} a^3 = \frac{3}{2}$，解得 $a = \sqrt{6}$. 从而可得 $S_{\triangle ACD} = \frac{3\sqrt{3}}{2}$，$AB = AD = BD = \sqrt{6}$，$BP = \sqrt{3}$.

在 $\text{Rt}\triangle ABP$ 与 $\text{Rt}\triangle CBP$ 中，$AP = PC = \sqrt{BP^2 + (\sqrt{6})^2} = 3$，在 $\text{Rt}\triangle PBD$ 中，$PD = \sqrt{BP^2 + BD^2} = 3$，因此 $\triangle ADP \cong \triangle CDP$.

在 $\triangle ADP$ 中，$\cos \angle PAD = \frac{AP^2 + AD^2 - PD^2}{2 AP \cdot AD} = \frac{\sqrt{6}}{6}$，$\sin \angle PAD = \frac{\sqrt{30}}{6}$，$S_{\triangle CDP} = S_{\triangle ADP} = \frac{1}{2} AP \cdot AD \cdot \sin \angle PAD = \frac{3\sqrt{5}}{2}$.

又因为 $AP \perp PC$，所以 $S_{\triangle ACP} = \frac{1}{2} AP \cdot PC = \frac{9}{2}$.

综上可得 $S_{表} = S_{\triangle ACD} + S_{\triangle CDP} + S_{\triangle ADP} + S_{\triangle ACP} = \frac{3\sqrt{3}}{2} + 3\sqrt{5} + \frac{9}{2}$.

故三棱锥 $P-ACD$ 的表面积为 $\frac{3\sqrt{3}}{2} + 3\sqrt{5} + \frac{9}{2}$.

评注：本例考查了计算立体几何的表面积，解题的关键在于推理每个面是否具有特殊性，若为特殊图形，就可根据公式求面积，大大减少了计算量. 另外，还需熟练掌握各种几何体的表面积公式，以备不时之需.

例 11 （2007 年四川卷试题改编）如图 2.11 所示，四边形 $PCBM$ 是直角梯形，$\angle PCB = 90°$，$PM // BC$，$PM = 1$，$BC = 2$，且 $AC = \sqrt{2}$，$\angle ACB = 135°$，$AB \perp PC$，直线 AM 与 PC 所成的角为 $60°$，求三棱锥 $P-MAC$ 的体积.

解：过点 M 作 $MN \perp BC$ 于点 N，连接 AN. 因为 $\angle PCB = 90°$，所以 $PC \perp BC$，$PC // MN$，因此 $\angle AMN$ 是直线 AM 与直线 PC 所成的角，$\angle AMN = 60°$.

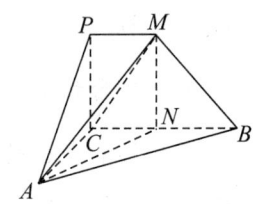

图 2.11

又因为 $PM // BC$，所以四边形 $PCNM$ 为矩形，$CN = PM = 1$.

在 $\triangle ACN$ 中，$\angle ACN = 135°$，$AN = \sqrt{AC^2 + CN^2 - 2 AC \cdot CN \cdot \cos \angle ACN} = \sqrt{5}$.

因为 $AB \perp PC$，所以 $AB \perp MN$，$MN \perp$ 平面 ABC，$MN \perp AN$.

在 $\text{Rt}\triangle AMN$ 中，$\tan \angle AMN = \frac{AN}{MN}$，$MN = \frac{\sqrt{15}}{3}$. 连接 CM. 显然 $S_{\triangle PCM} = S_{\triangle MNC}$，所以 $V_{P-MAC} = V_{A-PCM} = V_{A-MNC} = V_{M-ACN}$. 因为 $S_{\triangle ACN} = \frac{1}{2} AC \cdot CN \cdot \sin \angle ACN = \frac{1}{2}$，所以 $V_{M-ACN} = \frac{1}{3} S_{\triangle ACN} \cdot MN = \frac{\sqrt{15}}{18}$.

故三棱锥 $P-MAC$ 的体积为 $\frac{\sqrt{15}}{18}$.

评注：本例考查了锥体的体积，解题过程中将所求三棱锥转化为等体积的易求三棱锥，其中的关键是确定三棱锥的高. 此类问题常用等体积法求解，另外还可以根据三角形的面积公式求点 A 到平面 PMC 的距离，利用 $V_{P-MAC}=V_{A-PCM}$ 得出结论.

例 12　（2007年四川省成都市数学高考模拟试题改编）如图 2.12 所示，四棱锥 $S-ABCD$ 中，$SB \perp$ 底面 $ABCD$，且 $SB=3$，底面 $ABCD$ 是边长为 3 的正方形，点 F 为 SC 的中点，延长 CD 至点 E，使得 $DE=2CD$，过点 B，E，F 作截面分别与 SD，AD 交于点 K，L. 求 $\dfrac{V_{AKL-SBF}}{V_{DKL-BCF}}$ 的值.

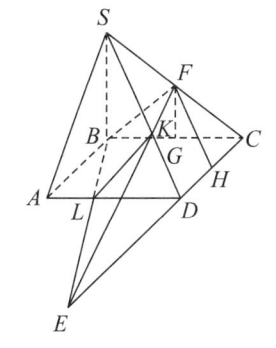

解：过点 F 作 $FG \perp BC$ 于点 G. 因为 $SB \perp$ 底面 $ABCD$，所以 $SB \perp BC$，$SB \perp CD$.

因为点 F 为 SC 的中点，$SB=BC=3$，所以 $FG=\dfrac{1}{2}SB=\dfrac{3}{2}$，

$S_{\triangle BCF}=\dfrac{1}{2}BC \cdot FG=\dfrac{9}{4}$. 因为 $ABCD$ 为正方形，所以 $CD \perp BC$，$CD \perp$ 平面 SBC.

因为 $DE=2CD=6$，$CE=9$，所以 $V_{E-BCF}=\dfrac{1}{3} \cdot S_{\triangle BCF} \cdot CE=\dfrac{27}{4}$. 过点 F 作 $FH \parallel KD$，交 CD 于点 H. 易知点 H 为 CD 的中点，$DH=\dfrac{3}{2}$. 令 h 为点 K 到底面 $ABCD$ 的距离，可得 $\dfrac{h}{FG}=\dfrac{DE}{EH}=\dfrac{4}{5}$，解得 $h=\dfrac{6}{5}$.

又因为 $DL \parallel BC$，所以 $\dfrac{DL}{BC}=\dfrac{DE}{CE}$，$DL=2$，$S_{\triangle DEL}=\dfrac{1}{2}DE \cdot DL=6$，从而 $V_{E-DKL}=V_{K-DEL}=\dfrac{1}{3}S_{\triangle DEL} \cdot h=\dfrac{12}{5}$，$V_{DKL-BCF}=V_{E-BCF}-V_{E-DKL}=\dfrac{87}{20}$.

又因为 $V_{S-ABCD}=\dfrac{1}{3}S_{\square ABCD} \cdot SB=9$，所以 $V_{AKL-SBF}=V_{S-ABCD}-V_{DKL-BCF}=\dfrac{93}{20}$，$\dfrac{V_{AKL-SBF}}{V_{DKL-BCF}}=\dfrac{31}{29}$.

故截面 $BFKL$ 将四棱锥分为两部分的体积比为 $\dfrac{31}{29}$.

评注：本例考查了几何体被平面截成两部分的体积之比，观察知几何体 $DKL-BCF$ 较为规范，可通过 $V_{DKL-BCF}$ 侧面求出 $V_{AKL-SBF}$. 而几何体 $DKL-BCF$ 可放在三棱锥 $E-BCF$ 中，通过 $V_{E-BCF}-V_{E-DKL}$ 求解出来. 此类问题主要考查学生对整体思想的把握，部分体积问题从整体出发，适当处理，便能化繁为简，进而达到事半功倍的效果.

三、几何法在"动态"立体几何中的应用

随着课程标准的不断改革与完善，对于立体几何问题的考查也在不断拓展. 具体体现在近几年有关立体几何的试题中出现了题型新颖、设计巧妙的"动态"问题，不仅提高了

创新性，还加强了探究性，意在培养学生的探究意识、创新意识，发现数学中的美."动态"立体几何问题是指在空间图形中点、线、面的位置或度量产生了变化的情况下，对位置与度量进行探求的问题. 此类问题已成为高考中的亮点，而学生对此类问题的求解多数采用向量法，但却不能忽视几何法的重要性. 下面将从四个方面来研究几何法在"动态"立体几何中的应用，具体包括用几何法解决折叠问题、存在性问题、最值与范围问题以及轨迹问题.

（一）用几何法解决折叠问题

折叠问题是指将某一平面图形沿一条直线折成一个空间图形后，探究空间图形中线面之间证明或计算的一类问题. 解决此类问题的几何方法是对比折叠前后图形的变化，寻找其中的不变量与不变关系，结合已知条件进行推理，便可解决问题.

1. 折叠问题中的空间角

解决折叠问题中的空间角问题，需要熟练掌握空间角的定义、性质以及判定定理，从而找出所求角，再通过寻找图形中的不变量与不变关系，推理运算出所求角.

例13 如图 2.13 所示，已知 $\triangle ABC$ 为正三角形，边长为 2，DE 为 $\triangle ABC$ 的中位线，$DE \parallel BC$，现将 $\triangle ADE$ 沿 DE 折至 $\triangle PDE$ 的位置，

（1）若平面 $PDE \perp$ 平面 ABC，求点 P 到直线 BC 的距离以及 PB 与平面 ABC 所成角的余弦值；

（2）若点 P 到直线 BC 的距离为 $\frac{\sqrt{3}}{2}$，求二面角 $P-DE-B$ 的大小.

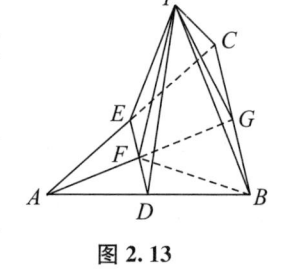

解：（1）过点 A 作 $AF \perp DE$ 于点 F，延长 AF 交 BC 于点 G，连接 PG，PF.

因为 $\triangle ABC$ 为正三角形，DE 为 $\triangle ABC$ 的中位线且 $DE \parallel BC$，所以 $AD = AE = DE$，$PD = PE = DE$，因此 $\triangle ADE$ 与 $\triangle PDE$ 均为等边三角形，点 F 为 DE 的中点，$PF \perp DE$.

由于平面 $PDE \perp$ 平面 ABC，平面 $PDE \cap$ 平面 $ABC = DE$，所以 $PF \perp$ 平面 ABC，$PF \perp BC$. 又因为 $DE \parallel BC$，所以 $FG \perp BC$. 而 $PF \cap FG = F$，所以 $BC \perp$ 平面 PFG，于是可得 $BC \perp PG$，PG 为点 P 到直线 BC 的距离.

因为 $AB = BC = CA = 2$，$AD = AE = DE = 1$，所以 $AF = PF = \frac{\sqrt{3}}{2}$，$AG = \sqrt{3}$，$FG = \frac{\sqrt{3}}{2}$.

在 Rt$\triangle PFG$ 中，$PG = \sqrt{PF^2 + FG^2} = \frac{\sqrt{6}}{2}$，所以点 P 到直线 BC 的距离为 $\frac{\sqrt{6}}{2}$.

连接 BF. 易知 $PF \perp BF$，$\angle PBF$ 为 PB 与平面 ABC 所成的角. 因为 $AG \perp BC$，点 G 为 BC 的中点，$BG = 1$，在 Rt$\triangle BFG$ 中，$FB = \sqrt{FG^2 + GB^2} = \frac{\sqrt{7}}{2}$. 在 Rt$\triangle PFB$ 中，

$PB = \sqrt{FB^2 + PF^2} = \dfrac{\sqrt{10}}{2}$，$\cos\angle PBF = \dfrac{FB}{PB} = \dfrac{\sqrt{70}}{10}$.

故 PB 与平面 ABC 所成角的余弦值为 $\dfrac{\sqrt{70}}{10}$.

(2)因为 $DE \parallel BC$，所以二面角 $P-DE-B$ 的大小等价于二面角 $P-DE-G$ 的大小.

又因为 $PF \perp DE$，$FG \perp DE$，所以 $\angle PFG$ 是二面角 $P-DE-G$ 的平面角.

由(1)知，$PF = \dfrac{\sqrt{3}}{2}$，$FG = \dfrac{\sqrt{3}}{2}$. 由题意可得 $PG = \dfrac{\sqrt{3}}{2}$，所以 $\triangle PFG$ 为等边三角形，$\angle PFG = 60°$.

故二面角 $P-DE-B$ 的大小为 $60°$.

评注：本例考查了用几何法求解等边三角形沿中位线折叠的问题. 在解答过程中，重点在于计算线面角、二面角的相关数量，难点在于确定线面角、二面角，故需添加一些辅助线来帮助理解. 本例的关键辅助线为作 $AF \perp DE$ 并延长至点 G，连接 PF，BF，可快速确定 $\angle PBF$ 为 PB 与平面 ABC 所成的角，$\angle PFG$ 是二面角 $P-DE-G$ 的平面角.

例 14 如图 2.14 所示，正方形 $ABCD$ 的边长为 a，点 O 为中心，点 E，F 分别为 AB，CD 的中点. 现沿对角线 BD 把正方形 $ABCD$ 折成直二面角 $A-BD-C$，如图 2.15 所示，求 $\angle EOF$ 的大小以及二面角 $E-OF-B$ 大小的正切值.

解：(1) 在原平面图形中，过点 E 作 $EG \perp BD$ 于点 G，过点 F 作 $FH \perp BD$ 于点 H.

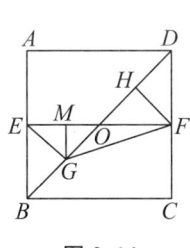

图 2.14 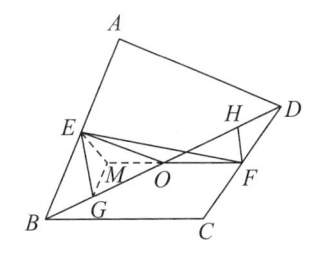　　图 2.15

因为点 E，F 分别为 AB，CD 的中点，所以 $EF \parallel BC$，$EF = BC$，$OE = OF = \dfrac{a}{2}$，$EG = FH = \dfrac{\sqrt{2}}{4}a$，$GD = \dfrac{3\sqrt{2}}{4}a$.

连接 GF，在 $\triangle DGF$ 中，$GF^2 = GD^2 + DF^2 - 2GD \cdot DF \cdot \cos\angle GDF = \dfrac{5a^2}{8}$，$GF = \dfrac{\sqrt{10}}{4}a$.

因为 $A-BD-C$ 是直二面角，所以 $EG \perp$ 平面 BCD. 又因为 $GF \subset$ 平面 BCD，所以 $EG \perp GF$. 在 $\text{Rt}\triangle EGF$ 中，$EF = \sqrt{EG^2 + GF^2} = \dfrac{\sqrt{3}}{2}a$.

在 $\triangle EOF$ 中，$\cos\angle EOF = \dfrac{EO^2 + OF^2 - EF^2}{2EO \cdot OF} = -\dfrac{1}{2}$. 故 $\angle EOF = 120°$.

(2) 过点 G 作 OF 的垂线交 OF 的延长线于点 M，连接 EM.

因为 $EG \perp$ 平面 BCD，所以 GM 为 EM 在平面 BCD 上的射影，$EM \perp OF$，从而可得 $\angle EMG$ 为二面角 $E-OF-B$ 的平面角.

在原平面图形中，$GM = \frac{1}{2}OE = \frac{a}{4}$，$GE = \frac{\sqrt{2}}{4}a$. 在 Rt$\triangle EGM$ 中，$\tan\angle EMG = \frac{EG}{GM} = \frac{\sqrt{2}}{4}a$. 故二面角 $E-OF-B$ 大小的正切值为 $\frac{\sqrt{2}}{4}a$.

评注：本例考查了正方形沿对角线折叠的问题．(1)问的难点在于求空间角大小的计算，$\angle EOF$ 所在的三角形为等腰三角形，但没有特殊角，所以角的大小需通过余弦定理来实现，即需计算 $\triangle EOF$ 的三边．(2)问的重点在于确定二面角，通过添加辅助线易确定 $\angle EMG$ 为二面角 $E-OF-B$ 的平面角．结合原平面图形的数量关系，容易求出空间角的大小．

2. 折叠问题中的距离

解决折叠问题中的距离问题，需要熟练掌握六类空间距离的定义、性质，通过寻找图形中的不变量与不变关系，结合条件，推理运算出所求距离．

例 15 （2008 年重庆卷试题改编）如图 2.16 所示，在 $\triangle ABC$ 中，$\angle B = 90°$，$AC = \frac{13}{2}$，点 D，E 分别在 AB，AC 上，且 $\frac{AD}{DB} = \frac{AE}{EC} = \frac{1}{2}$，$DE = 2$，现将 $\triangle ABC$ 沿 DE 折起，如图 2.17 所示，当 $A-DE-B$ 为直二面角时，求 AD 与 BC 的距离．

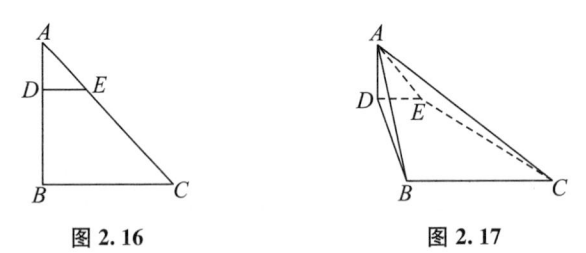

图 2.16　　　　图 2.17

解：由题意可得，$DE \parallel BC$，因为 $\angle B = 90°$，所以 $AD \perp DE$，$BD \perp DE$，从而可得 $\angle ADB$ 为二面角 $A-DE-B$ 的平面角．

因为 $A-DE-B$ 为直二面角，所以 $BD \perp AD$. 因为 $BD \perp BC$，所以 BD 的长度为异面直线 AD 与 BC 的距离．

又因为 $\frac{AD}{DB} = \frac{AE}{EC} = \frac{1}{2}$，所以 $\frac{DE}{BC} = \frac{AD}{AB} = \frac{AE}{AC} = \frac{1}{3}$. 由 $DE = 2$，可知 $BC = 6$. 在 Rt$\triangle ABC$ 中，$AB = \sqrt{AC^2 - BC^2} = \frac{5}{2}$. 因此 $AD = \frac{5}{6}$，$BD = \frac{5}{3}$.

故异面直线 AD 与 BC 的距离为 $\frac{5}{3}$.

评注：本例考查了直角三角形沿直角边平行线折叠的问题，重点在于确定哪条线段为异面直线 AD 与 BC 的距离，题干中给出了前提条件 $A-DE-B$ 为直二面角，易知 BD 的长度为所求，可根据已知条件推理计算．

例 16 如图 2.18 所示，已知 AD 是 Rt$\triangle ABC$ 斜边 BC 上的高，现沿 AD 将 $\triangle ADB$

折至 $\triangle ADB_1$ 位置，$AB=AB_1=\sqrt{10}$，$AC=\sqrt{15}$，当二面角 B_1-AD-C 是直二面角时，求点 D 到平面 AB_1C 的距离.

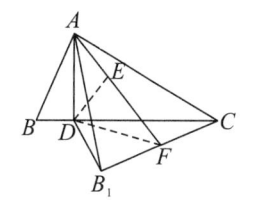

解：过点 D 作 $DE \perp$ 平面 AB_1C，垂足为点 E，所以 DE 的长度即为点 D 到平面 AB_1C 的距离.

连接 AE 并延长交 B_1C 于点 F，连接 DF，因为 $AD \perp BC$，所以 $AD \perp DC$，$AD \perp DB$. 因为 $\triangle ADB_1$ 是 $\triangle ADB$ 折起后的图形，所以 $AD \perp DB_1$，从而可得 $\angle B_1DC$ 为二面角 B_1-AD-C 的平面角.

因为二面角 B_1-AD-C 是直二面角，所以 $\angle B_1DC=90°$. 因为 $DC \cap DB_1=D$，所以 $AD \perp$ 平面 DCB_1，$AD \perp B_1C$.

又因为 $DE \perp$ 平面 AB_1C，所以 $DE \perp B_1C$. 因为 $AD \cap DE=D$，所以 $B_1C \perp$ 平面 ADF，$B_1C \perp DF$.

由 $AB=AB_1=\sqrt{10}$，$AC=\sqrt{15}$，可得 $BC=\sqrt{AB^2+AC^2}=5$. 在 Rt$\triangle ABC$ 中，$AD=\dfrac{AB \cdot AC}{BC}=\sqrt{6}$，所以 $B_1D=BD=\sqrt{AB^2-AD^2}=2$，$DC=\sqrt{AC^2-AD^2}=3$.

在 Rt$\triangle B_1DC$ 中，$B_1C=\sqrt{B_1D^2+DC^2}=\sqrt{13}$，$DF=\dfrac{B_1D \cdot DC}{B_1C}=\dfrac{6\sqrt{13}}{13}$.

在 Rt$\triangle ADF$ 中，$AF=\sqrt{AD^2+DF^2}=\sqrt{\dfrac{114}{13}}$，$DE=\dfrac{AD \cdot DF}{AF}=\dfrac{6\sqrt{19}}{19}$.

故点 D 到平面 AB_1C 的距离为 $\dfrac{6\sqrt{19}}{19}$.

评注：本例考查了直角三角形沿斜边的高折叠的问题，直接作出 DE 为点 D 到平面 AB_1C 的距离，再根据已知条件推理计算出 DE 的长度，强调了对三角形面积公式的应用，主要提高了运算能力.

3. 折叠问题中的逆问题

折叠问题中的逆问题常常表现为求空间图形表面两点距离的最小值，而解决此类问题需将空间图形展开为平面图形，把所求问题转化为平面上两点间距离最短问题来处理.

例17 （2006年江西卷试题改编）如图 2.19 所示，在直三棱柱 $ABC-A_1B_1C_1$ 中，$\angle ACB=90°$，$AC=8$，$BC=CC_1=2\sqrt{2}$，点 M 在线段 BC_1 上运动，求 $CM+MA_1$ 的最小值.

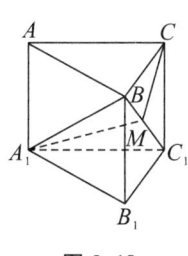

图 2.19 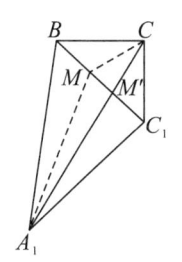　　图 2.20

解：连接 A_1B，因为 $CM \subset$ 平面 BCC_1，$MA_1 \subset$ 平面 BA_1C_1，平面 $BCC_1 \cap$ 平面

$BA_1C_1 = BC_1$，现沿 BC_1 将 $\triangle BCC_1$ 与 $\triangle BA_1C_1$ 展开在同一平面内，如图 2.20 所示.

连接 A_1C 与 BC_1 交于点 M'.

由于平面上两点之间线段最短，所以当点 M 运动到点 M' 时，$CM + MA_1$ 取最小值，从而 A_1C 的长度为所求值.

在直三棱柱 $ABC-A_1B_1C_1$ 中，$\angle ACB = 90°$，$AC \perp BC$，$AC \perp CC_1$，$BC \cap CC_1 = C$，所以 $AC \perp$ 平面 BCC_1B_1，$A_1C_1 \perp$ 平面 BCC_1B_1，$A_1C_1 \perp BC_1$，$\angle A_1C_1B = 90°$.

因为 $BC = CC_1 = 2\sqrt{2}$，$\angle BCC_1 = 90°$，所以 $\angle CC_1B = 45°$，$\angle A_1C_1C = 135°$. 在 $\triangle A_1C_1C$ 中，$A_1C_1 = AC = 8$，所以 $A_1C = 2\sqrt{26}$.

故 $CM + MA_1$ 的最小值为 $2\sqrt{26}$.

评注：本例考查了折叠问题的逆向思维. 将所求线段存在的空间图形沿公共边展开为平面图形，这考查了学生的空间想象能力. 根据平面上两点之间线段最短，找到一条线段长度为所求值，再由已知条件进行推理计算即可求出. 在处理这类问题时，应引导学生发散思维，适当提示在平面中两点之间线段最短，便于学生的思维由空间向平面过渡，从而得出结果.

（二）用几何法解决存在性问题

存在性问题是指在题设条件下判断满足某种条件的数学对象是否存在的问题，常常表现为是否存在某点满足某种条件. 解决此类问题的几何方法是假设该点存在，再结合已知条件和相关定义、定理，推理论证该点是否满足条件，满足则存在，否则不存在.

例 18 （2007 年南京期末调研测试题改编）如图 2.21 所示，平面 $ABCD \perp$ 平面 $ACFE$，四边形 $ABCD$ 为等腰梯形，$AB \parallel CD$，$AD = DC = CB = 2$，$\angle ABC = 60°$，四边形 $ACFE$ 为矩形，$AE = 2$，试问线段 EF 上是否存在一点 P，使得 $AP \parallel$ 平面 BDF；若存在，求 EP 的值.

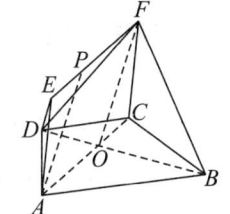

解：存在. 原因如下：

假设线段 EF 上存在一点 P，使得 $AP \parallel$ 平面 BDF. 令 AC，BD 的中点为 O，连接 FO. 因为四边形 $ACFE$ 为矩形，所以 $AC \parallel EF$.

当 $PF = OA$ 时，四边形 $OAPF$ 为平行四边形，此时 $AP \parallel OF$. 因为 $AP \not\subset$ 平面 BDF，$OF \subset$ 平面 BDF，所以 $AP \parallel$ 平面 BDF.

因为 $AD = CB$，$AB \parallel CD$，所以梯形 $ABCD$ 为等腰梯形，$\angle ABC = 60°$，$\angle BCD = \angle CDA = 120°$. 又因为 $AD = DC$，所以 $\angle ACD = 30°$，$\angle BCA = 90°$，$AC = \sqrt{3}BC = 2\sqrt{3}$.

因为 $DC = CB$，所以 $\angle CBD = 30°$.

在 $\text{Rt}\triangle CBO$ 中，$OC = BC \cdot \tan 30° = \dfrac{2\sqrt{3}}{3}$，$OA = AC - OC = \dfrac{4\sqrt{3}}{3}$，即 $PF = \dfrac{4\sqrt{3}}{3}$.

在矩形 $ACFE$ 中，$EF = AC = 2\sqrt{3}$，所以 $EP = EF - PF = \dfrac{2\sqrt{3}}{3}$.

故线段 EF 上存在一点 P，使得 $AP \parallel$ 平面 BDF，此时 EP 的值为 $\dfrac{2\sqrt{3}}{3}$.

评注：本例考查了点的存在与线面平行的关系，首先判断点的存在性，接着找出等量关系，当 $PF=OA$ 时，$AP/\!/$ 平面 BDF，再根据已知计算出所求数据.

例 19 （2009 年浙江卷试题改编）如图 2.22 所示，平面 $PAC\perp$ 平面 ABC，$\triangle ABC$ 为等腰三角形且 $AB=BC$．点 E，F，O 分别为 PA，PB，AC 的中点，$AC=8$，$PA=PC=5$，试问：$\triangle AOB$ 内是否存在一点 M，使 $FM\perp$ 平面 BOE；若存在，请求出点 M 到 OA，OB 的距离.

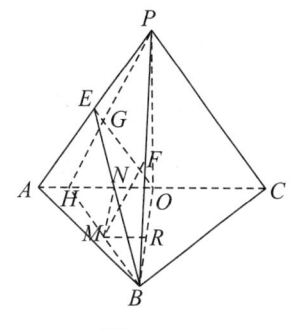

图 2.22

解：存在．原因如下：

假设 $\triangle AOB$ 内存在一点 M，使 $FM\perp$ 平面 BOE．过点 P 作 $PG\perp OE$ 交 OE 于点 E，并延长交 OA 于点 H．由于 $\triangle ABC$ 为等腰三角形且 $AB=BC$，点 O 为 AC 的中点，则 $OB=OC=\dfrac{1}{2}AC=4$，$OB\perp AC$．

因为平面 $PAC\perp$ 平面 ABC，平面 $PAC\cap$ 平面 $ABC=AC$，所以 $OB\perp$ 平面 PAC，$OB\perp PG$，又 $OE\cap OB=O$，所以 $PG\perp$ 平面 BOE．

连接 HB，过点 F 作 $FM/\!/PH$ 交 HB 于点 M，即点 M 为所求．因为点 F 为 PB 的中点，所以点 M 为 HB 的中点.

连接 PO．因为 $PA=PC=5$，所以 $PO\perp AC$，因此 $\triangle POC\sim\triangle HPC$，$\dfrac{PC}{HC}=\dfrac{OC}{PC}$，从而 $HC\cdot OC=PC^2$，$(OH+OC)\cdot OC=PC^2$，$OH=\dfrac{PC^2}{OC}-OC=\dfrac{9}{4}$．过点 M 作 $MN\perp OA$ 于点 N，$MR\perp OB$ 于点 R．在 $\mathrm{Rt}\triangle BOH$ 中，$MN/\!/OB$，$MR/\!/OA$，所以 $MN=\dfrac{1}{2}OB=2$，$MR=\dfrac{1}{2}OH=\dfrac{9}{8}$．

故在 $\triangle AOB$ 内存在一点 M，使 $FM\perp$ 平面 BOE，此时，点 M 到 OA 的距离为 2，到 OB 的距离为 $\dfrac{9}{8}$．

评注：本例考查了点的存在以及与线面垂直的关系，首先判断点的存在，若存在，确定点的位置，根据点的位置的特殊性，计算满足线面垂直时与点有关的度量.

例 20 如图 2.23 所示，在四棱锥 $P-ABCD$ 中，侧面 $PAD\perp$ 底面 $ABCD$，$PA=PD=\sqrt{3}$，$BC/\!/AD$，$AB\perp AD$，$AD=2AB=2BC=\sqrt{6}$，试问：线段 AD 上是否存在一点 Q，使得它到平面 PCD 的距离为 $\dfrac{5\sqrt{2}}{7}$？若存在，请求出 $\dfrac{AQ}{QD}$ 的值；若不存在，请说明理由.

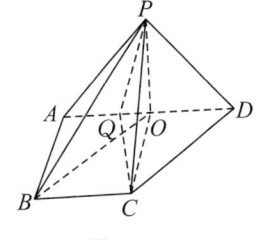

图 2.23

解：假设线段 AD 上存在一点 Q，使得它到平面 PCD 的距离为 $\dfrac{5\sqrt{2}}{7}$．

令 $QD=a$，因为 $AD=2AB=\sqrt{6}$，所以 $AB=\dfrac{\sqrt{6}}{2}$．

又 $BC \parallel AD$，$AB \perp AD$，所以 $S_{\triangle ODC} = \dfrac{1}{2} QD \cdot AB = \dfrac{\sqrt{6}}{4}a$．取 AD 的中点为 O，连接 OB．因为 $AD = 2BC = \sqrt{6}$，所以 $OA = OD = BC = \dfrac{\sqrt{6}}{2}$，$OB = \sqrt{3}$，四边形 $BCDO$ 为平行四边形，所以 $CD = OB = \sqrt{3}$．

连接 OC，易知四边形 $ABCO$ 为矩形，$OC = AB = \dfrac{\sqrt{6}}{2}$．

因为 $PA = PD = \sqrt{3}$，所以 $PO \perp AD$，$PO = \dfrac{\sqrt{6}}{2}$．

又因为侧面 $PAD \perp$ 底面 $ABCD$，侧面 $PAD \cap$ 底面 $ABCD = AD$，所以 $PO \perp$ 底面 $ABCD$，$PO \perp OC$．

在 $\text{Rt} \triangle POC$ 中，$PC = \sqrt{3}$，所以 $\triangle PCD$ 为等边三角形，$S_{\triangle PCD} = \dfrac{1}{2} PC \cdot CD \cdot \sin 60° = \dfrac{3\sqrt{3}}{4}$．

因为 $V_{P-QCD} = V_{Q-PCD}$，所以 $\dfrac{1}{3} \times \dfrac{\sqrt{6}a}{4} \times \dfrac{\sqrt{6}}{2} = \dfrac{1}{3} \times \dfrac{3\sqrt{3}}{4} \times \dfrac{5\sqrt{2}}{7}$，$a = \dfrac{5\sqrt{6}}{7}$，因此 $QD = \dfrac{5\sqrt{6}}{7}$，$AQ = AD - QD = \dfrac{2\sqrt{6}}{7}$，$\dfrac{AQ}{QD} = \dfrac{2}{5}$．

故线段 AD 上存在一点 Q，使得它到平面 PCD 的距离为 $\dfrac{5\sqrt{2}}{7}$，此时 $\dfrac{AQ}{QD}$ 的值为 $\dfrac{2}{5}$．

评注：本例考查了点的存在以及该点到平面距离的关系．点的存在具有不确定性，故先假设存在该点满足条件，再根据条件反推出该点的位置．若存在，则具有相关数量关系；若不存在，则所求结果无解．

例 21 （2003 年天津卷试题改编）如图 2.24 所示，直三棱柱 $ABC - A_1B_1C_1$ 中，$\angle ACB = 90°$，$AC = BC = AA_1 = 2$，若点 D 为 CC_1 的中点，试问：线段 A_1B 上是否存在一点 E，使得点 A_1 到平面 AED 的距离为 $\dfrac{2\sqrt{6}}{3}$？若存在，请确定点 E 的位置．

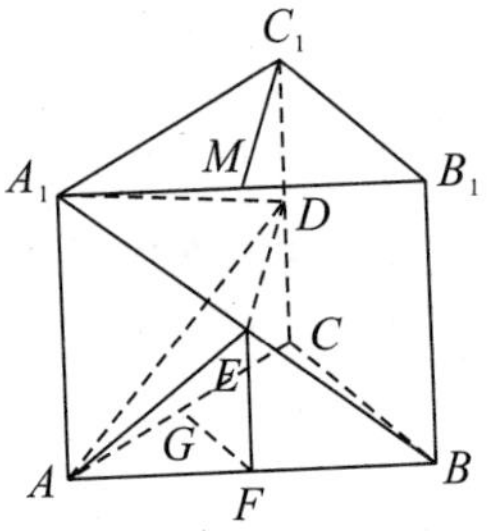

解：假设存在点 E，使得点 A_1 到平面 AED 的距离为 $\dfrac{2\sqrt{6}}{3}$．

设 $A_1E = x$，在直三棱柱 $ABC - A_1B_1C_1$ 中，$\angle ACB = 90°$，$AC = BC = 2$，所以 $AB = 2\sqrt{2}$，$A_1B = 2\sqrt{3}$，$BE = 2\sqrt{3} - x$．

过点 E 作 $EF \perp AB$ 于点 F．易知 $EF \parallel$ 平面 ACC_1A_1，则点 E 到平面 ACC_1A_1 的距离等于点 F 到平面 ACC_1A_1 的距离．

在 $\text{Rt} \triangle ABA_1$ 中，$\dfrac{BF}{AB} = \dfrac{BE}{A_1B}$，$BF = \dfrac{BE \cdot AB}{A_1B} = 2\sqrt{2} - \dfrac{\sqrt{6}}{3}x$，$AF = \dfrac{\sqrt{6}}{3}x$．

过点 F 作 $FG \perp AC$ 于点 G，$FG \parallel BC$．易知 $BC \perp$ 平面 ACC_1A_1，所以 $FG \perp$ 平面 ACC_1A_1．在 $\triangle ABC$ 中，$\dfrac{FG}{BC} = \dfrac{AF}{AB}$，$FG = \dfrac{AF \cdot BC}{AB} = \dfrac{\sqrt{3}}{3}x$．

图 2.24

连接 A_1D，$S_{\triangle AA_1D} = \frac{1}{2}AA_1 \cdot AC = 2$，$V_{E-AA_1D} = \frac{1}{3} \cdot S_{\triangle AA_1D} \cdot FG = \frac{2\sqrt{3}}{9}x$.

因为 $AE \subset$ 平面 ABB_1A_1，$CC_1 //$ 平面 ABB_1A_1，点 D 为 CC_1 的中点，所以点 D 到 AE 的距离可转化为点 D 到平面 ABB_1A_1 的距离，再转化为点 C_1 到平面 ABB_1A_1 的距离.

过点 C_1 作 $C_1M \perp A_1B_1$ 于点 M，易知 $C_1M \perp$ 平面 ABB_1A_1，$C_1M = \frac{1}{2}A_1B_1 = \sqrt{2}$.

在 $\text{Rt}\triangle ABA_1$ 中，$\cos\angle AA_1B = \frac{AA_1}{A_1B} = \frac{\sqrt{3}}{3}$.

在 $\triangle AA_1E$ 中，$AE = \sqrt{AA_1^2 + A_1E^2 - 2AA_1 \cdot A_1E \cdot \cos\angle AA_1B} = \sqrt{x^2 - \frac{4\sqrt{3}}{3}x + 4}$，

所以 $S_{\triangle AED} = \frac{\sqrt{2}}{2}\sqrt{x^2 - \frac{4\sqrt{3}}{3}x + 4}$，从而 $V_{A_1-AED} = \frac{1}{3} \cdot S_{\triangle AED} \cdot \frac{2\sqrt{6}}{3} = \frac{2\sqrt{3}}{9} \cdot \sqrt{x^2 - \frac{4\sqrt{7}}{3}x + 4}$.

又因为 $V_{E-AA_1D} = V_{A_1-AED}$，所以 $\frac{2\sqrt{3}}{9}x = \frac{2\sqrt{3}}{9}\sqrt{x^2 - \frac{4\sqrt{3}}{3}x + 4}$，解得 $x = \sqrt{3}$，即 $A_1E = \sqrt{3} = \frac{1}{2}A_1B$.

故当点 E 为 A_1B 的中点时，点 A_1 到平面 AED 的距离为 $\frac{2\sqrt{6}}{3}$.

评注：本例考查了点的存在以及定点到动点所在平面距离的关系，解题的关键在于找到点到平面距离的几个等价关系，其中等体积法贯穿整个过程. 在求解过程中，对所设未知量的计算也略显复杂，需要较强的逻辑推理能力与运算能力.

例 22 （2004 年浙江卷试题改编）如图 2.25 所示，已知正方形 $ABCD \perp$ 矩形 $ACEF$，$AB = \sqrt{2}$，$AF = \sqrt{2}$，问：在线段 AC 上是否存在一点 M，使得 MF 与 BC 所成的角为 $60°$？若存在，请确定点 M 的位置.

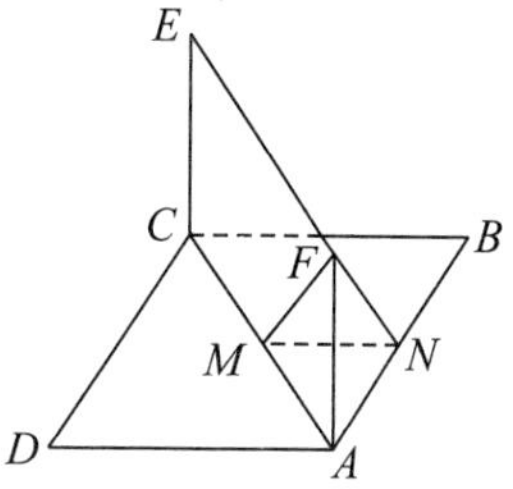

解：在正方形 $ABCD$ 中，$AB = \sqrt{2}$，$AC = 2$.

设 $AM = a$ $(0 \leqslant a \leqslant 2)$，过点 M 作 BC 的平行线交 AB 于点 N，易知 $\angle FMN$ 为 MF 与 BC 所成的角，即 $\angle FMN = 60°$.

图 2.25

在 $\triangle ABC$ 中，$\frac{AM}{AC} = \frac{MN}{BC} = \frac{AN}{AB}$，$MN = AN = \frac{\sqrt{2}}{2}a$.

因为正方形 $ABCD \perp$ 矩形 $ACEF$，正方形 $ABCD \cap$ 矩形 $ACEF = AC$，所以 $FA \perp$ 平面 $ABCD$，$FA \perp AB$.

在 $\text{Rt}\triangle FAM$ 中，$AF = \sqrt{2}$，$FM = \sqrt{AF^2 + AM^2} = \sqrt{2 + a^2}$.

在 $\text{Rt}\triangle FAN$ 中，$FN = \sqrt{AF^2 + AN^2} = \sqrt{2 + \frac{a^2}{2}}$. 在 $\triangle FMN$ 中，$\cos\angle FMN = \frac{FM^2 + MN^2 - FN^2}{2FM \cdot MN} = \frac{1}{2}$，解得 $a = \sqrt{2}$，即 $AM = \sqrt{2} = \frac{\sqrt{2}}{2}AC$.

故当 $AM = \frac{\sqrt{2}}{2}AC$ 时，MF 与 BC 所成的角为 $60°$.

评注：本例考查了点的存在以及与异面直线所成角的关系，首先找出异面直线所成的角，设出与动点相关的未知量，在满足条件的情况下列出等量关系，进行求解，确定点的位置.

例 23 如图 2.26 所示，三棱锥 $A-BCD$ 中，$AC \perp CD$，$AB \perp BD$，且 $BD = CD = \sqrt{2}$，$AD = \sqrt{6}$，$\triangle ABC$ 为正三角形，试问：直线 AC 上是否存在一点 E，使得 ED 与平面 BCD 所成的角为 $30°$？若存在，请确定点 E 的位置.

解：取 BC 的中点 O，连接 AO. 因为 $BD = CD = \sqrt{2}$，所以 $\triangle BCD$ 为等腰三角形.

又因为 $\triangle ABC$ 为等边三角形，所以点 A 到平面 BCD 的垂线的垂足在直线 OD 上.

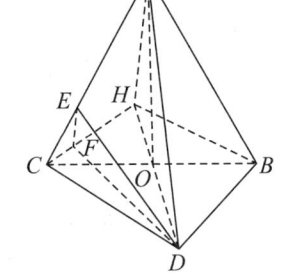

过点 A 作 $AH \perp$ 平面 BCD 于点 H，连接 CH，BH，OH. 因为 $AC \perp CD$，$AB \perp BD$. 根据三垂线定理，得 $CH \perp CD$，$BH \perp BD$.

因为 $BC = AB = AC = \sqrt{AD^2 - CD^2} = 2$，所以 $CD^2 + BD^2 = BC^2$，即 $BD \perp CD$，因此四边形 $BDCH$ 为正方形，$CH = \sqrt{2}$.

在 $\text{Rt}\triangle AHC$ 中，$AH = \sqrt{2}$. 过点 E 作 $EF \parallel AH$ 交 CH 于点 F，连接 DF. 所以 $EF \perp$ 平面 BCD，从而 $\angle EDF$ 为 ED 与平面 BCD 所成的角，$\angle EDF = 30°$.

令 $EF = x$，由于 $AH = CH = \sqrt{2}$，$AH \perp CH$，所以 $\angle ACH = 45°$，$CF = x$.

在 $\text{Rt}\triangle FCD$ 中，$FD = \sqrt{CF^2 + CD^2} = \sqrt{2 + x^2}$.

在 $\text{Rt}\triangle EFD$ 中，$\tan\angle EDF = \dfrac{EF}{DF} = \dfrac{x}{\sqrt{2+x^2}} = \dfrac{\sqrt{3}}{3}$，解得 $x = 1$，所以 $CF = EF = 1$，$CE = \sqrt{2}$.

故直线 AC 上存在一点 E，且当 $CE = \sqrt{2}$ 时，DE 与平面 BCD 所成的角为 $30°$.

评注：本例考查了点的存在以及与线面角的关系，难点在于确定线面角，关键的辅助线为过点 A 作 $AH \perp$ 平面 BCD 于点 H，最后设 $EF = x$，进行一系列计算可求解.

（三）用几何法解决最值与范围问题

最值与范围问题主要是探讨某变量的变化，进而解决空间角、距离、面积等相关度量问题. 此类问题在高考试题中多数作为选填题出现，常用几何法求解.

1. 求角的最值与范围

在研究空间角的不等关系时，有一个不常用的定理，即立体几何最小角定理：斜线和平面所成的角，是这条斜线和平面内经过斜足的直线所成的一切角中最小的角. 用此定理求解的方法较为少见，但应对此定理有一定的了解，以备不时之需.

例 24 在棱长为 1 的正方体 $ABCD-A_1B_1C_1D_1$ 中，点 P 在线段 A_1C 上运动（不包括端点），求异面直线 BP 与 AD_1 所成角的最小值.

解：如图 2.27 所示，连接 A_1B 与 AB_1 交于点 O，连接 D_1O，CD_1.

在正方体 $ABCD-A_1B_1C_1D_1$ 中，$AO \perp A_1B$，$A_1D_1 \perp$ 平面 ABB_1A_1，所以 $A_1D_1 \perp AO$，从而 $AO \perp$ 平面 A_1BCD_1，因此 $\angle AD_1O$ 为 AD_1 与平面 A_1BCD_1 所成的角.

又因为 $BP \subset$ 平面 A_1BCD_1，由最小角定理，可得 $\angle AD_1O$ 为异面直线 BP 与 AD_1 所成角的最小值.

因为正方体的棱长为 1，所以 $AD_1 = \sqrt{2}$，$AO = \dfrac{1}{2}AB_1 = \dfrac{\sqrt{2}}{2}$. 在 $Rt\triangle AD_1O$ 中，$\sin \angle AD_1O = \dfrac{AO}{AD_1} = \dfrac{1}{2}$，所以 $\angle AD_1O = 30°$.

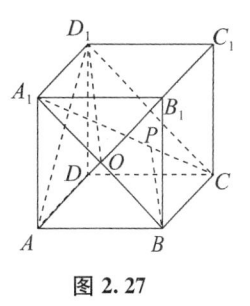

故异面直线 BP 与 AD_1 所成角的最小值为 $30°$.

评注：本例考查了异面直线所成角的最小值，解题的关键在于熟练运用立体几何最小角定理，将求异面直线所成角的最值转化为求线面角问题，从而得出结论.

例 25 （2015 年台州期末试题第 8 题改编）如图 2.28 所示，在三棱锥 $P-ABC$ 中，$\triangle ABC$ 与 $\triangle PBC$ 为全等的等腰三角形，$AB = AC = 13$，$PA = 12$，$BC = 10$，点 M 在平面 PBC 上，且 $AM = 4\sqrt{7}$，设 AM 与 BC 所成角为 α，求 $\cos \alpha$ 的最大值.

解：取 BC 的中点 D，连接 PD，AD. 因为 $\triangle ABC$ 与 $\triangle PBC$ 为全等的等腰三角形，所以 $BC \perp AD$，$BC \perp PD$，$BC \perp$ 平面 PAD，因此平面 $PBC \perp$ 平面 PAD，$AB = AC = 13$，$BC = 10$，所以 $BD = CD = 5$，$AD = PD = 12$.

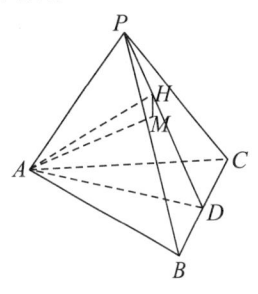

因为 $PA = 12$，所以 $\triangle PAD$ 为等边三角形. 过点 A 作 $AH \perp PD$ 于点 H，连接 HM，易知 $AH = 6\sqrt{3}$.

又平面 $PBC \cap$ 平面 $PAD = PD$，所以 $AH \perp$ 平面 PAD. 在 $Rt\triangle AHM$ 中，$AM = 4\sqrt{7}$，$HM = \sqrt{AM^2 - AH^2} = 2$，从而可得点 M 的轨迹为以点 H 为圆心，2 为半径的圆，即 AM 的轨迹为以 AH 为轴，底面半径为 2 的圆锥.

当 AM 在平面 PBC 的射影 $HM \parallel BC$ 时，$\angle AHM$ 为 AM 与平面 PBC 所成的角.

由最小角定理，可得 $\angle AHM$ 为 AM 与 BC 所成角的最小值，即 $\angle AHM = \alpha$ 最小，$\cos \alpha$ 最大.

在 $Rt\triangle AHM$ 中，$\cos \alpha = \dfrac{HM}{AM} = \dfrac{\sqrt{7}}{14}$. 故 $\cos \alpha$ 的最大值为 $\dfrac{\sqrt{7}}{14}$.

评注：本例考查了异面直线所成角的余弦值的最大值，关键在于找到点 M 的隐性轨迹，根据最小角定理，确定异面直线所成角的最小值，即其余弦值的最大值.

2. 求距离的最值与范围

例 26 如图 2.29 所示，三棱锥 $S-ABC$ 中，$SA = SB = SC = a$，底面 $\triangle ABC$ 为正三角形，边长为 $\sqrt{2}a$，动点 M，P 分别在棱 SA，BC 上，求点 M 与点 P 间的最短距离.

解：取 BC 的中点 P，连接 SP，AP. 因为 $\triangle ABC$ 为等边三角形，

$SB=SC$,所以 $AP \perp BC$,$SP \perp BC$,$BC \perp$ 平面 SAP. 过点 P 作 $PM \perp SA$ 于点 M. 所以 $BC \perp PM$,因此 PM 为直线 SA 与 BC 的公垂线段,且为点 M 与点 P 的最短距离.

设 $PM=h$,因为 $SA=SB=SC=a$,$AB=BC=CA=\sqrt{2}a$,所以 $AP=\frac{\sqrt{3}}{2}BC=\frac{\sqrt{6}}{2}a$,$SP=\sqrt{SB^2-BP^2}=\frac{\sqrt{2}}{2}a$.

在 $\triangle SAP$ 中,$\cos\angle SAP=\frac{SA^2+AP^2-SP^2}{2SA \cdot AP}=\frac{\sqrt{6}}{3}$,$\sin\angle SAP=\frac{\sqrt{3}}{3}$. 又因为 $S_{\triangle SAP}=\frac{1}{2}SA \cdot PM=\frac{1}{2}SA \cdot AP \cdot \sin\angle SAP$,所以 $\frac{1}{2}a \cdot h=\frac{1}{2} \cdot \frac{\sqrt{6}}{2}a \cdot \frac{\sqrt{3}}{3}$,解得 $h=\frac{\sqrt{2}}{2}$,即 $PM=\frac{\sqrt{2}}{2}a$. 故动点 M 与动点 P 的最短距离为 $\frac{\sqrt{2}}{2}a$.

评注:本例考查了两动点间距离的最小值,关键在于找到两动点所在直线的公垂线段,即为所求的最短距离,可取特殊值来求证,再求出公垂线段的长度.

例 27 (2006 年重庆卷试题改编) 如图 2.30 所示,四棱锥 $P-ABCD$ 中,$PA \perp$ 平面 $ABCD$,$AB \parallel CD$,$AB=AD=\frac{1}{2}CD$,点 E,F 分别为 PC,CD 的中点,$CD \perp$ 平面 BEF,当 $PA=mAB$ 时,二面角 $E-BD-C$ 大于 $45°$,求 m 的取值范围.

解:连接 AC 交 BF 于点 M,过点 M 作 $MN \perp BD$ 于点 N,连接 MD.

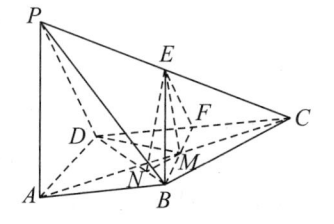

图 2.30

易知 $ABFD$ 为正方形,$DF \perp BM$. 在 $\triangle BDF$ 中,$S_{\triangle BDM}=\frac{1}{2}MN \cdot BD=\frac{1}{2}BM \cdot DF$,$MN=\frac{MN \cdot DF}{BD}$.

令 $AB=AD=a$,则 $CD=2a$,$BD=\sqrt{2}a$. 因为 $AB \parallel CD$,点 F 为 CD 的中点,易知 $\triangle ABM \cong \triangle CFM$,$BM=FM=\frac{a}{2}$.

又因为 $DF=a$,所以 $MN=\frac{\sqrt{2}a}{4}$. 连接 EN,EM. 因为点 M 为 AC 的中点,点 E 为 PC 的中点,所以 $EM \parallel PA$,$EM=\frac{1}{2}PA=\frac{1}{2}mAB=\frac{1}{2}a$.

因为 $PA \perp$ 平面 $ABCD$,所以 $EM \perp$ 平面 $ABCD$. 由三垂线定理,得 $EN \perp BD$,所以 $\angle ENM$ 为二面角 $E-BD-C$ 的平面角,$\angle ENM>45°$.

在 Rt$\triangle ENM$ 中,$\tan\angle ENM=\frac{EN}{MN}=\sqrt{2}m>\tan 45°=1$,故 $m>\frac{\sqrt{2}}{2}$.

评注:本例考查了在满足一定条件下,线段比例的取值范围. 求解过程中关键在于确定二面角 $E-BD-C$ 的平面角,需添加适当的辅助线来帮助寻找.

3. 求面积的最值与范围

在立体几何中,面积的最值问题可采用如下解题策略:确定平面图形中的某个对象为变量,之后的推理运算均围绕此变量展开,推出当此变量满足某种条件时,得出结论. 面积的范围问题可从极端原理出发,观察面积变化的极限位置,且注意端点的可取性.

例 28 (2018年北京市海淀区高三二模试题改编)如图 2.31 所示,在棱长为 3 的正方体 $ABCD-A_1B_1C_1D_1$ 中,点 P 在侧面 ABB_1A_1 内,点 M 为 AA_1 的中点,当 $D_1P \perp CM$ 时,求 $\triangle PBC$ 面积的最小值.

解:在正方体 $ABCD-A_1B_1C_1D_1$ 中,$BC \perp$ 平面 ABB_1A_1,因为点 P 在侧面 ABB_1A_1 内,所以 $BC \perp BP$,$S_{\triangle PBC} = \frac{1}{2} BC \cdot BP = \frac{3}{2} BP$.

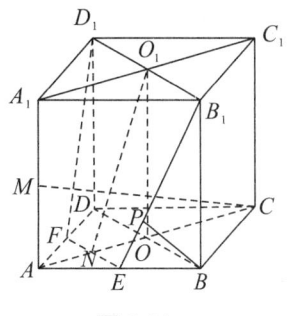

图 2.31

当线段 BP 最短时,$S_{\triangle PBC}$ 取最小值.

连接 A_1C_1,B_1D_1 交于点 O_1,连接 AC,BD 交于点 O,连接 OO_1. 易知 $OO_1 \perp AC$. 因为 $B_1D_1 \perp$ 平面 ACC_1A_1,$CM \subset$ 平面 ACC_1A_1,所以 $B_1D_1 \perp CM$.

取 AO 的中点 N,连接 O_1N,则 $OO_1 = 3$,$AC = 3\sqrt{2}$,$ON = \frac{3\sqrt{2}}{4}$. 又因为点 M 为棱 AA_1 的中点,所以 $MA = \frac{3}{2}$,$\frac{MA}{AC} = \frac{ON}{OO_1} = \frac{\sqrt{2}}{4}$,从而 $Rt\triangle MAC \sim Rt\triangle NOO_1$,因此 $O_1N \perp CM$. 过点 N 作 BD 的平行线分别交 AB,AD 于点 E,F,连接 EB_1,FD_1. 易知 $CM \perp$ 平面 FEB_1D_1.

因为 $D_1P \perp CM$,$D_1P \subset$ 平面 FEB_1D_1,所以点 P 在线段 EB_1 上,因此当 $BP \perp EB_1$ 时,线段 BP 最短. 又因为点 N 为 AO 的中点,所以点 E,F 分别为 AB,AD 的中点,$EB = \frac{3}{2}$,$EB_1 = \frac{3\sqrt{5}}{2}$. 在 $Rt\triangle EBB_1$ 中,由面积公式可得 $BP = \frac{EB \cdot BB_1}{EB_1} = \frac{3\sqrt{5}}{5}$,故当 $BP = \frac{3\sqrt{5}}{5}$ 时,$S_{\triangle PBC}$ 取最小值,为 $\frac{9\sqrt{5}}{10}$.

评注:本例考查了动点所在的三角形面积的最小值,关键在于将 $S_{\triangle PBC}$ 的最小值压缩为线段 BP 的最小值,根据已知条件推理演绎得出,当 $BP \perp EB_1$ 时,线段 BP 最短,期间需多次添加辅助线来帮助证明计算.

例 29 如图 2.32 所示,正三棱锥 $S-ABC$ 的底边长为 1,若棱 SA,SB,BC,AC 的中点分别为点 E,F,G,H,求四边形 $EFGH$ 面积的取值范围.

解:在正三棱锥 $S-ABC$ 中,点 E,F,G,H 分别为 SA,SB,BC,AC 的中点,所以 $EF = GH = \frac{1}{2} AB = \frac{1}{2}$,四边形 $EFGH$ 为矩形.

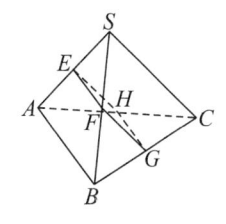

图 2.32

因为 $\triangle ABC$ 为等边三角形,高为 $\frac{\sqrt{3}}{2}$. 易知当点 S 运动到底面 ABC 时,四边形

$EFGH$ 面积最小，此时 $SA=SB=SC=\frac{\sqrt{3}}{3}$，$EH=FG=\frac{1}{2}SC=\frac{\sqrt{3}}{6}$，所以 $S_{\square EFGH}=\frac{\sqrt{3}}{12}$.

因为 $S-ABC$ 为正三棱锥，顶点 S 可无限接近底面 ABC，但不落在底面 ABC 内，故四边形 $EFGH$ 面积的取值范围为 $\left(\frac{\sqrt{3}}{12},+\infty\right)$.

评注：本例考查了由中点构成的四边形面积的取值范围. 在正三棱锥 $S-ABC$ 中，顶点 S 是可移动的，易知当点 S 运动到底面 ABC 时，四边形 $EFGH$ 面积最小，但点 S 不落在底面 ABC 内，所以面积不取最小值. 此类问题常作为选择题，题干首先给出 $S-ABC$ 为正三棱锥，是在提醒学生在求解时对端点的取值，主要考查学生的细心程度，面对较为简单的基础题型时，更不应该出错.

（四）用几何法解决轨迹问题

立体几何中的轨迹问题是指当动点按某种规律运动时，其产生的轨迹为点、线、面等的一类问题. 解决此类问题的关键在于掌握直线、圆、圆锥曲线等知识的定义，以及一些解题经验与技巧，而要明确轨迹形状，需要掌握一定的空间想象与逻辑推理能力.

例 30 三棱柱 $ABC-A_1B_1C_1$ 中，点 M 在平面 ACC_1A_1 上运动，且点 M 到平面 BCC_1B_1 的距离 $d=AM$，二面角 $A-CC_1-B$ 的大小为 $45°$，请判断点 M 的轨迹.

解：如图 2.33 所示，过点 M 作 $GM\perp$ 平面 BCC_1B_1 于点 G，$GM=d$，$GM\perp CC_1$.

过点 G 作 $GP\perp CC_1$ 于点 P，连接 MP. 易知 $CC_1\perp$ 平面 PGM，所以 $CC_1\perp MP$，从而可得 $\angle GPM$ 为二面角 $A-CC_1-B$ 的平面角，$\angle GPM=45°$.

在 Rt$\triangle PGM$ 中，$MP=\dfrac{GM}{\sin\angle GPM}=\sqrt{2}d$，又因为 $d=AM$，所以 $\dfrac{AM}{MP}=\dfrac{\sqrt{2}}{2}<1$.

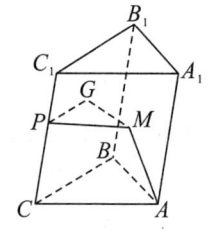

图 2.33

由圆锥曲线的第二定义，可得在平面 ACC_1A_1 内，动点 M 到点 A 的距离与到直线 CC_1 的距离的比是一个大于 0 且小于 1 的常数.

故点 M 的轨迹为椭圆.

评注：本例考查了动点轨迹的判断，解题的关键在于圆锥曲线的第二定义在其中的运用. 此类问题较为基础，一般点的轨迹包括线段、圆、圆锥曲线等，而判断点的轨迹是否为圆锥曲线可根据圆锥曲线的第二定义来判断，因此本例主要考查学生对圆锥曲线定义的掌握程度，以及在立体几何中的应用.

例 31 正四棱锥 $S-ABCD$ 中，点 E 为 BC 的中点，点 P 在侧面 SCD 及其边界上运动，且总有 $PE\perp AC$，试判断点 P 的轨迹.

解：如图 2.34 所示，取 CD 的中点为点 F，SC 的中点为点 G，连接 EF，FG，GE. 因为 $EF\parallel BD$，$AC\perp BD$，所以 $EF\perp AC$，因为 $S-ABCD$ 为正四棱锥，所以 SB 在平面 $ABCD$ 上的射

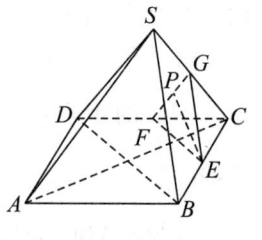

图 2.34

影为线段 BD. 由三垂线定理，得 $SB \perp AC$.

又因为点 E 为 BC 的中点，所以 $EG // SB$，$EG \perp AC$. 又 $EF \cap EG = E$，因此 $AC \perp$ 平面 EFG.

因为总有 $PE \perp AC$，所以点 P 落在过点 E 且与 AC 垂直的平面 EFG 内. 又因为点 P 在侧面 SCD 内及其边界上运动，平面 $EFG \cap$ 平面 $SCD = FG$，所以点 P 在线段 FG 上运动，即点 P 的轨迹为线段 FG.

评注：本例解题的关键在于 $PE \perp AC$，得到点 P 的轨迹在过点 E 的平面内，再结合已知条件，点 P 在侧面 SCD 内运动，总结出点 P 的轨迹为线段 FG.

例 32 正方体 $ABCD-A_1B_1C_1D_1$ 的棱长为 2，点 P 为侧面 BB_1C_1C 内的动点，且满足 $PA=2PB$，求点 P 所形成轨迹的长度.

解：如图 2.35 所示，在正方体 $ABCD-A_1B_1C_1D_1$ 中，$AB \perp$ 平面 BB_1C_1C，$PB \subset$ 平面 BB_1C_1C，所以 $AB \perp PB$.

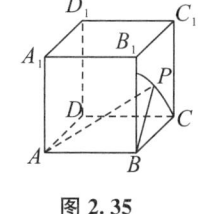

在 Rt$\triangle ABP$ 中，$AB^2 + BP^2 = AP^2$. 又因为 $AB=2$，$PA=2PB$，所以 $PB = \dfrac{2\sqrt{3}}{3} < 2$，因此点 P 的轨迹是以 B 为圆心，PB 为半径的圆.

图 2.35

因为点 P 在侧面 BB_1C_1C 内，$\angle B_1BC = 90°$，所以点 P 所形成轨迹的长度为 $\dfrac{1}{4} \times 2\pi \times \dfrac{2\sqrt{3}}{3} = \dfrac{\sqrt{3}}{3}\pi$.

评注：本例考查了平面内动点轨迹的长度，解题的关键在于对阿氏圆定义的运用，动点 P 到定点 A 与 B 的距离之比为 2，所以点 P 的轨迹为以 B 为圆心的圆，半径 PB 小于棱长，易知 P 的轨迹长度恰好为四分之一圆周长. 本例较为简单，主要考查学生对阿氏圆定义的理解以及应用.

第二节 向量法在立体几何中的应用研究[①]

立体几何问题主要考查的是学生的空间想象能力、计算能力、逻辑思维能力. 纵观近几年高考对立体几何问题的考查，可发现处理立体几何问题最基本的两种方法是传统综合法（几何法）与向量法. 传统综合法对空间想象能力要求比较高，这个方法是不容易把握的，是一个难点，龚青[②]和吴宗烨[③]都认为，使用传统综合法，掌握的立体几何知识需要扎实和系统，有一定的逻辑推理能力，而且还需要很好的空间想象能力作为前提. 如果学生缺乏扎实的基础知识、空间思维能力和逻辑推理能力，是不能很好地按照"一作，二证，三计算"的步骤求解出来的. 因此，可以使用向量法将立体几何问题具体化成空间向量的运算问题，特别是在作辅助线困难、遇到庞大繁杂的计算过程时，通过向量的加法、

[①] 作者：曹羽、赵思林（指导教师）.
[②] 龚青. 例谈用向量法解决立几中的探究性问题 [J]. 中学数学研究，2013 (11)：44-45.
[③] 吴宗烨. 浅析"向量法"在高中数学立体几何中的应用 [J]. 文理导航，2016 (10)：48.

数乘、点乘运算，比较容易得出结果. 梁燕飞[①]对使用向量法进行了优势分析，认为用向量法较用几何法要简单很多，向量法是解决立体几何问题的一个非常好的工具，它降低了对空间想象力的要求，只需要在立体几何图当中建立空间直角坐标系，写出对应的点、直线的方向向量和面的法向量的坐标，运用有关的向量公式就可以求解. 即使作不出或者想象不出立体几何图形所求的问题图形，同样也能够运用向量法通过计算把它解答出来[②]. 向量法相对于传统几何法来说更容易掌握，这解决了很多学生不能动笔的问题[③]. 通过研究文献发现，很多文献只是对立体几何的某一部分问题进行了研究，下面将系统地介绍利用向量法解决各种立体几何问题的方法，并举例加以说明.

一、向量法求解立体几何问题的一般步骤

空间向量的表示在学过平面向量之后就很好理解了，由平面的二维变成空间的三维，在立体几何体中找到三个不共面的正交基建立空间直角坐标系，比如在涉及解决长方体、正方体、直棱柱、直棱锥等几何体的问题时，直接通过建系方法就可以利用向量的坐标运算来解决，方便有效. 使用向量法解答立体几何问题的一般步骤如下：

（1）建立空间直角坐标系.
（2）求出需要的点的坐标.
（3）表示出需要的向量的坐标.
（4）运用向量公式进行运算.

有些立体几何问题有多种建坐标系的方法，那么就要注意以简便计算为原则建立适当的空间直角坐标系[④]. 利用空间向量法可以解决立体几何中关于两条直线的平行与垂直问题，关于直线与平面的平行与垂直问题，关于两个平面的平行与垂直问题，空间角问题以及距离问题等[⑤].

二、运用向量法解决立体几何中的几类问题

（一）平行问题

1. 直线与直线平行

证明两条直线平行，只需证明两条直线的方向向量平行，即可得证. 设直线 l，m 的方向向量分别为 a，b，则 $l // m \Leftrightarrow a // b \Leftrightarrow a = kb$.（这里的线线平行包括线线重合）

例 1 设 a，b 分别是直线 l_1，l_2 的方向向量，根据下列条件判断直线 l_1，l_2 的位置关系，$a = (2, 2, -3)$，$b = (6, 6, -9)$.

[①] 梁燕飞. 浅谈高中文科数学立体几何向量解法的优势 [J]. 新课程（教研），2011(6)：84-85.
[②] 李纪辉. 反思向量解题之特点 [J]. 数学通报，2006，45 (2)：45-46.
[③] 陈丽芬. 空间向量法在立体几何中的重要作用 [J]. 中学教学参考，2011 (26)：2.
[④] 陈崇荣. 谈谈求解空间点坐标易错点 [J]. 新高考（高三数学），2016 (3)：30-32.
[⑤] 郑丽艳. 向量在立体几何中的几点应用 [J]. 考试周刊，2016 (7)：48-49.

解：因为 $b=3(2,2,-3)=3a$，所以 $a/\!/b$，所以 $l_1/\!/l_2$.

评注：假如知道两条直线方向向量的坐标，通过对数字的敏感程度或者简单的计算是很容易看出两条直线方向向量是否平行的，这就将所求问题转化成了数字计算问题.

2. 直线与平面平行

证明直线与平面平行有三种方法：一是证得直线的方向向量和平面的一个法向量垂直即可，设直线 l 的方向向量为 a，平面 α 的法向量为 u，$l/\!/\alpha \Leftrightarrow a \perp u \Leftrightarrow a \cdot u = 0$；二是证明直线的方向向量与平面内任何一条直线的方向向量平行即可；三是根据共面向量的定理，若要证明直线与平面平行，在平面内找到两个不共线的向量 m 与 n，直线的方向向量为 a，只要证得 $a = xm + yn$（$x, y \in \mathbf{R}$）即可.

例 2 如图 2.36 所示，在四棱锥 $P-ABCD$ 中，底面 $ABCD$ 是菱形，且 $\angle ADC = 90°$，$PD \perp$ 底面 $ABCD$，$PD = AD$，点 E 是 PC 的中点.

求证：$PA/\!/$ 平面 EDB.

证明：方法 1 如图 2.36 所示，建立空间直角坐标系 $D-xyz$. 设 $DC = 2$，$P(0, 0, 2)$，$A(2, 0, 0)$，$E(0, 1, 1)$，$B(1, 1, 0)$，$D(0, 0, 0)$，$\overrightarrow{BD} = (-1, -1, 0)$，$\overrightarrow{DE} = (0, 1, 1)$，$\overrightarrow{PA} = (2, 0, -2)$.

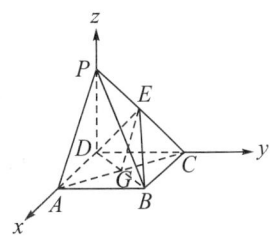

图 2.36

设平面 EDB 的一个法向量为 $n = (x, y, z)$，$\begin{cases} \overrightarrow{BD} \cdot n = 0 \\ \overrightarrow{DE} \cdot n = 0 \end{cases} \Rightarrow \begin{cases} -x - y = 0 \\ y + z = 0 \end{cases}$.

解得 $n = (1, -1, 1)$，于是有 $n \cdot \overrightarrow{PA} = 0$. 故 $PA/\!/$ 平面 EDB.

方法 2 连接 AC，BD 相交于点 G，再连接 DE，DG，于是可得到坐标 $G(1, 1, 0)$，$\overrightarrow{GE} = (-1, 0, 1)$，$\overrightarrow{PA} = (2, 0, -2)$，$E(0, 1, 1)$，$\overrightarrow{GE} = -\frac{1}{2}\overrightarrow{PA}$，即 $\overrightarrow{GE}/\!/\overrightarrow{PA}$. 所以 $PA/\!/$ 平面 EDB.

方法 3 $\overrightarrow{DE} = (0, 1, 1)$，$\overrightarrow{PA} = (2, 0, -2)$，$\overrightarrow{BE} = (-1, 0, 1)$，存在一个实数对 $(0, -2)$，使得 $\overrightarrow{PA} = (2, 0, -2) = 0 \times \overrightarrow{DE} + (-2) \times \overrightarrow{BE}$，所以 $PA/\!/$ 平面 EDB.

评注：用向量法证明直线与平面平行，除了证明直线的方向向量与平面的法向量垂直，还可以利用综合法求证，即证直线的方向向量与平面内任一向量平行. 本题使用几何法，通过证明 EG 是三角形 APC 的中位线，即可证得 $EG/\!/AP$.

3. 平面与平面平行

证明两个平面平行，只需要分别找到两个平面的法向量，证明其法向量平行即可. 设两个平面 α，β 的法向量分别为 u，v，则 $\alpha/\!/\beta \Leftrightarrow u/\!/v \Leftrightarrow u = kv$.（这里的平面与平面平行包括平面与平面重合）

例 3 如图 2.37 所示，在长方体 $ABCD-A_1B_1C_1D_1$ 中，$AA_1 = 2$，底面是边长为 1 的正方形，点 E，F，G 分别是棱 B_1B，D_1D，DA 的中点.

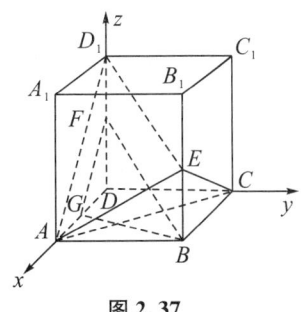

图 2.37

求证：平面 AD_1E // 平面 BGF.

证明：建立空间直角坐标系 $D-xyz$，$AA_1=2$，正方形 $ABCD$ 的边长为 1，$A(1, 0, 0)$，$B(1, 1, 0)$，$D_1(0, 0, 2)$，$E(1, 1, 1)$，$G\left(\frac{1}{2}, 0, 0\right)$，$F(0, 0, 1)$，所以 $\overrightarrow{AD_1}=(-1, 0, 2)$，$\overrightarrow{D_1E}=(1, 1, -1)$.

设平面 AD_1E 的法向量 $\boldsymbol{n}_1=(x_1, y_1, z_1)$，$\begin{cases}\overrightarrow{AD_1}\cdot\boldsymbol{n}=0\\ \overrightarrow{D_1E}\cdot\boldsymbol{n}=0\end{cases}\Rightarrow\begin{cases}-x+2z=0\\ x+y-z=0\end{cases}$. 令 $z=1$，则 $x=2$，$y=-1$，$\boldsymbol{n}_1=(2, -1, 1)$. 同理，设平面 BGF 的法向量为 $\boldsymbol{n}_2=(x_2, y_2, z_2)$，可得 $\boldsymbol{n}_2=(2, -1, 1)$，$\boldsymbol{n}_1=\boldsymbol{n}_2$，即 $\boldsymbol{n}_1$ // $\boldsymbol{n}_2$.

故平面 AD_1E // 平面 BGF.

评注：运用综合法可以证明两个平面的两条相交直线分别平行，即先证明四边形 $BFED_1$ 是一个平行四边形，得出 ED_1 // BF，然后证明 GF 是三角形 ADD_1 的中位线，得出 GF // AD，就可以证得两个平面平行了。

（二）垂直问题

1. 直线与直线垂直

证明两条直线垂直，先找到这两条直线的方向向量，然后证明这两个方向向量垂直就可以了. 设直线 l, m 的方向向量分别为 $\boldsymbol{a}, \boldsymbol{b}$，$l\perp m\Leftrightarrow \boldsymbol{a}\perp\boldsymbol{b}\Leftrightarrow \boldsymbol{a}\cdot\boldsymbol{b}=0$.

例 4 设 $\boldsymbol{u}, \boldsymbol{v}$ 分别是平面 α, β 的法向量，且 $\boldsymbol{u}=(-2, 2, 11)$，$\boldsymbol{v}=(7, -4, 2)$. 判断平面 α, β 的位置关系.

解：因为 $\boldsymbol{u}$ 和 $\boldsymbol{v}$ 是平面 α, β 的法向量，$\boldsymbol{u}\cdot\boldsymbol{v}=(-2)\times 7+2\times(-4)+11\times 2=0$，即 $\boldsymbol{u}\perp\boldsymbol{v}$. 所以 $\alpha\perp\beta$.

评注：已知两条直线的方向向量的空间坐标，通过向量的数乘计算就可以得出结果，进而判断平面 α 和平面 β 的位置关系.

2. 线面垂直

证明线面垂直，只需要找到该直线的方向向量与平面的一个法向量，证明它们平行即可. 设直线 l 的方向向量为 $\boldsymbol{a}$，平面 α 的法向量为 $\boldsymbol{u}$，则 $l\perp\alpha\Leftrightarrow\boldsymbol{a}$ // $\boldsymbol{u}\Leftrightarrow\boldsymbol{a}=k\boldsymbol{u}$.

例 5 如图 2.38 所示，在正方体 $ABCD-A_1B_1C_1D_1$ 中，点 M 为 CC_1 的中点，AC 交 BD 于点 O，求证：$A_1O\perp$ 平面 MBD.

证明：建立空间直角系 $D-xyz$，设 $AD=2a$，平面 MBD 的法向量 $\boldsymbol{n}=(x, y, z)$，则 $A_1(2a, 0, 2a)$，$O(a, a, 0)$，$D(0, 0, 0)$，$M(0, 2a, a)$，$B(2a, 2a, 0)$，$\overrightarrow{A_1O}=(-a, a, -2a)$，$\overrightarrow{DM}=(0, 2a, a)$，$\overrightarrow{BM}=(-2a, 0, a)$.

$\begin{cases}\boldsymbol{n}\cdot\overrightarrow{DM}=0\\ \boldsymbol{n}\cdot\overrightarrow{BM}=0\end{cases}\Rightarrow\begin{cases}2ay+az=0\\ -2ax+az=0\end{cases}.$

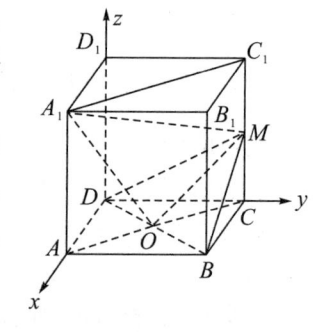

图 2.38

令 $x=1$，则 $y=-1$，$z=2$，所以 $\boldsymbol{n}=(1,-1,2)$. 于是，可得 $\overrightarrow{A_1O}=-a\boldsymbol{n}$.
故 $A_1O\perp$平面 MBD.

评注：这道题如果用几何法证明，就需要证明 A_1O 垂直于平面 MBD 内的两条相交直线，而寻找两条和 A_1O 垂直的相交直线还要作辅助线，并运用勾股定理来证明，这个过程显得麻烦一点. 对于一些空间想象力较差的学生，可能不会想到这种解答方法. 于是，换一种思路，运用向量法，只需要证明 A_1O 与平面 MBD 的法向量平行即可. 由于本例所给的数字容易计算，所以对应点的坐标就比较容易表示出来，继而可以轻松地求出平面的一个法向量. 在本例中，用坐标法求法向量是比较简单的，运用向量法比运用综合法更容易证明.

3. 平面与平面垂直

证明面面垂直，先分别找出两个平面的一个法向量，然后证明这两个平面的法向量垂直即可. 设两个平面 α，β 的法向量分别为 $\boldsymbol{u}$，$\boldsymbol{v}$，则 $\alpha\perp\beta\Leftrightarrow\boldsymbol{u}\perp\boldsymbol{v}\Leftrightarrow\boldsymbol{u}\cdot\boldsymbol{v}=0$.

例 6 如图 2.39 所示，在正方体 $ABCD-A_1B_1C_1D_1$ 中，点 E 是 A_1A 的中点.

求证：平面 $BED\perp$平面 C_1BD.

证明：方法 1（向量法） 设正方体的棱长为 $2a$，建立坐标系 $A-xyz$. $E(0,0,a)$，$B(2a,0,0)$，$D(0,2a,0)$，$C_1(2a,2a,2a)$，$\overrightarrow{EB}=(2a,0,-a)$，$\overrightarrow{ED}=(0,2a,-a)$，$\overrightarrow{C_1B}=(0,-2a,-2a)$，$\overrightarrow{C_1D}=(-2a,0,-2a)$.

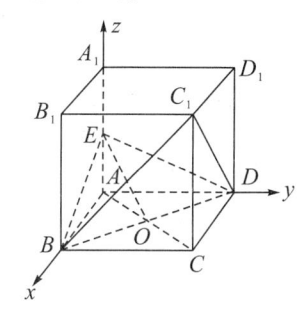

设平面 EBD 的一个法向量是 $\boldsymbol{u}=(x_1,y_1,z_1)$，平面 C_1BD 的一个法向量 $\boldsymbol{v}=(x_2,y_2,z_2)$，由 $\boldsymbol{u}\cdot\overrightarrow{EB}=\boldsymbol{u}\cdot\overrightarrow{ED}=0$，可得 $\boldsymbol{u}=\left(\dfrac{1}{2}a,\dfrac{1}{2}a,a\right)$. 同理可以求得平面 C_1BD 的法向量 $\boldsymbol{v}=(-a,-a,a)$，因为 $\dfrac{1}{2}a\times(-a)+\dfrac{1}{2}a\times(-a)+a^2=0$，可得 $\boldsymbol{u}\cdot\boldsymbol{v}=0$.

图 2.39

所以平面 $EBD\perp$平面 C_1BD.

方法 2（综合法） 设正方体的棱长为 $2a$，连接 AC 交 BD 于点 O，再连接 EO，C_1O，EC_1. 在正方体 $ABCD-A_1B_1C_1D_1$ 中，因为 $BE=ED$，点 O 为 BD 的中点，所以 $EO\perp BD$.

同理，$C_1O\perp BD$，$AC=BD=\sqrt{(2a)^2+(2a)^2}=2\sqrt{2}a$，$EO=\sqrt{AE^2+\left(\dfrac{1}{2}AC\right)^2}=\sqrt{a^2+(\sqrt{2}a)^2}=\sqrt{3}a$，$OC_1=\sqrt{CC_1^2+\dfrac{1}{2}AC^2}=\sqrt{(2a)^2+(\sqrt{2}a)^2}=\sqrt{6}a$，$A_1C_1=\sqrt{A_1E^2+AC^2}=\sqrt{a^2+(2\sqrt{2}a)^2}=3a$，$OC_1^2+EO^2=3a^2+6a^2=9a^2=A_1C_1^2$，所以 $OC_1\perp EO$.

因为 OE 交 BD 于点 O，$OC_1\subset$平面 BDC_1，$BD\subset$平面 BDC_1，可得 $OE\perp$平面 BDC_1，又因为 $OE\subset$平面 EBD，故平面 $BED\perp$平面 C_1BD.

评注：本例使用综合法与向量法都可以解答出来，两者都有一定的运算量，但是运用综合法不仅需要运算，而且需要作出辅助线，不容易想到，可见综合法比向量法复杂一点．使用向量法求解，思路更加清晰，只要厘清步骤，运算正确，就可以轻松得出结论．

（三）空间角问题

空间角是立体几何题中考查的重点，其中异面直线所成的角是考查的重中之重，若用向量的数量积来处理这类问题，则思路简单，操作也很方便．

1. 异面直线所成的角

设直线 l，m 的方向向量分别为 $\boldsymbol{a}$，$\boldsymbol{b}$，若两直线 l，m 所成的角为 $\theta\left(0<\theta\leqslant\dfrac{\pi}{2}\right)$，则 $\cos\theta=|\cos\langle\boldsymbol{a},\boldsymbol{b}\rangle|=\dfrac{|\boldsymbol{a}\cdot\boldsymbol{b}|}{|\boldsymbol{a}||\boldsymbol{b}|}$．

例 7 如图 2.40 所示，在四棱锥 $P-ABCD$ 中，$PD\perp$ 平面 $ABCD$，PA 与平面 $ABCD$ 所成的角为 $60°$．在四边形 $ABCD$ 中，$AD\perp DC$，$AD\perp AB$，$AB=4$，$CD=1$，$AD=2$，求异面直线 PA 与 BC 所成的角的余弦值．

分析：建立坐标系→写出点的坐标→求出 $\overrightarrow{PA}$ 与 $\overrightarrow{BC}$ 的坐标→计算 $\overrightarrow{PA}$ 与 $\overrightarrow{BC}$ 的夹角．

解：建立如图 2.40 所示的空间直角坐标系 $D-xyz$．

因为 $\angle ADC=\angle DAB=90°$，$AB=4$，$CD=1$，$AD=2$．所以 $A(2,0,0)$，$C(0,1,0)$，$B(2,4,0)$．由 $PD\perp$ 平面 $ABCD$，得到 $\angle PAD$ 为 PA 与平面 $ABCD$ 所成的线面角，因为 $\angle PAD=90°$，在直角三角形 PAD 中，由 $AD=2$，可得 $PD=2\sqrt{3}$．

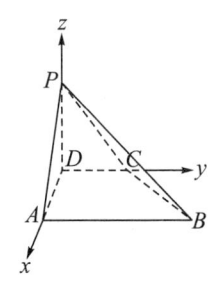

所以 $P(0,0,2\sqrt{3})$，$\overrightarrow{PA}=(2,0,-2\sqrt{3})$，$\overrightarrow{BC}=(-2,-3,0)$．

所以 $\cos\langle\overrightarrow{PA},\overrightarrow{BC}\rangle=\dfrac{2\times(-2)+0\times(-3)+0\times(-2\sqrt{3})}{4\times\sqrt{13}}=-\dfrac{\sqrt{13}}{13}$．

故异面直线 PA 与 BC 所成的角的余弦值为 $\dfrac{\sqrt{13}}{13}$．

评注：用传统几何法求异面直线所成的角，首先要找到所成的角或其补角，再将它置于三角形中，利用解三角形的方法来求解，难度大，而且易错[①]．用向量法相对来说要简单得多．需要注意的是，所求异面直线所成的角并不是两条直线方向向量所成的角，这两个是容易混淆的．但是如果记住了异面直线所成的角的取值范围，那么不管算出的是哪个角，都可以准确判断．也就是说，当方向向量之间的夹角为钝角时，异面直线所成的角就是其补角．

2. 直线与平面所成的角

如图 2.41 和图 2.42 所示，设直线 l 的方向向量为 $\boldsymbol{a}$，平面 α 的法向量为 $\boldsymbol{n}$，且直线 l

---
① 郭兴甫．例谈向量法在立体几何中的应用 [J]．试题与研究，2014（29）：14-19．

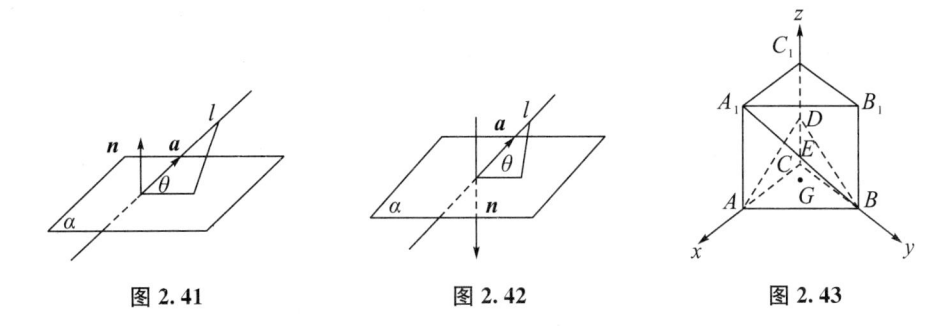

与平面 α 所成的角为 $\theta\left(0\leqslant\theta\leqslant\dfrac{\pi}{2}\right)$，则 $\sin\theta=|\cos\langle\boldsymbol{a},\boldsymbol{n}\rangle|=\dfrac{|\boldsymbol{a}\cdot\boldsymbol{n}|}{|\boldsymbol{a}||\boldsymbol{n}|}$，所求线面角 $\theta=\arcsin\dfrac{|\boldsymbol{a}\cdot\boldsymbol{n}|}{|\boldsymbol{a}||\boldsymbol{n}|}$，或者 $\theta=\dfrac{\pi}{2}-\arccos\dfrac{|\boldsymbol{a}\cdot\boldsymbol{n}|}{|\boldsymbol{a}||\boldsymbol{n}|}$.

图 2.41　　　　图 2.42　　　　图 2.43

例 8　如图 2.43 所示，在直三棱柱 $ABC-A_1B_1C_1$ 中，底面是等腰三角形，$AC\perp BC$，侧棱 $AA_1=2$，点 D，E 分别是 CC_1 与 A_1B 的中点，点 E 在平面 ABD 上的射影是 $\triangle ABD$ 的重心 G. 求 A_1B 与平面 ABD 所成角的大小.

解：建立空间直角坐标系 $C-xyz$. 令 $|CB|=2a$，则 $A(2a,0,0)$，$B(0,2a,0)$，$C(0,0,2)$，$A_1(2a,0,2)$，$D(0,0,1)$，$E(a,a,1)$，$G\left(\dfrac{2}{3}a,\dfrac{2}{3}a,\dfrac{1}{3}\right)$，$\overrightarrow{AD}=(-2a,0,1)$，$\overrightarrow{A_1B}=(-2a,2a,-2)$，$\overrightarrow{EG}=\left(-\dfrac{1}{3}a,-\dfrac{1}{3}a,-\dfrac{2}{3}\right)$.

由题意可知 $EG\perp$ 平面 ABD，从而 $\overrightarrow{EG}\cdot\overrightarrow{AD}=0$，解得 $a=1$. 所以平面 ABD 的一个法向量 $\boldsymbol{n}=(1,1,2)$，$\cos\langle\overrightarrow{A_1B},\boldsymbol{n}\rangle=\dfrac{|\overrightarrow{A_1B}\cdot\boldsymbol{n}|}{|\overrightarrow{A_1B}||\boldsymbol{n}|}=\dfrac{|(-2)\times1+2\times1+(-2)\times2|}{\sqrt{(-2)^2+2^2+(-2)^2}\sqrt{1^2+1^2+2^2}}=\dfrac{\sqrt{2}}{3}$.

故直线 A_1B 与平面 ABD 所成角的大小为 $\arccos\dfrac{\sqrt{2}}{3}$.

评注：本题也可以运用综合法求解，根据题意可知 $\angle EBG$ 为直线 A_1B 与平面 ABD 所成的角，通过作辅助线，求得 EG，BE 的长度，即可求得 AB 与平面 ABD 所成角的大小.

3. 二面角

方向向量法：将二面角转化为二面角的两个面的方向向量（在二面角的面内且垂直于二面角的棱）的夹角. 如图 2.44 所示，设二面角 $\alpha-l-\beta$ 的大小为 θ，$AB\perp l$，$AB\subset\alpha$，$CD\perp l$，$CD\subset\beta$，$\cos\theta=\cos\langle\overrightarrow{AB},\overrightarrow{CD}\rangle=\dfrac{\overrightarrow{AB}\cdot\overrightarrow{CD}}{|\overrightarrow{AB}||\overrightarrow{CD}|}$.

法向量法：将二面角转化为两个面的分别一个法向量之间的夹角. 如图 2.45、图 2.46 所示，向量 $\boldsymbol{n}_1\perp\alpha$，$\boldsymbol{n}_2\perp\beta$，则设 $\langle\boldsymbol{n}_1,\boldsymbol{n}_2\rangle=\gamma$，设 $\alpha-l-\beta$ 的平面角为 θ，则 $\theta=\pi-\gamma$，两个平面的法向量在二面角内同时指向或背离.

图 2.44　　　　　　　　图 2.45　　　　　　　　图 2.46

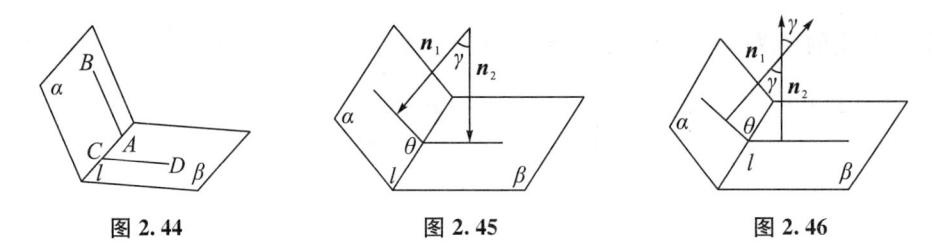

如图 2.47、图 2.48 所示，设 $\langle \boldsymbol{n}_1, \boldsymbol{n}_2 \rangle = \gamma$，设 $\alpha - l - \beta$ 的平面角为 θ，则 $\theta = \gamma$. 两个平面的法向量在二面角内一个指向另一个背离，二面角的范围为 $\theta \in [0, \pi]$.

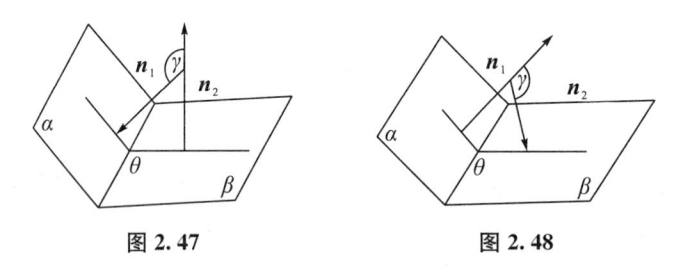

图 2.47　　　　　　　　图 2.48

例 9　如图 2.49 所示，在四棱锥 $P-ABCD$ 中，底面 $ABCD$ 是正方形，侧棱 $PD \perp$ 底面 $ABCD$，$PD = DC$，点 E 是 PC 的中点，作 $EF \perp PB$ 交 PB 于点 F. 求二面角 $C-PB-D$ 的大小.

解：建立空间直角坐标系，点 D 为坐标原点.

设 $DC = 1$，连接 AC，AC 交 BD 于点 G，连接 EG. 根据题意得 $A(1, 0, 0)$，$P(0, 0, 1)$，且 $\overrightarrow{PA} = (1, 0, -1)$，$\overrightarrow{EG} = \left(\dfrac{1}{2}, 0, -\dfrac{1}{2}\right)$，$B(1, 1, 0)$，$\overrightarrow{PB} = (1, 1, -1)$，又因为 $\overrightarrow{DE} = \left(0, \dfrac{1}{2}, \dfrac{1}{2}\right)$，故 $\overrightarrow{PB} \cdot \overrightarrow{DE} = 0 + \dfrac{1}{2} - \dfrac{1}{2} = 0$. 所以 $PB \perp DE$.

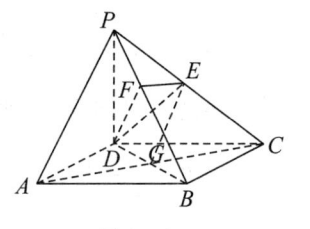

图 2.49

已知 $PB \perp EF$，$PB \perp DF$，故 $\angle EFD$ 是二面角 $C-PB-D$ 的平面角. 设点 F 的坐标为 (x, y, z)，则 $\overrightarrow{PF} = (x, y, z-1)$. 因为 $\overrightarrow{PF} = k\overrightarrow{PB}$，$\overrightarrow{PB} \cdot \overrightarrow{DF} = 0$，所以 $(x, y, z-1) = k(1, 1, -1) = (k, k, -k)$，即 $x = k$，$y = k$，$z = 1-k$，$(1, 1, -1) \cdot (k, k, 1-k) = k + k - 1 + k = 0$.

故 $k = \dfrac{1}{3}$，点 F 的坐标为 $\left(\dfrac{1}{3}, \dfrac{1}{3}, \dfrac{2}{3}\right)$.

又因为点 E 的坐标为 $\left(0, \dfrac{1}{2}, \dfrac{1}{2}\right)$，所以 $\overrightarrow{FE} = \left(-\dfrac{1}{3}, \dfrac{1}{6}, -\dfrac{1}{6}\right)$，$\overrightarrow{FD} = \left(-\dfrac{1}{3}, -\dfrac{1}{3}, -\dfrac{2}{3}\right)$.

$$\cos \angle EFD = \frac{\overrightarrow{FE} \cdot \overrightarrow{FD}}{|\overrightarrow{FE}||\overrightarrow{FD}|} = \frac{-\dfrac{1}{3} \times \left(-\dfrac{1}{3}\right) + \dfrac{1}{6} \times \left(-\dfrac{1}{3}\right) + \left(-\dfrac{1}{6}\right) \times \left(-\dfrac{2}{3}\right)}{\dfrac{\sqrt{6}}{6} \times \dfrac{\sqrt{6}}{3}} = \frac{\dfrac{1}{6}}{\dfrac{1}{3}} = \dfrac{1}{2}.$$

所以∠EFD＝60°，即二面角 $C-PB-D$ 的大小为60°.

评注：在利用向量法求二面角时，归纳为以下几个步骤：①建立空间直角坐标系；②分别求出二面角所在平面的法向量；③求出这两个法向量之间的夹角；④用观察法判断所求二面角的平面角是锐角、钝角还是直角；⑤确定出二面角的平面角的大小[1].

注意：①建系时要正确，严格遵循建系的法则；②向量法求解的计算量很大，所以在求解过程中要仔细计算，容不得半点差错；③注意观察二面角的幅度，正确判断二面角的大小.

（四）距离问题

立体几何中求距离的问题，可以通过线段间的平移、等效替换和几何法来解决．对于比较复杂的问题，需要学生添加辅助线，比较困难，这时可用向量法求解．立体几何中的距离问题主要有以下几类：点到平面的距离、点到直线的距离、直线到平面的距离、平面与平面之间的距离以及异面直线间的距离等[2]．下面具体介绍几种求解距离问题的方法.

1. 点到平面的距离

连接该点与平面上任意一点的向量在平面定向法向量上的射影（如果不知道判断方向，可取其射影的绝对值）.

如图 2.50 所示，点 $A \in \alpha$，空间一点 P 到平面 α 的距离为 d，已知平面 α 的一个法向量为 $\boldsymbol{n}$，且 $\overrightarrow{AP}$ 与 $\boldsymbol{n}$ 不共线，$d = |\overrightarrow{PA}||\cos\langle\overrightarrow{PA}, \boldsymbol{n}\rangle| = \dfrac{|\overrightarrow{PA}| \cdot |\boldsymbol{n}| \cdot |\cos\langle\overrightarrow{PA}, \boldsymbol{n}\rangle|}{|\boldsymbol{n}|} = \dfrac{|\overrightarrow{PA} \cdot \boldsymbol{n}|}{|\boldsymbol{n}|}$.

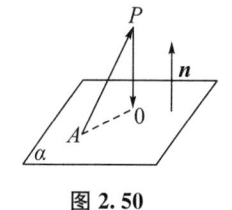

例 10 如图 2.51 所示，在直三棱柱 $ABC-A_1B_1C_1$ 中，底面是等腰三角形，$AC \perp BC$，侧棱 $AA_1 = 2$，点 D，E 分别是 CC_1 与 A_1B 的中点，点 E 在平面 ABD 上的射影是△ABD 的重心 G．求点 A_1 到平面 AED 的距离 d.

图 2.50

解：建立空间直角坐标系 $C-xyz$，令 $|CB|=2a$，则 $A(2a, 0, 0)$，$D(0, 0, 1)$，$\overrightarrow{AD}=(-2a, 0, 1)$，$G\left(\dfrac{2}{3}a, \dfrac{2}{3}a, \dfrac{1}{3}\right)$，$E(a, a, 1)$，$\overrightarrow{EG}=\left(-\dfrac{1}{3}a, -\dfrac{1}{3}a, -\dfrac{2}{3}\right)$.

由题意可知 $\overrightarrow{EG} \perp$ 平面 ABD，故 $\overrightarrow{EG} \cdot \overrightarrow{AD}=0$，解得 $a=1$，故 $A(2, 0, 0)$，$E(1, 1, 1)$，$\overrightarrow{AE}=(-1, 1, 1)$，$\overrightarrow{AD}=(-2, 0, 1)$，$\overrightarrow{AA_1}=(0, 0, 2)$.

设平面 AED 的一个法向量为 $\boldsymbol{n}=(x, y, z)$，则 $\begin{cases}\overrightarrow{AE} \cdot \boldsymbol{n}=0 \\ \overrightarrow{AD} \cdot \boldsymbol{n}=0\end{cases}$，解得 $\boldsymbol{n}=\left(\dfrac{1}{2}, -\dfrac{1}{2}, 1\right)$.

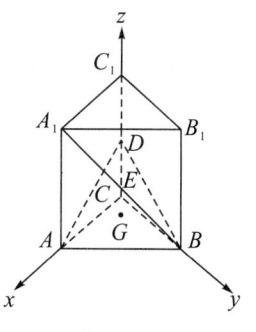

图 2.51

---

[1] 李宽珍. 空间向量在立体几何问题中的运用 [J]. 中学生数理化（高三），2016（2）：7－10.
[2] 范先荣. 树立"转化"的思想方法学习立体几何 [J]. 中学生数学，2011（7）：20－23.

从而 $d = \dfrac{|\overrightarrow{AA_1} \cdot \boldsymbol{n}|}{|\boldsymbol{n}|} = \dfrac{\left|0 \times \frac{1}{2} + 0 \times \left(-\frac{1}{2}\right) + 2 \times 1\right|}{\sqrt{\frac{1}{4} + \frac{1}{4} + 1}} = \dfrac{2\sqrt{6}}{3}$.

2. 平面与平面之间的距离

可以将平面与平面之间的距离转化为直线到平面的距离、点到平面的距离. 如图 2.52 所示，设平行平面 α，β，其中平面 β 的法向量为 $\boldsymbol{n}$，点 A，B 分别是平面 α 与平面 β 上任意一点，平面 α 与平面 β 的距离为 d，则 $d = |\overrightarrow{AB}| \cdot |\cos\langle \overrightarrow{AB}, \boldsymbol{n}\rangle| = \dfrac{|\overrightarrow{AB} \cdot \boldsymbol{n}|}{|\boldsymbol{n}|}$.

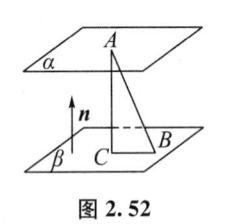

图 2.52   图 2.53

3. 异面直线间的距离

可以将异面直线间的距离转化为直线到平面的距离、点到平面的距离，也可以运用闭合曲线求公垂线向量的模或共线向量定理和公垂线段定义求出公垂线段向量的模[①].

如图 2.53 所示，已知 a，b 是异面直线，$\boldsymbol{n}$ 为平面 α 的法向量，CD 为 a，b 的公垂线，点 A，B 分别在直线 b，a 上，$|\overrightarrow{CD}| = |\overrightarrow{AB}| \cdot |\cos\langle \overrightarrow{AB}, \boldsymbol{n}\rangle| = \left|\dfrac{\overrightarrow{AB} \cdot \boldsymbol{n}}{|\boldsymbol{n}|}\right|$，即 a，b 间的距离可转化为向量 $\overrightarrow{CD}$ 在 $\boldsymbol{n}$ 上射影的长度.

例 11 如图 2.54 所示，在直三棱柱 $ABC-A_1B_1C_1$ 中，底面是等腰三角形，$AC \perp BC$，侧棱 $AA_1 = 2$，点 D，E 分别是 CC_1，A_1B 的中点，点 E 在平面 ABD 上的射影是 $\triangle ABD$ 的重心 G. 求异面直线 A_1B 与 AD 的距离 d.

解：建立空间直角坐标系 $C-xyz$，令 $|CB| = 2a$，则 $A(2a, 0, 0)$，$B(0, 2a, 0)$，$C(0, 0, 2)$，$A_1(2a, 0, 2)$，$D(0, 0, 1)$，$\overrightarrow{A_1B} = (-2a, 2a, -2)$，$\overrightarrow{AD} = (-2a, 0, 1)$，$G\left(\dfrac{2}{3}a, \dfrac{2}{3}a, \dfrac{1}{3}\right)$，$E(a, a, 1)$，$\overrightarrow{EG} = \left(-\dfrac{1}{3}a, -\dfrac{1}{3}a, -\dfrac{2}{3}\right)$.

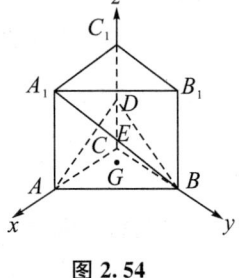

图 2.54

由题意可知 $EG \perp$ 平面 ABD，故 $\overrightarrow{EG} \cdot \overrightarrow{AD} = 0$. 解得 $a = 1$，故 $A(2, 0, 0)$，$A_1(2, 0, 2)$，$B(0, 2, 0)$，$D(0, 0, 1)$，$\overrightarrow{A_1D} = (-2, 0, -1)$，$\overrightarrow{AD} = (-2, 0, 1)$，$\overrightarrow{A_1B} = (-2, 2, -2)$.

设直线 A_1B 与 AD 的公垂线的方向向量为 $\boldsymbol{n} = (x, y, z)$，则 $\boldsymbol{n} \cdot \overrightarrow{AD} = 0$，$\boldsymbol{n} \cdot \overrightarrow{A_1B} = $

[①] 赵坤武. 立体几何中有关距离的统一公式 [J]. 数理化解题研究（高中版），2007（4）：8-10.

0，可得 $\boldsymbol{n}=(1,3,2)$. 故 $d=\left|\dfrac{\overrightarrow{A_1D}\cdot\boldsymbol{n}}{|\boldsymbol{n}|}\right|=\left|\dfrac{(-2)\times 1+0\times 3+(-1)\times 2}{\sqrt{1+9+4}}\right|=\dfrac{2\sqrt{14}}{7}$.

综合法强调逻辑推理，对学生的空间想象能力和抽象思维能力要求比较高，所以比较难．有些学生不证明就想当然地得出结论，有些学生会在推理中出现混乱，甚至依赖图形的外部特征，假设出错误的答案．有些题目有一定的难度，需要学生作出辅助线才能求解，空间想象力较差的学生连笔都动不了[1]．而向量法具有把某些立体几何问题算法化、处理问题标准化的特点，只需要套用向量公式，不需要依赖太多的知识，也不需要严格的演绎逻辑推理过程．因此，向量法可以避免学生犯太多的错误．此外，利用向量法求解立体几何问题对学生的运算能力也有一定的要求，很多比较困难的题目用向量法可以轻松求解[2]．学生在用向量法解决立体几何问题时主要会出现以下一些问题：第一，坐标选取错误、过于复杂或不规范，点或向量的坐标计算错误，因此必须要遵循建系的右手法则才能准确选取坐标，选取的三个坐标轴要两两互相垂直，明确坐标原点以及坐标轴；第二，将向量角转化为空间角时混淆了两者的概念，解决此问题需要清楚二者的概念，厘清空间角和向量角之间的关系，注意各种角的取值范围，计算之后还需要根据各种角的概念和结合图形来判断和转化，不能盲目地套用；第三，在利用向量法求解空间角和距离时，有时候需要设一个参数，列出方程求解参数，这是阻碍很多学生解题思路的地方，他们需要绕个弯才能得出结果．

第三节　APOS 理论视角下的直线与平面垂直关系的教学设计[3]

直线与平面垂直的判定这一节内容来自高中教材人教 A 版必修 2．本节要求学生在学习过后能够理解并掌握线面垂直的定义、判定定理，并且能够对定理进行初步运用．立体几何概念看似简单明了，但放进几何图形中后对于第一次接触的学生来说还是有点难，从平面几何进入立体几何，多出了许多的新概念和新定理，想要直接从立体图形中看出点、线、面之间的关系，学生往往无从下手，容易导致学习困难．

为了让学生重拾学习兴趣、增强学习信心，改变教学观念、提高课堂教学效率成了现今教师课堂教学急需达成的目标，杜宾斯基提出的 APOS 理论就是解决这个难题的方法．APOS 理论是具有数学学科特色的教学方式，它的出现为课堂教学提出了一个新的实践方向．

本节将 APOS 理论应用于直线与平面垂直关系的教学中，通过改进教学方式，建立心理图式，帮助学生更好地理解问题的逻辑和情境，让学生主动地参与到学习中来，进而能够使用数学的理论来解决问题．

---

[1] Pillay A L, Bundhoo H Y, Ngcobo H S B. Mauritian and South African Students' Views on Studying Psychology [J]. Journal of Psychology in Africa, 2008, 18（2）：355-360.

[2] 蒋明权，黄秋元. 向量法在解立体几何难题中的应用 [J]. 数理化学习（高中版），2004（11）：14-17.

[3] 作者：汪翰志、李红霞（指导教师）．

一、国内研究现状分析

（一）APOS 理论研究现状

于红燕探讨研究了 APOS 理论四个阶段的具体操作，并结合实践提出数学概念教学的若干操作性建议和一些思考[1]；李继超对 APOS 理论的由来、发展及其内涵进行了阐述，并以具体的实例来分析和说明了该理论在数学概念教学中的应用[2]；李瑞云为了使高中导数概念的教学质量有所提高，结合 APOS 理论进行了"导数的概念"的教学设计[3].

（二）直线与平面垂直关系研究现状

王新明认为要提高学生的数学核心素养，就要把数学核心素养融入课堂教学设计当中，并以"直线与平面垂直的判定"为例设计了课堂教学内容，展示了所研究的实践与思考[4]；张天月为了制订符合学生几何认知水平的教案，以"直线与平面垂直"为例展开研究，得出教学设计能够有效地促进学生认知水平在几何方面的发展的结论[5]；沈中宇采用融入数学史的方式对点、线、面之间的位置关系展开设计和教学，探究其教学效果以及哪些史料适合作为教学材料，最后得出将数学史融入立体几何教学有较大的价值的结论[6].

国内对于直线与平面垂直的判定关系的研究大都是按照新课标和教材来设计的，采用的是传统的教学方法，没有采用近年来提出的一些新型教学理论来设计教学，这种方法已经不太适用于如今的教学了.

二、APOS 理论概述

（一）APOS 理论

APOS 理论是英文 Action Process Object Scheme 的缩写．该理论由美国数学教育学家杜宾斯基（E. Dubinsky）提出，是在建构主义的基础上发展起来的，因具有数学学科特色而享誉全球．APOS 理论表示学生在经过学习后进行建构和反思，可以从中理解其中的数学逻辑和情境，进而能够用数学理论来解决问题．杜宾斯基针对概念学习提出了 APOS 理论的四个阶段：活动（或操作）阶段（Action）、过程阶段（Process）、对象阶段（Object）、图式阶段（Scheme）[7].

---

[1] 于红燕. 基于 APOS 理论的数学概念教学 [J]. 数学学习与研究，2017（6）：9.
[2] 李继超. 浅谈 APOS 理论在数学概念教学中的应用 [J]. 成功（教育），2009（11）：9.
[3] 李瑞云. 基于 APOS 理论下的导数的概念教学设计 [J]. 数学学习与研究（教研版），2019（6）：99.
[4] 王新明. 基于数学核心素养的课堂设计——以直线与平面垂直的判定为例 [J]. 中学数学（高中版），2019（7）：16—17.
[5] 张天月. 基于学生几何认知水平的教学设计研究——以"直线与平面垂直"为例 [D]. 大连：辽宁师范大学，2015.
[6] 沈中宇. 数学史融入立体几何教学的行动研究——以直线、平面为例 [D]. 上海：华东师范大学，2017.
[7] 司徒愿. 基于 APOS 理论的不等式概念的教学设计 [J]. 当代教育实践与教学研究，2019（14）：39—40.

（二）APOS 理论的四个阶段

1. 活动（或操作）阶段（Action）

该"活动"具有很大范围的含义，可以是动手操作、亲身试验等外在的某些具体的活动行为，也可以是学生大脑的具体思维活动，如猜想、回顾、推断等．

2. 过程阶段（Process）

通过把活动阶段的活动在大脑中反复地思考和叙述来不断地理解，直到凝练压缩为过程，尽可能地将概念本身的含义进行抽象化，一般将这个过程称为"活动"到"过程"．在这个阶段学生已经可以将概念本身想象成常见对象，思考方式也从感性认识上升为理性认识，并且能够对概念本身进行理解．

3. 对象阶段（Object）

在本阶段学生会对"过程"产生另一种理解，将"过程"看成一个整体，并对其进行一系列的操作．这个时候的"过程"便可以压缩和提炼为"对象"．对象阶段是对过程阶段的再一次升华与凝练，尽可能使其更加精细化，同时也可以将它看成学生进行更深层次的一种全新的操作活动．

4. 图式阶段（Scheme）

学生在经历了重复很多次的从活动到对象的过程后，通过整理合并相关知识和其他相关概念，在大脑中综合出一个结构图式．这种结构图式属于心理上的综合图式，有助于对所有与其相关的问题属不属于这样一个概念的图式的范围做出正确的判断[1]．在此阶段，学生需要更深层次地优化、整理概念本身的含义，这需要经过漫长的学习过程，不是一次从活动到对象的过程就可以实现的．

三、基于 APOS 理论的直线与平面垂直关系的教学设计

（一）教学任务分析

1. 教材分析

直线与平面垂直的判定这一节课被安排在了学习立体几何的初始阶段，要求学生通过感知和观察实例，归纳出线面垂直的定义．在教师的指导下，通过亲手操作和观察分析，亲身感受线面垂直的定义及判定定理的形成过程，感悟过程中所蕴含的思想和方法，并进一步总结出线面垂直的几种常用判定方法，通过课堂练习，加深学生对定理的理解，提高

---

[1] 朱巡. APOS 理论下高中数学概念教学研究［D］. 扬州：扬州大学，2019.

对定理的运用能力[1].

2. 学情分析

学生的认知基础大都是建立在日常生活中的所见所闻，除了对线面垂直的具体形象有所了解，线面垂直的定义、线面垂直的判定定理等对于学生来说都是十分陌生的，因此，学生想要学好本节内容是一项很大的挑战．从直线与平面垂直的直观形象中理解归纳出线面垂直的定义，以及从折纸实验中探究出线面垂直的判定定理并能够初步地使用定理，对于学生来说都是十分困难的．

3. 教学目标

（1）活动阶段目标

观察概括直线与平面垂直的定义，加深对定义的理解．

（2）过程阶段目标

明白线面垂直的定义既可以作为判定线面垂直的条件，也可以作为直线与平面垂直的性质来使用．

（3）对象阶段目标

通过折纸实验探究线面垂直的判定定理，培养学生锲而不舍、实事求是的研究精神和学习态度．

（4）图式阶段目标

通过反复练习，完成对线面垂直定义和判定定理的内化，形成综合心理图式．

4. 教学重难点

重点：理解直线与平面垂直的定义和判定定理．
难点：直线与平面垂直定义的生成，直线与平面垂直判定定理的建构[2]．

（二）APOS 理论下的教学过程设计

1. 活动阶段

类比线面平行，归纳直线与平面垂直的定义．

问题 1 前面学习的线面平行的定义和判定定理还记得吗？

活动 1 引导学生从线线平行与线面平行的关系中体会如何将直线与平面的关系转化为直线与直线的关系，通过线面平行的定义引出探究线面垂直可以仿照线面平行，将线面垂直转化为线线垂直．

设计意图：APOS 理论指出通过回顾和猜想，能够增强学生对直线与平面垂直的直观感知，利用线面平行来引出线面垂直，加上线面平行转化为线线平行，便于学生更好地理解线面垂直，并且为如何探究线面垂直的定义打下基础．

---

[1] 罗雅梅. 高中数学"直线与平面垂直的判定"教学设计 [J]. 数学教学研究，2018（3）：36－39.
[2] 郭虹兵.《直线与平面垂直的判定》的教学难点及教学设计 [J]. 数学教学通讯，2013（33）：9－11.

问题 2 在太阳照射下,旗杆 AB 在地面上形成一道影子 BC,请问旗杆 AB 与影子 BC 之间有什么关系?

问题 3 地面上任意一条不过点 B 的直线 $B'C'$ 与旗杆 AB 的位置关系又是什么呢?

活动 2 使用多媒体设备演示随着光照方向的不断改变,旗杆 AB 在地面上的影子变化的过程,观察和思考旗杆 AB 与这些影子之间的关系,总结得出旗杆 AB 所在直线与地面上的所有直线都是垂直的结论.

设计意图:APOS 理论指出,让学生亲自动手操作和实验有助于学生的思维方式从感性认识上升到理性认识.

定义:如果直线 l 与平面 α 内的任意一条直线都垂直,我们就说直线 l 与平面 α 互相垂直,记作 $l \perp \alpha$.直线 l 叫作平面 α 的垂线,平面 α 叫作直线 l 的垂面.直线与平面垂直时,它们唯一的公共点 P 叫作垂足[①].

2. 过程阶段

问题 4 请同学们思考以下两个命题:

(1) 如果一条直线垂直于一个平面内的无数条直线,那么这条直线与这个平面垂直.

(2) 如果一条直线垂直于一个平面,那么这条直线就垂直于这个平面内的任一直线.

活动 3 对于第一个命题,可以引导学生把课桌当作平面,把直角三角板的两条直角边当作两条相交的直线,把笔当作平面外一条直线,给学生充足的时间,让学生动手实验验证,然后教师使用木棒和直角三角板演示.

由第二个命题可以得出结论:$a \perp \alpha$,$b \subset \alpha$,$a \perp b$.这是判断直线与直线垂直的常用方法.

设计意图:APOS 理论指出,从"活动"到"过程"阶段,学生已经能够将概念本身具化为一般对象.让学生明白线面垂直的定义既可以用来判定直线与平面垂直,也可以作为直线与平面垂直的性质,并明确线面垂直和线线垂直之间是可以相互转化的.

3. 对象阶段

(1) 反思定义

问题 5 为了证明直线与平面的关系是垂直,是不是需要证明这条直线与平面内所有直线都垂直呢?

问题 6 如果不是,同学们能找出简便方法吗?能不能像直线与平面平行的判定定理那样,用平面外的一条直线与平面内的一条直线垂直来判定呢?引导学生思考,提出问题:如果已知平面外一条直线与这个平面内的两条相交直线都垂直,能不能证明直线与平面垂直?

设计意图:APOS 理论指出,在对象阶段可以看作学习的主体进行更深层次的全新的操作活动,要将空间问题转化为平面问题,关键在于如何构造基本的几何图形,以便于运用平面几何知识来解决.

[①] 刘绍学. 普通高中课程标准实验教科书数学必修 2 [M]. 北京:人民教育出版社,2007.

（2）实验探究

折纸实验：让学生拿出准备好的三角形纸片，将三角形纸片的三个顶点分别设为 A，B，C，将纸片翻折，得到一条折痕 AD，将翻折后的纸片竖立在课桌桌面上，让折叠后的三角形的两条底边 BC 和 CD 与桌面充分接触，然后仔细观察.

问题 7 通过折叠产生的折痕 AD 所在的直线与桌面能够垂直吗？如果折痕 AD 不与桌面垂直，那么应该怎样折叠才能使折痕与桌面是垂直的呢？如果折痕 $AD \perp BC$，翻转之后垂直关系不变，AD 与 CD，AD 与 BD 还是垂直关系吗？

活动 4 在折纸实验中，一般会出现两种情况，引导学生联系直线与平面垂直的定义，和同学讨论交流，分析折痕 AD 与桌面为什么会不垂直，探究使折痕 AD 与桌面垂直所需要的条件，讨论得出只要使折痕 AD 与三角形纸片底边 BC 垂直，即 $AD \perp BC$，折痕就会与桌面垂直. 最后教师用多媒体来演示，随着纸片张角的变化，折痕 AD 与两条底边 CD 和 BD 依然是垂直的，让学生观察总结出折痕 AD 垂直于桌面内任意一条直线，从而得出线面垂直的判定定理.

设计意图：让学生通过亲手操作折纸实验得出结论，符合 APOS 理论承上启下的作用.

（3）总结归纳

定理：平面外一条直线与这个平面内的两条相交直线都垂直，则该直线与此平面垂直[①].

符号语言表示为：$\left.\begin{array}{c} m \subset \alpha,\ n \subset \alpha,\ m \cap n = P \\ l \perp m,\ l \perp n \end{array}\right\} \Rightarrow l \perp \alpha.$

4. 图式阶段

例 1 在长方体 $ABCD-A_1B_1C_1D_1$ 中，与平面 $ABCD$ 垂直的直线有哪些？这些直线之间的位置关系又是如何呢？

例 2 已知 a，b 为平面 α 外的两条平行直线，其中直线 $a \perp \alpha$，求证：$b \perp \alpha$.

设计意图：APOS 理论指出，学生更深层次加工、整合和深化概念需要经历漫长的学习活动过程. 因此，通过例 1 和例 2 加深学生对直线与平面垂直的定义和判定定理的理解程度，加深印象.

例 3 在三棱锥 $V-ABC$ 中，$AB=BC$，$AV=CV$，点 K 是 AC 的中点，求证：$AC \perp$ 平面 VKB.

解：因为 $AV=CV$，$AB=BC$，所以 $\triangle AVC$，$\triangle ABC$ 都是等腰三角形，又因为点 K 是 AC 的中点，所以 $VK \perp AC$，$BK \perp AC$，又因为 $VK \cap BK = K$ 且 VK，$BK \subset \triangle VKB$，所以 $AC \perp$ 平面 VKB.

设计意图：考验学生对直线与平面垂直的判定定理的理解应用.

（三）课堂小结

问题 8 在学习了本节课的内容后，同学们学会了哪几种判断线面垂直的方法？

---

① 李建标. 《平面垂直的判定（一）》的教学设计 [J]. 数学教学通讯，2007（11）：27-32.

问题 9 通过本节课的学习，有什么收获与感想？

设计意图：鼓励学生对所研究的问题提出疑问，培养学生归纳、总结、反思的好习惯．

（四）课后作业

例 4 四边形 $ABCD$ 是平行四边形，连接对角线 AC 与 BD 相交于点 O，点 P 是平行四边形 $ABCD$ 所在平面外一点，且 $PB=PD$，$PA=PC$，求证：PO 垂直于平行四边形 $ABCD$．

例 5 在三棱锥 $P-ABC$ 中，$PA\perp$ 平面 ABC，$\angle ACB=90°$，请写出三棱锥 $P-ABC$ 中所有的直角三角形．

设计意图：通过对习题的仔细解读，巩固本节所学的定义与定理，加深印象，让学生形成牢固的综合图式．

（五）教学反思

（1）创设合理的问题情境是优秀教学的开端．合理的问题情境能够使课堂教学氛围变得生动、自然，让学生认识到学习数学并不是枯燥无味的．通过众多生动的生活图片和实例、活泼有趣的数学折纸实验，使学生感受到数学的趣味，不再对学习数学有抵抗心理，愿意主动参与到课堂学习中来．

（2）改变课堂教学方式和改良学生学习方法是新课程标准的重要理念，这对教师有更高的要求，要让学生在习得数学知识的同时，使学生的各种能力包括思维能力、观察能力、转化思想和主观能动性等方面都得到进步和发展．

四、基于 APOS 理论的直线与平面垂直关系的教学效果分析

APOS 理论认为，只有通过反复操作才能内化数学概念，通过不断的反思才能形成概念过程，最后概念过程凝聚成概念对象．特定的数学专题往往涉及许多的操作、对象和过程，通过反复的操作来进行组织和协调，进而形成图式框架，即 APOS 理论所说的综合心理图式阶段．这种综合心理图式可以让学生在实际的数学问题情境中灵活使用所需的思维方式，真正提高学生的自主学习能力、创新思维能力、主动分析问题和解决问题的能力[1]．

立体几何是高中数学教学中的重要内容，APOS 理论指导下的立体几何教学符合学生的认知水平和心理发展特点，有助于提高教学质量，帮助学生更好地学习和掌握几何内容[2]．

这是采用传统教学案例与教学方法不能达到的程度．APOS 理论充分体现了数学概念学习过程与学习对象的统一，反映了学生对数学概念的认知过程，能够使课堂教学效率得到提高，同时提高学生解决问题的能力，使学生能够更好地理解、掌握新知识，并且能够

---

[1] 曾玉祥. APOS 理论在高等数学概念探究式教学中的作用 [J]. 教育探索，2013 (5)：42-43.
[2] 南迪. APOS 理论指导下的数学几何概念教学 [J]. 智库时代，2019 (3)：222-223.

灵活地应用，让学生建立更加牢固的知识体系.

第四节　探其成因，究其本质——妙寻外接球专题教学[①]

关于空间几何体外接球问题仅在高中教材人教 A 版必修 2 "空间几何体的结构特征"中有所体现，其中包括特殊空间几何体的结构认识及其结构基本量计算. 因此，学生在面对此类题目时易产生对问题本质理解不清晰、直观想象能力差等问题，进而产生畏难情绪. 依据波利亚的四个解题步骤，引发问题思考，其中基于问题的学习可让学生逐步确定他们为解决问题需要学习什么知识以及怎样提出解决策略[②]. 针对此类问题，可先引导学生从以下几个方面思考：空间几何体的外接球的定义是什么？球面是由什么特殊结构组成的？该组成成分与空间几何体外接球球心之间存在不变的关系吗？通过一系列问题推进思考，引导学生利用特殊化思想思考问题成因，感知不同空间几何体结构形成外接球体过程中的特殊因素，进而具有方向性地将此类问题进行转化.

一、特殊化——降维法

平面图形是空间图形的简单形式，球体是由无限个圆面组成的，充分利用球体中截面圆的特殊要素作用，抽象出截面圆圆心与空间几何体外接球球心连线垂直于截面圆以及截面圆圆心向球心移动过程中该点到截面圆圆弧上各点的距离保持不变的性质（如图 2.55 所示），想象以截面圆为桥梁，搭建空间几何体与截面圆之间的联系，直观得出空间几何体中特殊平面图形外接圆圆心可生成外接球球心的现象.

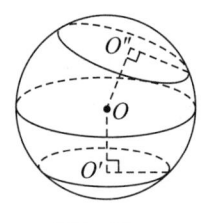

图 2.55

（一）感知思想

从结构良好的例题出发，在对题目的理解中发掘已知数据条件，尝试借助空间几何体与外接球球体中的共同特殊因素——截面圆，演绎推理出空间几何体中特殊平面图形的外接圆圆心可沿垂直于外接圆圆面方向生成外接球球心；再建立体现关键要素的空间截面直观图形去简化空间几何运算维度、空间复杂度，进而量化球半径，从中感知利用降维法思想构造空间几何体外接球的充足理由性和适用性，在此阶段完成初级学习目标.

例 1　如图 2.56 所示，在边长为 4 的正方形纸片 $ABCD$ 中，AC 与 BD 相交于点 O，剪去 $\triangle AOB$，将剩余的部分沿 OC，OD 折叠，使 OA，OB 重合，则以 $A(B)$，C，D，O 为顶点的四面体的外接球的表面积为_____.

[①] 作者：田甜、徐小琴. 本节内容刊登在《中学数学研究》2021 年第 4 期.

[②] 冯锐，缪茜惠. 探究性高效学习的意义、方法和实施途径——对话美国斯坦福大学 Linda Darling-Hammond 教授 [J]. 全球教育展望，2009 (10)：5−8，17.

图 2.56　　　　　　　　图 2.57　　　　　　　　图 2.58

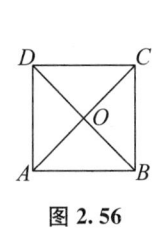

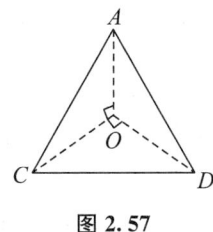

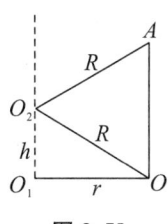

分析：此平面图经翻折后形成三棱锥 $A-OCD$（如图 2.57 所示），借助三棱锥 $A-OCD$ 中特殊平面 OCD 的外心 O_1，将外心 O_1 沿垂直于平面 OCD 的方向移动（如图 2.58 所示），使其能满足到三棱锥 $A-OCD$ 中所有顶点距离相等的一般性来生成球心 O_2，抓住外接球球心 O_2 到其中任意一个特殊点（C，O，D）的距离与到一般点（A）的距离相同来进一步量化，建立关于球半径的关系等式.

解：因为 $\triangle OCD$ 为等腰直角三角形，其斜边上的中点 O_1 为外心，外接圆半径 $r=O_1O=\dfrac{1}{2}CD$，利用平面 AO_2O 量化 $O_2O=O_2A$ 构造外接球球心 O_2，建立关于球半径的关系等式 $R=\sqrt{h^2+r^2}=\sqrt{(AO-h)^2+r^2}$，解得 $R=\sqrt{6}$，则 $S=4\pi R^2=24\pi$.

例 2　如图 2.59 所示，$ABCD-A_1B_1C_1D_1$ 是棱长为 1 的正方体，$S-ABCD$ 是高为 1 的正四棱锥，若点 S，A_1，B_1，C_1，D_1 在同一个球面上，则该球体的表面积为_____.

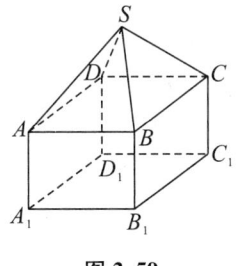

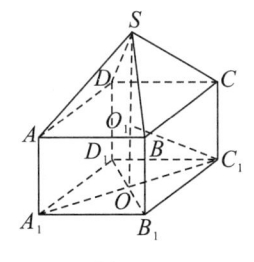

图 2.59　　　　　　　　图 2.60

分析：该空间几何体为正方体与正四棱锥的组合，但几何体的外接球可看作 $S-A_1B_1C_1D_1$ 的外接球，借助特殊元素正方形 $A_1B_1C_1D_1$ 的外接圆圆心，使用相同策略来移动截面圆圆心生成 $S-A_1B_1C_1D_1$ 外接球球心并建立球半径等量关系.

解：如图 2.60 所示，四边形 $A_1B_1C_1D_1$ 的外接圆半径 $r=\dfrac{1}{2}\sqrt{(A_1B_1)^2+(A_1D_1)^2}=\dfrac{\sqrt{2}}{2}$，移动截面圆圆心，使其满足到特殊点 C_1 和一般点 S 距离相同，即 $O_1S=O_1C_1$. 在平面 SAA_1C_1C 中，$R=\sqrt{h^2+r^2}=\sqrt{(SO-h)^2}$，解得 $R=\dfrac{9}{8}$，所以球体的表面积 $S=4\pi R^2=\dfrac{81}{16}\pi$.

（二）回顾策略

要及时思考题目中的困难之处及辅助转化的特殊元素起的作用，尝试去了解题目中怎样的叙述条件产生了怎样的阻碍，最后又是借助什么来化解阻碍，为什么它能起作用？能在别的什么题目中利用这个结果或这种方法吗?[①] 教学中及时针对不同阶段、类型的题目特征、解题思路、解题步骤进行回顾,辨认出题目中信息的特征,发现题目本身的相关现象,让学生有机会、有意识去反思解题过程中的解题关键、注意事项、数学方法、数学思想、数学结果等,直观呈现问题本质[②]. 针对降维思想方法,投射到以上题目类型特征上,可引导学生进行如下回顾思考:

(1) 你能归纳出例1、例2中利用降维法来构造外接球球心并求解出外接球半径的解题步骤吗?

(2) 空间几何体具有怎样的"关键特征"才能利用降维法策略来构造外接球球心?

(3) 你是如何简化画出该空间几何体的图形的?其中哪些是画图中的关键要素?画出简化后的图形对你的解题提供了怎样的帮助作用?

(4) 你是选取空间几何体中怎样的图形来构造截面圆的?它们为解题中的哪些方面提供了怎样的帮助作用?

(三) 巧用思想

将结构简单向结构复杂的空间几何体外接球例题过渡,观察空间几何体的显性特征,调用解题策略与联系旧认知,识别新特征,发掘新题目中隐性特征的条件转化,发现并提出新问题,反思转化过程,创造出更具有层次性的想象与解题策略,经历一个由初级学习到高级学习的过程.

例 3 在三棱锥 $A-BCD$ 中,$\triangle BCD$ 是边长为 3 的等边三角形,$AB=\sqrt{3}$,$AC=2\sqrt{3}$,二面角 $A-BC-D$ 的大小为 $120°$,则此三棱锥外接球的表面积为_____.

分析:方法 1 如图 2.61 所示,在三棱锥 $A-BCD$ 中构建外接球,调用原策略以等边三角形 BCD 来构造球体中的截面圆,再利用已知信息点二面角 $A-BC-D$ 为 $120°$ 以及棱长长度,提取平面 AFO_1O 与平面 OO_1D 来建立并量化三维球心 O 与二维圆心 O_1 之间的位置关系等式.

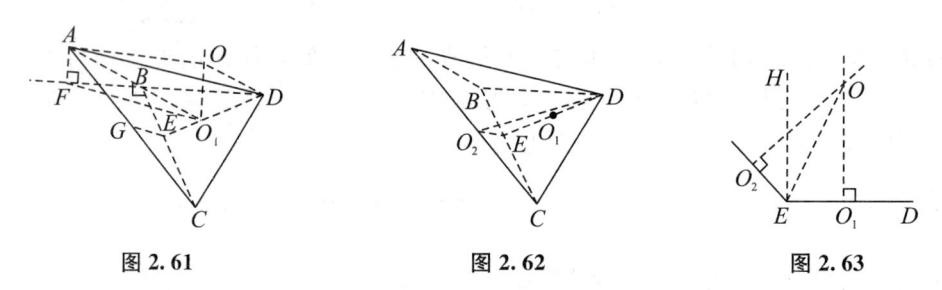

图 2.61 图 2.62 图 2.63

方法 2 如图 2.62、图 2.63 所示,$\triangle ABC$ 为特殊的直角三角形,其截面圆圆心为 AC 的中点 O_2,使用两次原解题策略,所以过球心 O 的线段 OO_1,OO_2 垂直于平面 BCD,平面 ABC,取 BC 的中点 E,连接 EO_2,由中位线定理得 $EO_2 \perp BC$,且 $ED \perp BC$,则与信息点二面角 $A-BC-D$ 为 $120°$ 接洽,提取平面 DO_2E 建立并量化球心 O 与圆心 O_1,O_2 之间的位置关系等式.

[①] 波利亚. 怎样解题:数学教学法的新面貌 [M]. 涂泓,冯承天,译. 上海:上海科技教育出版社,2002.
[②] 王新民. 数学学习设计概论 [M]. 北京:高等教育出版社,2018.

解：方法 1 如图 2.61 所示，$\triangle BCD$ 的外接圆半径 r：$2r=\dfrac{BC}{\sin 60°}$，$r=\sqrt{3}$．取 BC，AC 的中点 E，G，连接 EG．由勾股定理得 $AB\perp BC$，因为二面角 $A-BC-D$ 为 $120°$，则 $\angle GED=120°$，取 A 在平面 BCD 的投影点为点 F，则 $BF=AB\cos 60°=\dfrac{\sqrt{3}}{2}$，$AF=AB\sin 60°=\dfrac{3}{2}$．在 $\triangle FBO_1$ 中，$\cos\angle FBO_1=\dfrac{BF^2+r^2-FO_1^2}{2BF\cdot BO_1}$，得 $FO_1^2=\dfrac{21}{4}$，又因为 $OA=OD$，则 $R^2=r^2+OO_1^2=FO_1^2+(OO_1-AF)^2$，得 $OO_1=\dfrac{3}{2}$，$R^2=\dfrac{21}{4}$，$S_O=4\pi R^2=21\pi$.

方法 2 如图 2.62 所示，因为 $\triangle BCD$ 是等边三角形，则 $ED\perp BC$ 且点 E 为 BC 的中点，由中位线定理得 $EO_2\perp BC$，二面角 $A-BC-D$ 为 $120°$，则 $\angle O_2EO_1=120°$，在平面 O_2ED 中，$O_2E=\dfrac{1}{2}AB=EO_1=\dfrac{BC}{2\sin 60°}=\dfrac{\sqrt{3}}{2}$，则 $\triangle O_1EO\cong\triangle O_2EO$，则 $OO_1=O_1E\tan 60°=\dfrac{3}{2}$，所以外接球的半径 $R=\sqrt{r^2+OO_1^2}=\dfrac{\sqrt{21}}{2}$，即 $S_O=4\pi R^2=21\pi$．（如果 $O_2E\neq EO_1$，则可分别以 $\overrightarrow{ED}$，$\overrightarrow{EH}$ 为 x 轴、y 轴建立直角坐标系，利用 OO_2 直线方程，代入点 O_1 横坐标，求得点 O 坐标，即得外接球半径的长度.）

例 4 已知三棱锥 $S-ABC$ 中 $\triangle ABC$ 是边长为 1 的正三角形，SC 为球的直径，且三棱锥 $S-ABC$ 的体积为 $\dfrac{\sqrt{2}}{6}$，则三棱锥 $S-ABC$ 外接球的体积为 _____．

分析：方法 1 如图 2.64 所示，与上述题型的不同点为提供了三棱锥 $S-ABC$ 的体积，外接球球心 O 已被定位在 SC 的中点，但仍然需要求解的是球半径，调用原有解题策略，思考 $S-ABC$ 的体积与球心 O 的结合形式，特殊图形正三角形 ABC 的截面圆圆心 O_1 与球心 O 的连线垂直于 $\triangle ABC$，再结合 SC 为 OC 的 2 倍来量化三棱锥 $S-ABC$ 的体积，进而求解球半径以及外接球的体积．

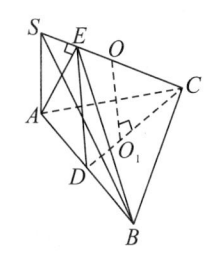

图 2.64

方法 2 以量化三棱锥 $S-ABC$ 的体积为首要思考，例如，常规以 $\triangle ABC$ 为底，对应的高无法量化，想象以 $S-ABC$ 的某棱长为高，寻求中间所垂直截面为底；由直径所对应的圆周角为直角，得 $\angle SBC=\angle SAC=90°$，则 $\triangle SBC\cong\triangle SAC$，尝试以 SC 为高构造底面 $\triangle AED$，则 $SC\perp\triangle AED$，同时在 $\triangle SAC$，$\triangle SAB$ 中利用面积一步步量化 AE，DE，$S_{\triangle AEB}$，最终将其代入三棱锥体积公式可得球半径．

解：方法 1 $\triangle ABC$ 外接圆半径为 r，由 $2r=\dfrac{AB}{\sin 60°}$，得 $r=\dfrac{\sqrt{3}}{3}$．因为 $OO_1\perp\triangle ABC$，由勾股定理得 $OO_1=\sqrt{OC^2-O_1C^2}=\sqrt{R^2-\dfrac{1}{3}}$．又因为点 O 为 SC 的中点，则 $S-ABC$ 中平面 ABC 上的高为 2 倍 OO_1，所以 $V_{S-ABC}=\dfrac{1}{3}\cdot\dfrac{1}{2}AB\cdot BC\sin 60°\cdot 2OO_1=\dfrac{\sqrt{2}}{6}$，解得 $R=1$，$V_O=\dfrac{4}{3}\pi R^3=\dfrac{4}{3}\pi$．

方法 2 因为 SC 为球的直径，$AC=CB$，则 $\triangle SBC\cong\triangle SAC$．在 SC 上作过点 A 的

垂线交于点 E，则 $BE \perp SC$，即 $SC \perp \triangle AEB$. 在 $\triangle SAC$ 中，$S_{\triangle SAC} = \frac{1}{2} SA \cdot AC = \frac{1}{2} SC \cdot AE$，得 $AE = \frac{\sqrt{4R^2-1}}{2R}$. 在 $\triangle AED$ 中，$DE = \sqrt{AE^2 - AD^2} = \frac{\sqrt{3R^2-1}}{2R}$. 所以 $V_{S-ABC} = \frac{\sqrt{2}}{6}$，解得 $R = 1$，$V_O = \frac{4}{3}\pi R^3 = \frac{4}{3}\pi$.

例 5 四面体 $ABCD$ 满足 $AB = CD = \sqrt{6}$，$AC = AD = BC = BD = 2$，则四面体 $ABCD$ 的外接球的表面积为_____.

分析：四面体 $ABCD$ 中已知信息点均为棱长；若采用原策略，以外表面的等腰三角形来构造截面圆，因无法定位该平面相对的顶点在该等腰三角形上的投影点以及利用其他辅助因素，则无法建立球心与圆心之间的等式关系；联系到等腰三角形的性质，连接 AE，BE，利用 CD，AB 的中点 E，F 沿着垂直于其线段的直线运动，建立关于球心 O 的定位关系等式：$OB = OD$，进而解出外接球的半径. 其实质是球体中球弦线的中点与球心连线垂直于该球弦线.

解：如图 2.65 所示，取 CD 的中点 E，取 AB 的中点 F，连接 BE，AE，因为四面体 $ABCD$ 每个面都是等腰三角形，所以 $AE \perp CD$，$BE \perp CD$，$AE = BE = \sqrt{AC^2 - EC^2} = \frac{\sqrt{10}}{2}$，$AB \perp EF$，则 $CD \perp \triangle ABE$，即 $CD \perp EF$，$EF = \sqrt{AE^2 - AF^2} = 1$. 因为 $OB = OD$，所以 $R = \sqrt{OE^2 + DE^2} = \sqrt{BF^2 + (EF-OE)^2}$，$R = \frac{\sqrt{7}}{2}$，则 $S_O = 4\pi R^2 = 7\pi$.

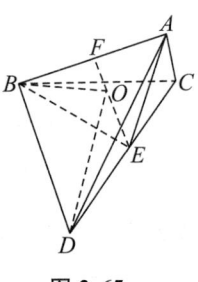

图 2.65

（四）更新策略

回顾空间几何体复杂结构加深的例题破解过程，让学生去发现、思考、创造与改进简单结构例题的解题策略，收获深层次的经验策略；通过对比不同题目之间的信息点特征，明晰解题过程中针对题目中不同现象是如何运用性质、如何连接构造策略、如何简化问题背景的，其达到的目的又是什么，其中什么方法或性质是问题考查的本质以及辅助因素的作用，形成连接性更强的网状认知结构. 在逐步更新外接球解题策略中需思考以下问题：

(1) 利用构造截面圆解决外接球问题时，构造多个截面圆与构造一个截面圆在解题方法上有区别吗？当构造多个截面圆时，问题解决的步骤会发生什么变化？

(2) 回顾例 5，无法构造截面圆，是通过空间中怎样的辅助因素推进问题解决的呢？

(3) 圆作为球体的特殊结构，当圆中的性质类比到球体时，呈现出怎样的表现形式？

(4) 利用降维法来解决不同特征空间几何体外接球问题的基本思想与一般方法是什么？

二、填补模型法

数学模型的应用是对高中数学知识实现深层次、特征板块理解的一个重要方式，可促进构造模型的数学核心素养能力的提升. 投射到具有特殊线面结构的空间几何体,可由简单的空间几何体构造出来,以它的特殊成因为辅助因素可将具有一定性质特征的空间几何体填补成新空间几何体,利用新旧空间几何体的球心位置、球半径不变的性质将问题化归求解.

例 6 正三棱锥 $S-ABC$ 中,点 M,N 分别是棱 SB,BC 的中点,且 $AM \perp MN$,若侧棱 $SA = 2\sqrt{3}$,则正三棱锥 $S-ABC$ 外接球的表面积为 _____.

分析:利用题目中正三棱锥 $S-ABC$ 中等腰三角形的三线合一性质,推理可得 $S-ABC$ 中对棱是相互垂直的;再由条件 $AM \perp MN$,利用中位线定理转化到 $SC \perp AM$,即可由直线与平面垂直的判定定理推理出 $SC \perp \triangle SAB$,即 $SC \perp SA$,$SC \perp SB$,可联想到空间直角坐标系,将其转化为其原体模型长方体.

解:如图 2.66 所示,取 AB 的中点 D,连接 SD,CD,因为 $S-ABC$ 为正三棱锥,则 $SA = SB = SC$,$AB = BC = CA = 2\sqrt{3}$,所以 $SD \perp AB$,$CD \perp AB$,因此 $AB \perp \triangle SDC$,则 $AB \perp SC$. 点 M,N 分别是棱 SB,BC 的中点,且 $AM \perp MN$,由中位线定理得 $SC \perp AM$,所以 $SC \perp$ 平面 SAB,即 $SC \perp SA$,$SC \perp SB$. 如图 2.67 所示,可将三棱锥 $S-ABC$ 填补成以 SB,SC,SA 为长、宽、高的长方体,则球半径 $R = \frac{1}{2}\sqrt{SA^2 + SC^2 + SB^2} = 3$,故 $S = 4\pi R^2 = 36\pi$.

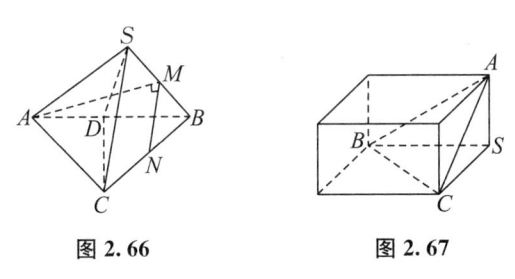

图 2.66　　图 2.67

例 7 三棱锥 $S-ABC$ 中,$SA = BC = \sqrt{13}$,$SB = AC = \sqrt{5}$,$SC = AB = \sqrt{10}$,则三棱锥的外接球的体积为 _____.

分析:分析可得三棱锥 $S-ABC$ 的结构特征为对棱相等,此特殊空间几何体的产生是利用长方体中三个不同外表面的对角线连接来切割长方体形成的,因此 $S-ABC$ 的外接球就相当于该长方体的外接球.

解:如图 2.68 所示,将三棱锥 $S-ABC$ 补成长方体,设长方体的长为 a,宽为 b,高为 c. 由几何关系得 $\sqrt{a^2 + b^2} = AB = \sqrt{10}$,$\sqrt{a^2 + c^2} = AS = \sqrt{13}$,$\sqrt{b^2 + c^2} = BS = \sqrt{5}$,则 $a = 3$,$b = 1$,$c = 2$. 外接球的半径 $R = \sqrt{a^2 + b^2 + c^2} = \sqrt{14}$,$V_O = \frac{4}{3}\pi R^3 = \frac{56\sqrt{14}}{3}\pi$.

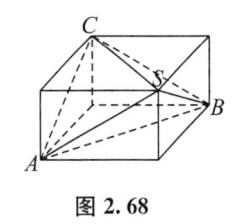

图 2.68

回顾反思:对部分特殊空间几何体引入填补模型法构造外接球可弥补在降维法中难寻截面圆以及球弦线的局限,能拓宽处理特殊几何体的认知范围,讨论空间几何体外接球的不同解题方向,生成模型解题策略. 培养主动去理解并整合特殊几何体的形成、点线面之间的性质的能力,建立更强、更丰富的知识体系,积累更多的知识经验,在以后解题过程中起引导作用. 针对以上外接球例题的思考如下:

（1）空间几何体具有怎样的"关键特征"来利用策略填补模型法间接求解问题？

（2）填补模型法相对于降维法解决空间几何体的外接球问题的解题策略有何不同？它们各自的优势与劣势是什么？

（3）利用填补模型法来构造具有相应特征的空间几何体外接球体现了怎样的思路转化、数学思想？它们为解题中的哪些方面提供了怎样的帮助作用？

三、动态综合应用

动态空间几何体外接球是指空间几何体在变化过程中形成大小不变的外接球问题．观察几何体在变化过程中变与不变的现象，探寻出不变量与所需对象蕴含的不变关系，变化量在变化过程中与题中关键要素之间的变化规律，再利用相应约束条件，推导出特值或区间条件下的目标值．

例8 点 A，B，C，D 在同一球面上，$AB=BC=1$，$\angle ABC=120°$，若四面体 $ABCD$ 的体积的最大值为 $\dfrac{\sqrt{3}}{4}$，则这个球的表面积为_____．

分析：如图 2.69 所示，四面体 $ABCD$ 外接球球心 O 与以 $\triangle ABC$ 构造的截面圆圆心 O_1 的连线 OO_1 垂直于 $\triangle ABC$ 是不变的，点 D 是变化的，即四面体 $ABCD$ 的高在变化，如图 2.70 所示，利用球体中圆面的对称性、等效性，提取过特殊点 B，O_1，O 的截面圆来追踪点 D 的运动规律，则点 D 在圆（球）面的上顶点处可取最值，即四面体 $ABCD$ 固定，再调用原策略，可求出外接球的表面积．

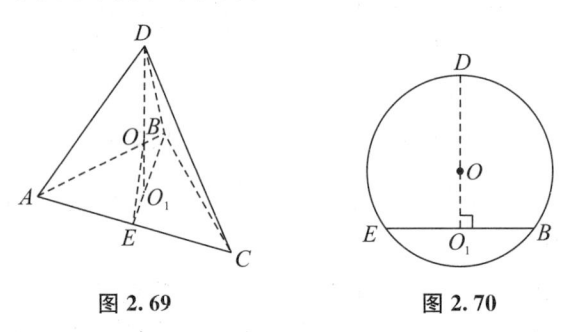

图 2.69　　图 2.70

解：$\triangle ABC$ 的外接圆半径 $r=\dfrac{AB}{2\sin\angle ACB}=1$，点 D 在球面上顶点处可得到高的最大值，又因为 $DO_1\perp\triangle ABC$，所以 $V_{ABCD}=\dfrac{1}{3}\cdot S_{\triangle ABC}\cdot O_1D=\dfrac{\sqrt{3}}{4}$，其中 $O_1D=R+\sqrt{R^2-r^2}$，得 $R=\dfrac{5}{3}$，则外接球的表面积 $S_O=4\pi R^2=\dfrac{100\pi}{9}$．

回顾反思：回顾探究外接球与动态空间几何体所隐含的不变性质关系的过程，探索变化过程中形成对应关系的过程，搭建不变量与变化量、未知量与已知量桥梁的过程等，针对动态问题的阻碍生成解题策略．针对以上例题的思考如下：

（1）动态空间几何体求外接球的解题步骤与利用以上原策略求外接球的解题步骤之间有何异同？

（2）如何发掘出例 8 中的不变量与变量呢？它们在题目中起着怎样的辅助作用呢？

（3）归纳出处理动态空间几何体外接球问题可采用的思路，与前面静态空间几何体的解题中运用的数学方法、思想的相同点与不同点是什么？

利用带"空间特征"的解题策略板块，推进元认知教学的模式，在元认知提示语下逐步激活和提取不同空间几何体外接球问题情境下对应的策略和对经验的敏感性，同时整个学习过程是由自己建构形成的，其中生成的解题策略、经验具有很强的迁移性，能迁移到具有公共特征的认知活动之中[①]，最终发展学生"一般地看"空间几何体外接球这类问题，即形成球体与空间几何体组合类问题的本质直观，这样学生不但生成了针对不同特征空间几何体的外接球问题的解题方法、思想，更为重要的是还生成了处理空间几何体相应"特征"的明晰性解题事实.

第五节　用几何法解决三种空间所成角的问题[②]

一、异面直线所成的角

考点回顾：如图 2.71 所示，两条异面直线 a，b，经过空间任一点 O 作直线 $a'//a$，$b'//b$，我们把 a' 与 b' 所成的锐角（或直角）叫作异面直线 a 与 b 所成的角（或夹角）[③]. 通常为了简便，点 O 取在两条异面直线中的一条直线上. 例如取在直线 b 上，然后经过点 O 作直线 $a'//a$，a' 和 b 所成的锐角（或直角）就是异面直线 a 与 b 所成的角.

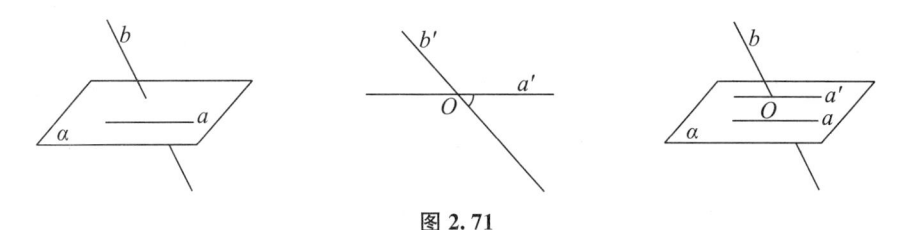

图 2.71

评注：使用几何法研究异面直线所成的角，就是通过平移异面直线，使异面直线所成的角转化为相交直线所成的角. 即把空间图形问题转化为平面图形问题，利用三角形中的长度与角度解决问题.

通常平移异面直线其中一条直线与另一条直线相交于一特殊点，这一特殊点一般为线段的中点或者端点. 当该特殊点为线段的中点时，我们可以在该线段的中点所在的相邻线段找出一个线段的中点，这两条相交线段可以确定一个平面，并且通过两个中点我们可以想到三角形中位线定理，从而确定一对平行线段，这时候我们便可以将异面直线的其中一条利用平行关系转化为与异面直线的另一条直线在同一平面上的两相交直线. 最后利用在同一个平面上的特殊关系，找出其所成的角，即该角就是异面直线所成的角.

[①] 涂荣豹. 数学解题学习中的元认知 [J]. 数学教育学报，2002（4）：6—11.
[②] 作者：邓佩轩、左静文、吉莹君.
[③] 刘绍学. 普通高中课程标准实验教科书数学必修 2 [M]. 北京：人民教育出版社，2007.

例1 如图2.72所示，点 E，F 分别是三棱锥 $P-ABC$ 的棱 AP，BC 的中点，$PC=8$，$AB=6$，$EF=5$，则异面直线 AB 与 PC 所成的角为_____.

分析：根据异面直线所成的角的定义，需要通过平移异面直线 AB 与 PC 转化为相应的相交直线，把问题转化为求相交直线所成的角. 观察图中位置关系以及两个特殊点(中点) E 和 F，可以得知只要在 PB 上找一中点 G，分别把直线 AB，PC 移到各自所处三角形的中位线处，即直线 EG 与直线 GF. 所以异面直线 AB 与 PC 所成的角就转化为相交直线 EG 与 GF 所成的角，即求 $\angle EGF$ 的大小.

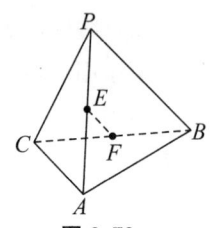

图2.72

解：取 PB 的中点 G，连接 GE，GF，由于点 E，F 分别是 AP，BC 的中点，$PC=8$，$AB=6$，所以 $GE/\!/AB$，$GF/\!/PC$，$GE=3$，$GF=4$，所以异面直线 AB 与 PC 所成的角即为 $\angle EGF$. 在 $\triangle EFG$ 中，满足 $GE^2+GF^2=EF^2$，所以 $\angle EGF=90°$，即异面直线 AB 与 PC 所成的角为 $90°$.

例2 如图2.73所示，已知正四棱锥 $P-ABCD$ 中，$PA=AB=2$，点 E，F 分别是 PB，PC 的中点，求异面直线 AE 与 BF 所成的角的余弦值.

分析：根据异面直线所成的角的定义，需要通过平移异面直线 AE 与 BF 转化为相应的相交直线，把问题转化为求相交直线所成的角. 利用正四棱锥 $P-ABCD$ 的底面 $ABCD$ 是一个正方形，且点 E，F 分别是 PB，PC 的中点，构造平行四边形 $AEFG$，继而得到 $AE/\!/GF$. 所以异面直线 AE 与 BF 所成的角转化为相交直线 GF 与 FB 所成的角，求 $\angle GFB$ 的大小.

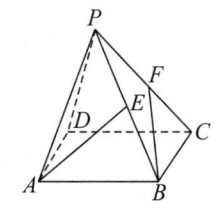

图2.73

解：取 AD 上的中点 G，连接 EF，FG. 因为 $P-ABCD$ 是正四棱锥，所以底面 $ABCD$ 是一个正方形且四个侧面为全等的等腰三角形，所以 $AD/\!/BC$，且 $AD=BC$. 又因为点 E，F 分别是 PB，PC 的中点，所以 $EF/\!/BC$，且 $EF=\frac{1}{2}BC$. 又因为 $AG=\frac{1}{2}AD$，所以四边形 $AEFG$ 为平行四边形，即得 $AE/\!/GF$. 因为 $\angle GFB$ 为异面直线所成的角，所以 $PA=AB=2$，且侧面的三角形为等腰三角形，所以 $AE=BF=\sqrt{3}$，$BG=\sqrt{5}$，即 $\cos\angle GFB=\dfrac{GF^2+FB^2-BG^2}{2\cdot GF\cdot FB}=\dfrac{1}{6}$.

二、直线与平面所成的角

考点回顾：如图2.74所示，一条直线 PA 和一个平面 α 相交，但不和这个平面垂直，这条直线叫作这个平面的斜线，斜线和平面的交点 A 叫作斜足. 过斜线上斜足以外的一点向平面引垂线 PO，过垂足 O 和斜足 A 的直线 AO 叫作斜线在这个平面上的射影. 平面的一条斜线和它在平面上的射影所成的锐角，叫作这条直线和这个平面所成的角.

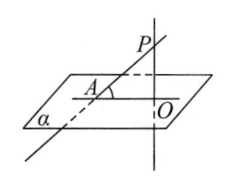

图2.74

评注：求直线与平面所成的角这类问题用几何法求解，应作出斜线在平面内的射影，然后解直角三角形即可．具体的步骤如下：

步骤一："作"．作出直线在平面内的射影．过直线上任意一点（通常取直线上的特殊点，如线段端点）作直线的垂线，连接垂足和斜足，构造射影．

"作"重要的思维方式："作"平面的垂线时通常不直接作平面的垂线，而通过作平面内的某一条直线的垂线并证明其垂直于平面．过点 P 作平面 α 的垂线，首先找出或作出过点 P 且垂直于已知平面 α 的平面 β 并确定两平面的交线，再过点 P 作交线的垂线．

步骤二：证明直线垂直于平面得到射影．

步骤三：计算，解直角三角形，求出角的三角函数值．

例 3 如图 2.75 所示，两个直角三角形 ABC 和 BCD 所在平面垂直，$\angle ABC = \angle BCD = 30°$，$\angle ACB = \angle CBD = 60°$，$BC = 2$，求下列线面角的正弦值：

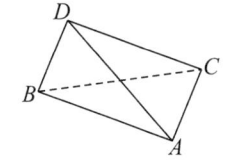

(1) AD 与平面 ABC；

(2) BD 与平面 ACD．

图 2.75

分析：(1) 根据直线与平面所成的角的定义，首先可以看出 AD 和平面 ABC 相交，但不和这个平面垂直，然后过点 D 作出 DF 垂直于平面 ABC，并且通过观察图形，可以看出其所成的角是锐角，我们需要求 AD 与平面 ABC 所成的角的正弦值，就是求 $\angle DAF$ 的正弦值．

(2) 本小题难以直接作出 BD 在平面 ACD 内的射影，但只要求出点 B 到平面 ACD 的距离 d，即可以首先使用体积变换法求出 d，然后使用余弦定理求得．

解：(1) 如图 2.76 所示，可知 $DF \perp \triangle ABC$，则 $\angle DAF$ 是 AD 与平面 ABC 所成的角，$\sin \angle DAF = \dfrac{DF}{AD} = \dfrac{\sqrt{30}}{10}$．

(2) 过点 D 作平面 ACD 的垂线 DE，垂足为点 D，B 在 ED 上的投影点为 E．设 $BE = d$，那么 BD 与平面 ACD 所成的角 φ 满足 $\sin \varphi = \dfrac{d}{BD}$．下面用体积变换法求出 d．

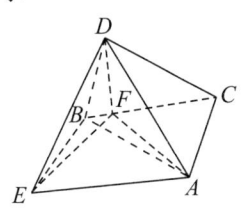

图 2.76

由 $V_{B-ACD} = V_{D-ABC}$，有 $\dfrac{1}{3} S_{\triangle ACD} \cdot d = \dfrac{1}{3} S_{\triangle ABC} \cdot DF$，对于 $\triangle ACD$，由三边分别为 1，$\sqrt{3}$，$\dfrac{\sqrt{10}}{2}$，利用余弦定理，可求得 $\cos C = \dfrac{3}{4} \Rightarrow \sin C = \dfrac{\sqrt{13}}{4} \Rightarrow S_{\triangle ACD} = \dfrac{1}{2} AC \cdot CD \cdot \sin C = \dfrac{\sqrt{39}}{8}$．

又 $S_{\triangle ABC} = \dfrac{\sqrt{3}}{2}$，$DF = \dfrac{\sqrt{3}}{2}$，从而求得 $d = \dfrac{2\sqrt{39}}{13}$．所以 $\sin \varphi = \dfrac{d}{BD} = \dfrac{2\sqrt{39}}{13}$．

例 4 如图 2.77 所示，若点 E，F 分别为正方体 $ABCD-A'B'C'D'$ 的棱 $A'B'$，CD 的中点，求 BD 与平面 $AEC'F$ 所成的角的大小．

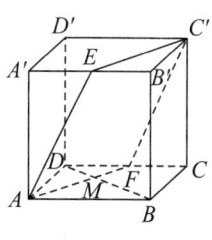

图 2.77

分析：根据直线与平面所成的角的定义，求 BD 与平面 $AEC'F$

所成的角的大小，需要想办法构造出一个直角三角形，使得 BD 与平面 $AEC'F$ 所成的角包含其中. 想要构建一个直角三角形，首先需要弄清楚所存在的各边的取值，然后找到过点 B 垂直于平面 $AEC'F$ 的所在线段，则可以构成直角三角形，从而求得 BD 与平面 $AEC'F$ 所成的角的大小.

解：因为 $ABCD-A'B'C'D'$ 是正方体，且点 E，F 分别是棱 $A'B'$，CD 的中点，可证明 AE 平行且等于 $C'F$. 又因为四边形 $AEC'F$ 是平行四边形，设 AF 交 BD 于点 M，则点 M 为三等分点，且 BM 为平面 $AEC'F$ 的斜线，设正方体的棱长为 $2a$，则 $BM = \frac{2}{3}BD = \frac{2}{3} \cdot 2\sqrt{2}a = \frac{4\sqrt{2}}{3}a$.

连接 EF，AC'，设 EF 交 AC' 于点 O，则 $EF = 2\sqrt{2}a$，$AC' = 2\sqrt{3}a$，又因为 $AE = EC' = C'F = FA$，所以四边形 $AEC'F$ 是菱形，点 O 为中点，所以 $AO = BO = \frac{1}{2}AC' = \sqrt{3}a$，即 $\triangle OAB$ 为等腰三角形.

设 AB 的中点为点 P，则 $OP \perp AB$，且 $OP = \sqrt{AO^2 - AP^2} = \sqrt{2}a$，由于 $AE = AF = BE = BF$，即 $\triangle AEF$ 与 $\triangle BEF$ 是有公共底边（但不共面）的等腰三角形，因此，过点 B 向平面 $AEC'F$ 作垂线时垂足应该在 $\triangle AEF$ 的顶角 A 的角平分线上. 由于 $\triangle AEF$ 是等腰三角形，根据三线合一的特性，垂足在底边的中线 AO 上.

设垂足为点 N，连接 MN，则 MN 为斜线 BM 在平面 $AEC'F$ 上的射影，所以 $\angle BMN$ 即为斜线 BM（或直线 BD）与平面 $AEC'F$ 所成的角. 在 $\triangle OAB$ 中，由等积定理得 $AB \times OP = AO \times BN$，代入解得 $BN = \frac{2\sqrt{6}}{3}a$. 在 Rt$\triangle BMN$ 中，因为 $\sin \angle BMN = \frac{BN}{BM} = \frac{\frac{2\sqrt{6}}{3}a}{\frac{4\sqrt{2}}{3}a} = \frac{\sqrt{3}}{2}$，所以 $\angle BMN = 60°$，即直线 BD 与平面 $AEC'F$ 所成的角的大小为 $60°$.

例 5 正方体 $ABCD-A'B'C'D'$ 中，BB' 与平面 ACD' 所成的角的余弦值为（ ）.

A. $\frac{\sqrt{2}}{3}$ B. $\frac{\sqrt{3}}{3}$ C. $\frac{2}{3}$ D. $\frac{\sqrt{6}}{3}$

分析：首先根据观察可知，不能直接使用过一点作一个面的垂线，而需要通过构造直角三角形，来找到 BB' 与平面 ACD' 所成的角.

解：连接 BD，$B'D$，又有正方体 $ABCD-A'B'C'D'$，所以 $B'D \perp$ 平面 ACD'，所以 $\triangle BB'D$ 是直角三角形，$\angle BB'D$ 是 BB' 与平面 ACD' 所成的角的余角. 所以 $\sin \angle BB'D = \frac{BD}{B'D} = \frac{\sqrt{2}}{\sqrt{3}} = \frac{\sqrt{6}}{3}$，$BB'$ 与平面 ACD' 所成的角的余弦值为 $\frac{\sqrt{6}}{3}$，所以选 D.

三、平面与平面所成的角（二面角）

考点回顾：如图 2.78 所示，从一条直线出发的两个半平面所组成的图形叫作二面角.

棱为 AB，面分别为 α,β 的二面角记作二面角 $\alpha-AB-\beta$. 也可在 α,β 内（棱以外的半平面部分）分别取点 P,Q，将这个二面角记作二面角 $P-AB-Q$. 如图 2.79 所示，在二面角 $\alpha-l-\beta$ 的棱 l 上任取一点 O，以点 O 为垂足，在半平面 α 和 β 内分别作垂直于棱 l 的射线 OA 和 OB，则射线 OA 和 OB 构成的 $\angle AOB$ 叫作二面角的平面角. 二面角的大小可以用它的平面角来衡量.

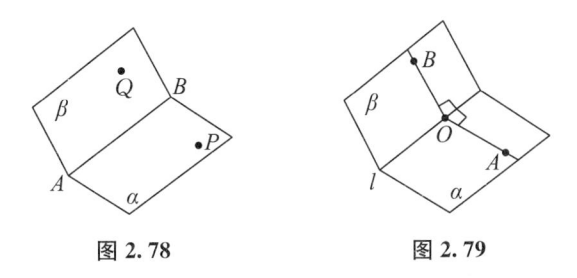

图 2.78　　　　图 2.79

评注：在用几何法解决二面角问题时，分为两种情况：一种情况是两个半平面的交线（棱）已经画出，在这种情况下可以使用三垂线法或定义法；另一种情况就是两个半平面的交线（棱）没有画出，在这种情况下可以使用射影面积法.

(1) 三垂线法（如图 2.80 所示）.

步骤一：过其中一个半平面的点作另一个半平面的垂线，过垂足作棱的垂线并连接棱上的垂足与该点，则由三垂线定理可证明斜线与射影均垂直于棱.

步骤二：证明直线均垂直于棱，得出结论：$\angle\theta$ 是二面角的平面角.

步骤三：在直角三角形中计算角的大小.

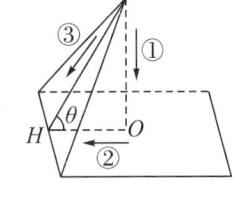

图 2.80

注：三垂线法适用于其中一个半平面为水平面或垂直面.

(2) 定义法.

步骤一：根据表示两个半平面的几何图形的形态，先独立在每一个半平面内找出或作出棱的垂线（两垂线不一定相交）.

步骤二：平移其中一条垂线，使其与另一条垂线相交于棱上同一点. 平移后的直线与该半平面内的其与直线的交点位置必须确定.

步骤三：将两条相交垂线构成三角形，利用余弦定理求平面角.

(3) 射影面积法.

二面角的余弦值等于某一个半平面在另一个半平面的射影的面积和该平面本身的面积的比值.

注：若射影位于半平面的反向延伸面上，则二面角取补角.

例 6　如图 2.81 所示，四棱锥 $S-ABCD$ 中，底面 $ABCD$ 为矩形，$SD\perp$ 底面 $ABCD$，$AD=2$，$DC=SD=2$，点 M 为侧棱 SC 的中点，$\angle ABM=60°$，求二面角 $S-AM-B$ 的大小.

分析：观察图形，根据上面的解题分析步骤，该立体图形所求二面角的两个半平面的交线（棱）已经画出，但两个半平面均不位于水平面或垂直面，所以该题应使用定义法求解二面角的大小.

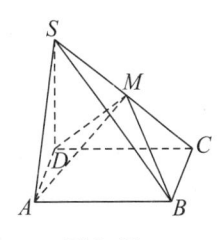

图 2.81

解：在等边三角形 ABM 中，过点 B 作 $BF \perp AM$，交 AM 于点 F，则点 F 为 AM 的中点，过点 F 在平面 ASM 内作 $GF \perp AM$，GF 交 AS 于点 G，连接 AC. 因为 $\triangle ADC \cong \triangle ADS$，所以 $AS = AC$，且点 M 是 SC 的中点，所以 $AM \perp SC$，$GF \perp AM$，所以 $GF \parallel AS$. 又点 F 为 AM 的中点，所以 GF 是 $\triangle AMS$ 的中位线，点 G 是 AS 的中点，则 $\angle GFB$ 即为所求二面角，所以 $SM = \sqrt{2}$，则 $GF = \dfrac{\sqrt{2}}{2}$.

又 $SA = AC = \sqrt{6}$，则 $AM = 2$，又 $AM = AB = 2$，$\angle ABM = 60°$，所以 $BF = \sqrt{3}$. 在 $\triangle GAB$ 中，$AG = \dfrac{\sqrt{6}}{2}$，$AB = 2$，则 $BG = \sqrt{\dfrac{11}{2}}$，即 $\cos \angle BFG = -\dfrac{\sqrt{6}}{3}$. 所以二面角 $S-AM-B$ 的大小为 $\arccos\left(-\dfrac{\sqrt{6}}{3}\right)$.

例 7 如图 2.82 所示，已知斜三棱锥 $ABC-A'B'C'$ 中，$\angle BCA = 90°$，$AC = BC$，A' 在底面 ABC 的射影恰为 AC 的中点 M，又知 AA' 与底面 ABC 所成的角为 $60°$，且知 $BC \perp$ 平面 $AA'C'C$，求二面角 $B-AA'-C$ 的大小.

分析：观察图形，根据上面的解题分析步骤，该立体图形所求二面角的两个半平面的交线（棱）已经画出，且根据已知条件有一个半平面处于水平面或垂直面，则此题可以使用三垂线法求解二面角的大小.

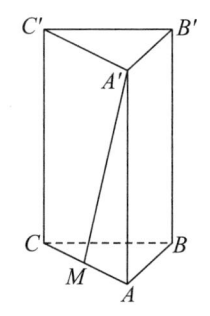

图 2.82

解：因为 $A'A$ 与底面 ABC 所成的角为 $60°$，所以 $\angle A'AC = 60°$，又因为点 M 是 AC 的中点，所以 $\triangle AA'C$ 是正三角形. 作 $CN \perp AA'$ 于点 N，点 N 为 $A'A$ 的中点，连接 BN，由 $BC \perp$ 平面 $AA'C'C$，$BN \perp AA'$，则 $\angle BNC$ 为二面角 $B-AA'-C$ 的平面角.

设 $AC = BC = a$，正三角形 $AA'C$ 的边长为 a，所以 $CN = \dfrac{\sqrt{3}}{2}a$. 即在 Rt$\triangle BNC$ 中，$\tan \angle BNC = \dfrac{BC}{NC} = \dfrac{2\sqrt{3}}{3}$，所以二面角 $B-AA'-C$ 的大小为 $\arctan\left(\dfrac{2\sqrt{3}}{3}\right)$.

例 8 如图 2.83 所示，四面体 $ABCD$ 中，$\triangle ABC$ 是正三角形，$\triangle ACD$ 是直角三角形. $\angle ABD = \angle CBD$，$AB = BD$，且平面 $ACD \perp$ 平面 ABC. 过 AC 的平面交 BD 于点 E，若平面 AEC 把四面体 $ABCD$ 分为体积相等的两部分，求二面角 $D-AC-E$ 的余弦值.

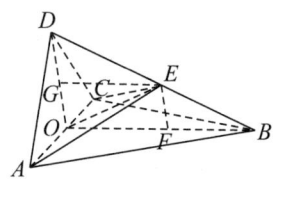

图 2.83

分析：观察图形，根据上面的解题分析步骤，该立体图形所求二面角的两个半平面的交线（棱）已经画出，且根据已知条件有一个半平面处于水平面或垂直面，则此题可以使用三垂线法求解二面角的大小.

解：取 AC 的中点 O，连接 DO，BO，EO，过点 E 作 $EF \parallel DO$，交 BO 于点 F，$EG \parallel BO$ 交 DO 于点 G. 因为 $\triangle ABC$ 是正三角形，$\triangle ACD$ 是直角三角形，点 O 为 AC 的中点，且平面 $ACD \perp$ 平面 ABC，所以 $DO \perp$ 平面 ABC，$BO \perp$ 平面 ACD. 又因为平面 AEC 把四面体 $ABCD$ 分为体积相等的两部分，所以 $V_{D-ABC} = V_{E-ABC} + V_{E-DAC}$，且 $V_{E-ABC} = V_{E-DAC}$，可得点 E 为 BD 的中点，则 $\angle ABD = \angle CBD$，$AB = BC$，即 $\triangle ABD \cong \triangle CBD$，所以 $AE = CE$.

又因为 $DO \perp AC$，$EO \perp AC$，所以 $\angle DOE$ 为二面角 $D-AC-E$ 的平面角．设 $AB = BD = 2$，$DO = EO = DE = 1$，$\cos \angle DOE = \dfrac{1}{2}$，即二面角 $D-AC-E$ 的余弦值为 $\dfrac{1}{2}$．

第三章 解析几何

解析几何产生于 17 世纪的欧洲，其推动了变量数学的产生与发展，是数学发展史上的一个里程碑，为微积分的产生创造了条件．解析几何产生以前，几何与代数是相对独立的两个学科，解析几何的产生第一次将两个学科联系起来，实现了几何法与代数法的结合，并将几何问题运用代数的方法予以解决，是数学史上的重大突破．解析几何是在内外条件的共同作用下产生的，其产生的外部条件是航海、军事、运动学、天文学、流体力学的发展，内部条件是初等代数学的完善，演绎体系趋于成熟，数学观和数学方法论的巨大变化，对变量数学的需要．作为变量数学产生的重要动力，解析几何的发展也对微积分的诞生起着不可估量的作用．

笛卡尔与费马是解析几何产生中功不可没的数学家．法国哲学家笛卡尔发表的《方法论》中的《几何学》介绍了尺规作图、曲线性质、立体与超立体的作图，后世将其作为解析几何的起点．笛卡尔建立的坐标系，将点与有序数对建立对应关系，将曲线用代数方程表示，通过坐标法不仅将几何问题代数化，还实现了变量、函数、方程的密切联系．

解析几何是中学数学的重点内容和难点内容．解析几何兼具几何与代数的双重身份，也是沟通代数与几何的桥梁．解析几何在我国数学课程改革发展历程中也是历经起落、备受争议．1950 年，《数学精简纲要》提出对高中解析几何精简的意见，将圆锥割线系、极坐标等较难内容予以删减[1]．1953 年起，解析几何在中学数学中被全部删除，移至高等数学[2]．直至 1962 年，中学解析几何才恢复了教学．20 世纪 80 年代，解析几何内容改革有了较大的变化[3]．2003 年，解析几何在必修与选修中都占据了重要地位，重要性也逐渐提高．

解析几何是高中数学的难点，也是历年高考的重点．本章将重点介绍高中解析几何中有关圆锥曲线的教学设计、圆锥曲线综合问题研究、向量法在解析几何中的应用、减少解析几何运算量的策略等．

第一节 建构主义视角下椭圆标准方程的教学设计[4]

圆锥曲线在整个高中数学课程中具有重要的作用，同时它也是高考中的常见题型．通

---

[1] 魏群，张月仙．中国中小学数学课程教材演变史料 [M]．北京：人民教育出版社，1996．
[2] 许迪．关于中学恢复解析几何课程的问题 [J]．数学通报，1957 (5)：21—23．
[3] 田载今．我国现行高中几何教材的主要优点与不足 [J]．课程·教材·教法，2001 (5)：14—18．
[4] 作者：王玲、徐小琴（指导教师）．

常考查学生的化简求值能力、数学运算能力和直观想象能力,综合性较强,运算能力要求较高. 椭圆作为圆锥曲线中的过渡内容,具有重要的导向价值. 椭圆标准方程的教学设计种类繁多,但是理论研究较少,而传统数学教学课堂多为学生机械地接受教师传授的知识,同时椭圆标准方程推导过程较为抽象,这就加大了学生对于知识掌握的难度.

一、建构主义相关理论介绍

建构主义是一种新的认识论,运用建构主义可以较好地阐明学生学习的认识规律. 建构主义认为,学习是认知者在原有知识经验的基础上,在一定的社会文化环境中,主动对新信息进行加工处理、建构知识表征的过程[1][2].

学生建构知识的过程不是一蹴而就的,需要经过学习的发生、意义的建构、结构的形成等多步程序. 在知识建构的过程中,学生之间相互交流,合作学习,自我调整. 每个学生都是独立的个体,他们来自不同的家庭,身处不同的文化环境,有着不同的思维方式和学习习惯,同时又面临着所要学习对象的复杂性和多样性. 因此,每个学生对于知识的建构是多维度的. 建构主义学习理论对于指导数学教学、数学学习都有着极其重要的意义.

1. 从建构主义的视角看待数学知识

数学知识大多为概念、定理、原理等,这类知识对于学生来说是比较抽象的,学生不容易理解. 如果仅仅依靠教师机械地向学生传输这类知识,则大多数学生不能真正理解. 学生要真正地理解和掌握知识,就必须以自己现实获得的或者以往积累的知识、经验、背景等为基础,并在此基础上主动建构其意义,进行学习活动. 只有这样获得的知识才能叫作意义学习,否则就只能叫作机械式学习或复制式学习.

2. 从建构主义的视角看待数学学习

数学学习并不仅仅是教师简单地向学生传授数学知识,更为重要的是学生能够在教师的引导下主动地建构起对知识意义理解的过程. 学生能够根据自己已有的知识经验,结合自己的认知水平,在教师所创设的合适的教学情境中,通过对所接受的知识进行加工编码,转化为自己所理解的知识,这才是数学学习. 在这个过程中,学生要经历量的积累,才能实现质的飞跃.

3. 从建构主义的视角看待师生关系

学生在建构知识的过程中始终是作为主体而存在的,教师仅仅扮演组织者、引导者、合作者的角色[3]. 教师对于学生多样化的学习需求,要尽可能地予以满足. 教师要提供能够让学生积极探索、主动思考的学习环境,这样的学习环境对于学生来说才是一个生动活

---

[1] 杨维东,贾楠. 建构主义学习理论述评[J]. 理论导刊,2011(5):77—80.
[2] Paul Adams. Exploring social constructivism:theories and practicalities[J]. Education 3–13,2006,34(3):243—257.
[3] 数学课程标准研究组. 全日制义务教育数学课程标准(2011版)[M]. 北京:北京师范大学出版社,2011.

泼、主动、富有个性、有利于学生进行建构的环境. 教学过程应该是师生共同的活动, 而不是教育者的独舞.

二、椭圆标准方程教学设计分析

1. 内容分析

椭圆的标准方程选自普通高中课程标准实验教科书高中数学 A 版选修 2-1 第二章第二节. 在此之前, 学生已经学习了曲线与方程的相关概念、直线与圆的方程, 知道运用坐标法建立关于曲线的方程, 对于学习椭圆的标准方程已经有了一定的基础. 椭圆标准方程的学习为此后研究双曲线、抛物线的标准方程等提供了一个范例. 同时, 椭圆的标准方程也是高考中的必考知识点之一, 在历年的高考中, 选择题、填空题、解答题等形式均有出现. 本节的知识具有极其重要的意义, 在整个学习中起着承上启下的作用.

2. 学情分析

此阶段的学生已经具备了初步的抽象分析能力, 通过类比圆的画法以及圆的概念, 在教师的引导下能够提出椭圆的概念. 他们在上一节课中学习过求解曲线方程的大致步骤. 对于学生来说, 在求解椭圆的标准方程中, 难点在于直角坐标系的选择以及椭圆标准方程根式的化简. 对于一些基础较差的学生来说, 教师要适当地点拨, 引导他们积极地进行新知识的建构. 在此过程中不仅要使他们找到自己的错误, 更要让他们明白如何更正错误.

3. 教学目标分析

数学教育使学生掌握数学的基础知识、基本技能、基本思想、基本活动经验, 使学生表达清晰、思考有条理, 使学生具有实事求是的态度、锲而不舍的精神, 使学生学会用数学的思考方式解决问题、认识世界[1]. 高中数学课程的目标被概括为三维目标, 即知识与技能目标、过程与方法目标、情感态度与价值观目标. 基于新课标理念设计了以下教学目标:

知识与技能目标: 让学生经历椭圆的概念的形成过程. 学生会建立适当的直角坐标系推导椭圆的标准方程, 能够在实际的题目中求解椭圆的标准方程, 进一步学会运用坐标法解决问题.

过程与方法目标: 通过类比圆的标准方程的形成过程, 得到椭圆的标准方程, 渗透类比思想. 在整个推导过程中, 让学生自主探究, 使学生自己得到标准方程, 教师只在必要的时候做适当的引导.

情感态度与价值观目标: 在标准方程的推导过程中, 使学生体会数形结合的数学思想, 体会数学的理性和严谨, 让学生欣赏数学的美.

---

[1] 王晓亚, 张守波, 范文贵, 等. 数学教育视野下《九章算术》与《几何原本》的比较研究[J]. 渤海大学学报(自然科学版), 2011, 32(1): 22-26.

4. 教学重难点分析

基于现阶段学生的思维水平以及认知能力的发展，认为学生在类比圆的建系方法得到椭圆的建系方法以及在推导椭圆标准方程中根式的化简等方面可能会存在困难，故而将整节课的教学重难点确定如下：

教学重点：椭圆概念的建构，椭圆的标准方程及其推导过程，在实际应用中椭圆标准方程的求解.

教学难点：椭圆标准方程推导过程中直角坐标系的建立以及标准方程的化简.

三、椭圆标准方程教学设计

在建构主义理论的基础上，借鉴李雪梅等[①]基于APOS理论的函数概念"八步"教学设计，制作了椭圆标准方程的教学设计流程（如图3.1所示），并对教学设计流程的含义作出简要说明.

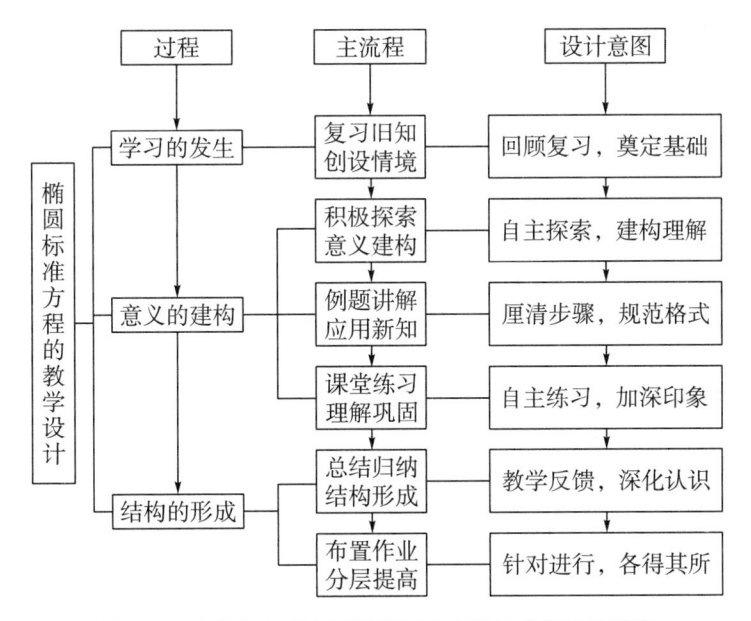

图 3.1 建构主义视角下椭圆标准方程的教学设计流程

建构主义视角下椭圆标准方程的教学设计流程主要分为学习的发生、意义的建构、结构的形成等过程.

学习的发生是指通过圆的画法以及圆的定义的复习，将画图条件适当地进行变化，引出椭圆的定义，为接下来学习椭圆标准方程的推导奠定基础. 这样可以培养学生的动手实践能力，发展学生的类比思维能力.

意义的建构包括三个步骤，分别为"积极探索，意义建构""例题讲解，应用新知""课堂练习，理解巩固". 在这个过程中，学生通过自主探索，亲身经历知识的形成过程，

[①] 李雪梅，赵思林. 基于APOS理论的函数概念"八步"教学设计［J］. 中学数学杂志，2017（11）：10-15.

主动建构起对于知识意义的理解．通过例题的讲解，能够为学生厘清解题的思路，规范答题步骤，帮助学生回顾知识、应用知识，有助于提高学生对于新知理解的广度和深度．

结构的形成包括两个步骤，分别为"总结归纳，结构形成""布置作业，分层提高"．在这个过程中，学生在教师的引导下对本节课的内容进行总结提炼，深化学生对于数学思想的认识，通过分层布置作业能够使班上不同层次的学生有针对性地进行练习，做到各得其所．

1. 复习旧知，创设情境

教学设计中的师生对话仅仅是课堂预设，并未在真实的课堂中进行实践．

播放幻灯片，内容包括椭圆形的盘子、菜板、鸡蛋以及行星运行的动画，使学生能够对椭圆有一个感性的认识．

展示圆柱体斜截后的截面形状、一束光照在一个球体上等图片．

师：这两张图片中所展示的图形也是椭圆吗？满足什么样的条件就能确定它是一个椭圆？

设计意图：从感性认识出发，引导学生逐步向理性认识过渡．

师：取一条定长的细绳，用图钉将它的两端固定在板上的同一点处，将绳子拉紧，在绳子上套上笔尖，移动笔尖，你是否能画出一个圆？请同学们自己动手试试．

师：在画圆的过程中，什么量不变？笔尖满足什么条件？

生：细绳的长度不变．

师：也就是笔尖到图钉的距离不变．这就是一个圆，那请同学们说出圆的定义．

生：平面内到一个定点的距离等于定长的点的轨迹就是圆．

师：对．

设计意图：通过用图钉、细绳、铅笔等工具画圆，在思考圆的满足条件的同时回忆圆的定义，为接下来类比得到椭圆的定义打下基础．

师：如果将两个图钉稍微拉开一点距离，使两个图钉间的距离小于绳长，再把绳子拉紧，移动笔尖，你画出的曲线是什么？在画出曲线的过程中，哪些量没有变？

生：椭圆．细绳的长度不变．

师：那笔尖满足什么条件呢？

生：笔尖到两个图钉的距离之和为细绳的长度．

师：我们知道圆的定义，那么你们能够类比圆的定义得到椭圆的定义吗？

生：平面内到两定点的距离之和等于定长的点的轨迹．

师：你们认为这个椭圆的定义完善吗？

设计意图：建构主义认为，学生学习知识的过程，是教师通过创设合适的教学情境，引导学生积极建构知识的意义的过程．通过类比圆的画法，用类似的方法画出椭圆，引导学生从定量和变量出发，结合圆的定义归纳出椭圆的定义，教师再对学生归纳出的定义进行补充完善．得出结论的过程让学生全程参与，亲身经历知识的形成过程可以增强学生的成就感．

师：如果我们将两个图钉的距离拉开，直到与细绳的长度相等，观察一下，你又会画出什么样的图形？

生：直线.

师：所以只有当两定点的距离小于细绳的长度时，才能够画出椭圆.

师：我们将椭圆的定义完善为：把平面内与两个定点 F_1，F_2 的距离的和等于常数（大于 $|F_1F_2|$）的点的轨迹叫作椭圆. 这两个定点叫作椭圆的焦点，两个焦点之间的距离叫作椭圆的焦距.

师：两定点间的距离大于细绳的长度能画出图形吗？

设计意图：通过反例，对椭圆的概念进行完善，不仅使学生明白是什么，更重要的是让学生明白为什么.

2. 积极探索，意义建构

师：我们知道利用曲线的方程的概念，就可以借助坐标系，用坐标表示点，用坐标上的点的坐标所满足的方程表示曲线，通过研究方程的性质间接地研究曲线的性质. 在数学中，用坐标法研究几何图形的知识形成的学科叫作解析几何①. 以前，我们借助坐标系建立圆的标准方程，进而研究圆的各种性质. 同样地，我们要研究椭圆的各种性质，也可以借助坐标系建立起关于椭圆的方程，那么这个方程该如何求解呢？

设计意图：建构主义侧重于学生对新知识的掌握应建立在其已有的知识、经验的基础上，再通过适当的引导，建构起对知识的理解. 将求解椭圆的标准方程建立在求解圆的标准方程的基础之上，帮助学生主动地建构起对新事物的理解.

师：建立椭圆的标准方程，第一步是建系. 如何建立直角坐标系？请同学动手试试.

（学生按照自己的思路建立直角坐标系，教师下台巡视，发现了学生不同的建系方法）

生：以点 F_1 为原点，两定点 F_1，F_2 所在直线为 x 轴，以 F_1F_2 的垂线为 y 轴建立直角坐标系.

生：以线段 F_1F_2 的中点为原点，点 F_1，F_2 所在直线为 x 轴，以 F_1F_2 的垂直平分线为 y 轴建立直角坐标系.

生：以椭圆一端点为原点，两定点 F_1，F_2 所在直线为 x 轴，以 F_1F_2 的垂线为 y 轴建立直角坐标系.

（对于建立直角坐标系的方法，请学生畅所欲言）

设计意图：建构主义认为，学生对于新知识的理解并不仅仅是在教师机械地传授下完成的，更重要的是学生能够在教师所创设的合适的情境中，基于自己已有的知识和经验，建构起事物的意义.

师：建系的方法有很多种，到底哪一种比较好呢？我们试着回忆一下，在求解圆的标准方程的时候，我们是如何建立直角坐标系的？

生：以圆心为原点建立直角坐标系.

师：我们来观察一下椭圆，它有哪些几何特征？这些几何特征与圆有无相似之处？

生：椭圆和圆都是对称图形.

师：以线段 F_1F_2 的中点为原点，点 F_1，F_2 所在直线为 x 轴，以 F_1F_2 的垂直平分线为 y 轴建立直角坐标系，这样的建系方法不仅能让椭圆的对称性一目了然，更重要的

---

① 刘绍学. 普通高中课程标准实验教科书 [M]. 北京：人民教育出版社，2011.

是能让椭圆中更多的特殊点落在坐标轴上，方便我们进行计算.

设计意图：通过教师的引导，让学生发现椭圆的对称美；通过类比圆的建系方法，得到最简便的椭圆的建系方法. 其他的建系方法要求学生课后自主探索.

师：接着应该设点. 设椭圆上任意一点 M 的坐标为 (x,y)，点 F_1，F_2 的坐标分别为 $(-c,0)$ 和 $(c,0)$，焦距是 $2c$，细绳的长度也即定义中的常数为 $2a$.

师：根据椭圆的定义，是否可以写出满足点 M 的坐标的集合？

生：$P=\{M\mid |MF_1|+|MF_2|=2a\}$.

师：请同学们根据建立的直角坐标系，列出坐标方程.

生：由于 $|MF_1|=\sqrt{(x+c)^2+y^2}$，$|MF_2|=\sqrt{(x-c)^2+y^2}$，所以 $\sqrt{(x+c)^2+y^2}+\sqrt{(x-c)^2+y^2}=2a$.

师：这是最简方程吗？

生：不是.

师：如何化简呢？

生：平方.

师：直接平方吗？

生：是（有的说移项后平方）.

师：请同学们根据自己的方法试试，小组内进行讨论，找出最合适的化简方法.

（教师下台巡视，发现直接平方的小组越化越繁，教师给予适当提示，引导学生先移项再进行化简. 经过适当时间，选择小组学生代表上台展示他们的化简过程）

设计意图：建构主义认为，学生间的协作应该贯穿于教学过程的始终. 学生对于知识的获取取决于对事物意义的建构能力，而这种能力每个学生不尽相同. 这就需要学生间的协作，通过交流取长补短，进行完善.

生：$a^4+c^2x^2=a^2x^2+a^2c^2+a^2y^2$.

生：$a^4-a^2c^2=a^2x^2+a^2y^2-c^2x^2$.

生：$a^2(a^2-c^2)=(a^2-c^2)x^2+a^2y^2$.

师：哪一种是比较简捷的？

生：$a^2(a^2-c^2)=(a^2-c^2)x^2+a^2y^2$.

师：两边都有 a^2-c^2，可不可以同时除以 $a^2(a^2-c^2)$？

生：可以. 由于 $a>c$，故 $a^2>c^2$，所以可以同时除以 $a^2(a^2-c^2)$，得到 $\dfrac{x^2}{a^2}+\dfrac{y^2}{a^2-c^2}=1$. （1）

师：这个式子的确比前面的几个式子更简捷了，可是我觉得还可以更简捷一点，我们能不能找到什么方法把 a^2-c^2 换得更简单一点呢？如图 3.2 所示，同学们能不能找出什么关系？

生：勾股定理. $PF_2=a$，$OF_2=c$，$\triangle OPF_2$ 为直角三角形，故有 $PF_2^2-OF_2^2=OP^2$.

师：如果我们令 $OP=b$，那么（1）式就可以化成什么形式？

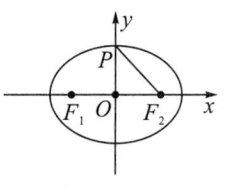

图 3.2

生：$\dfrac{x^2}{a^2}+\dfrac{y^2}{b^2}=1$. （2）

师：其中 a，b 有什么关系？

生：$a>b>0$ 且 $a^2=b^2+c^2$.

师：(2)式看起来比上面的任何式子都更为简捷美观了，与椭圆自身的对称性非常和谐．化简的方式有很多，我们还可以用等差中项的性质或者使用平方差公式进行化简．这些方法请同学们课后自行探索．

设计意图：椭圆标准方程的化简是比较复杂的，但是对于学生来说，无论多么复杂，教师也不能越俎代庖．只有让学生亲自参与知识的形成过程，学生才能真正意义上地掌握知识．在椭圆标准方程的化简过程中渗透数学的对称美．方程的化简方法也不仅仅只有一种，对于基础较好的学生，在课后可以对其他的方式进行探索，深化对数学思想的认识．

师：$\dfrac{x^2}{a^2}+\dfrac{y^2}{b^2}=1(a>b>0)$ 称为焦点在 x 轴上的椭圆的标准方程．在这个方程中，我们应该注意的事项有哪些？

生：焦点在 x 轴上且焦点坐标为 $(-c，0)$ 和 $(c，0)$.

生：$a>b>0$，$a>c>0$，且 $a^2=b^2+c^2$.

师：我们来回忆一下推导焦点在 x 轴上的椭圆的标准方程的步骤.

生：建立适当的坐标系(对称性)—设点—列式—化简(先移项，再化简).

生：椭圆的标准方程可以在 x 轴上，那么椭圆的方程的焦点可以在 y 轴上吗？焦点在 y 轴上的椭圆的方程又该是怎样的呢？这个方程能否叫作标准方程呢？

师：问得非常好！请同学们根据刚才推导的焦点在 x 轴上的椭圆的标准方程，试着推导焦点在 y 轴上的椭圆的方程，找出这位同学所提问题的答案.

设计意图：一些基础较好的同学有初步的建构精神，他们能够根据一个问题引申出其他的问题．这时，教师就需要扮演好组织者、合作者和引导者的角色，带领学生积极参与到整个教学活动中，主动地建构新的知识．在推导过程中，对比最初的两个式子 $\sqrt{(y-c)^2+x^2}+\sqrt{(y+c)^2+x^2}=2a$，$\sqrt{(x-c)^2+y^2}+\sqrt{(x+c)^2+y^2}=2a$，引导学生发现，焦点在 y 轴上和焦点在 x 轴上的椭圆的标准方程只是 x 与 y 交换了位置而已.

生：$\dfrac{y^2}{a^2}+\dfrac{x^2}{b^2}=1\ (a>b>0)$ 为焦点在 y 轴上的椭圆的标准方程．其中焦点坐标为 $(0，c)$ 和 $(0，-c)$，$a>b>0$，且 $a^2=b^2+c^2$.

师：建系的方法有很多种，不同的建系方法得到的方程不同，但是，显然用其他建系方法得到的方程要复杂得多．所以，我们以线段 F_1F_2 的中点为原点，点 F_1，F_2 所在直线为 x 轴，以 F_1F_2 的垂直平分线为 y 轴建立直角坐标系，得到的两种椭圆的方程 $\dfrac{x^2}{a^2}+\dfrac{y^2}{b^2}=1$，$\dfrac{y^2}{a^2}+\dfrac{x^2}{b^2}=1(a>b>0)$ 称为椭圆的标准方程.

3．例题讲解，应用新知

例 1 已知椭圆的两个焦点的坐标分别为 $(-2，0)$ 和 $(2，0)$，并且经过点

$\left(\dfrac{5}{2},-\dfrac{3}{2}\right)$，求椭圆的标准方程．

例 2　已知经过椭圆 $\dfrac{x^2}{25}+\dfrac{y^2}{16}=1$ 的右焦点 F_2 作垂直于 x 轴的直线 AB，交椭圆于 A，B 两点，点 F_1 是椭圆的左焦点．

(1) 求 $\triangle AF_1B$ 的周长；

(2) 如果直线 AB 不垂直于 x 轴，$\triangle AF_1B$ 的周长有变化吗？为什么？

4．课堂练习，理解巩固

例 3　如果方程 $x^2+ky^2=2$ 表示焦点在 y 轴上的椭圆，求实数 k 的取值范围．

5．总结归纳，结构形成

这节课学习的主要内容如下：

(1) 椭圆的概念．
(2) 椭圆两种标准方程的推导．
(3) 椭圆两种标准方程的比较．
(4) 椭圆标准方程的基本求法及其应用．

表 3.1　椭圆综合信息表

项目	表达式与图像	
定义	$\|MF_1\|+\|MF_2\|=2a$，$2a>2c$ 即 $a>c$	
标准方程	$\dfrac{x^2}{a^2}+\dfrac{y^2}{b^2}=1$	$\dfrac{y^2}{a^2}+\dfrac{x^2}{b^2}=1$
图形		
焦点坐标	$F_1(-c,0)$，$F_2(c,0)$	$F_1(0,c)$，$F_2(0,-c)$
a，b，c 的关系	$a^2=b^2+c^2(a>b>0,a>c>0)$	

设计意图：通过学习小结对课堂教学进行反馈，组织和指导学生在这个环节回顾对知识的建构，深化对数学思想的认识，为后续学习打好基础．

6．布置作业，分层提高

(1) 基础题：
①课后练习题 2．
②若椭圆的焦距是 2，椭圆经过点 $P(0,3)$，求椭圆的标准方程．

（2）提高题：

已知 $a+b=10$，$c=2\sqrt{5}$，求适合该条件的椭圆的标准方程.

设计意图：根据新课程标准的理念，面向全体学生，注重个体差异，加强作业的针对性，对学生分层布置作业，帮助学生巩固所学知识，让学有余力的学生可以进一步探索，使不同的学生各得其所.

建构主义的出现批判了传统教育的机械学习方式，为现代教育的改革注入了新的力量.《普通高中数学课程标准（2017 版）》明确指出，高中数学教学通过创设合适的教学情境，启发学生思考，引导学生把握数学内容的本质，提倡独立思考、自主学习、合作交流等多种学习方式，激发学生学习数学的兴趣，使学生养成良好的学习习惯，促进学生实践能力和创新意识的发展[1]，这与建构主义理论高度契合. 椭圆标准方程的教学设计在建构主义理论的基础上进行，贯彻以学生为主体、教师为主导的教学理念，适当地给予学生自由，让学生自主进行探索，调动学生的积极性，大大提高了教学效率.

第二节　基于数学学科核心素养的圆锥曲线教学设计[2]

党的十八大提出了关于立德树人的要求，随后教育部提出了学生综合素养全面发展的要求以及培养学生适应社会的综合能力[3]. 在高中教育阶段，培养学生的核心素养已然成了核心教学目标. 圆锥曲线是平面解析几何的重要内容，与必修阶段的解析几何联系紧密，同时为后面学习立体几何打下了一定的基础，也让学生进一步体会了数形结合思想. 圆锥曲线在高中阶段占有极其重要的地位，主要表现在以下三个方面：一是圆锥曲线在高考中分数占比大，经常以一道大题的形式出现，考查范围广且难度大；二是圆锥曲线是解析几何的核心，高中阶段学习圆锥曲线可为学生高等数学的学习打下良好的基础；三是圆锥曲线能够让学生体会到数学的实用性，让学生感受到圆锥曲线在刻画现实世界和解决实际问题中的作用，也让学生进一步体会数形结合思想. 因此，圆锥曲线具有重要的研究价值.

圆锥曲线凭借其地位与作用，在国内广受研究. 李大永提出要深入了解解析几何蕴含的数学思想方法，了解学生对解析几何内容的认知基础，了解学生对解析几何研究思想的认知基础，强调教学时的整体性与连贯性[4]. 毛浙东对良好"引导式"提问进行了研究，提出要顺应学生思维的轨迹，培养学生思维的深刻性，激发学生思维的创造性，破除学生的思维定式[5]. 寇恒清对平面内两个定点 A，B 的距离的积为常数的轨迹进行了研究，提出其轨迹方程是数学史上著名的卡西尼卵形线[6].

---

[1] 数学课程标准研究组. 普通高中数学课程标准（2017 版）[M]. 北京：北京师范大学出版社，2017.
[2] 作者：李菊雯、李红霞（指导教师）.
[3] 中华人民共和国教育部. 教育部关于全面深化课程改革落实立德树人根本任务的意见. 2014.
[4] 李大永. 基于数学思想方法的理解，整体设计解析几何的教学 [J]. 数学通报，2016，55（11）：13-18.
[5] 毛浙东. 基于思维培养的课堂"引导式"提问的若干原则——以一道圆锥曲线高考题的教学为例 [J]. 数学通报，2019，58（2）：26-29.
[6] 寇恒清. 对一类轨迹问题的探究 [J]. 数学通报，2015，54（2）：50-54.

在圆锥曲线教学中，教师以核心素养为导向便不会导致为了考试而学习的现象，并能达到培养学生综合能力的效果，让学生喜欢数学. 许多圆锥曲线教学设计都过于刻板生硬，有些教师对于教学内容过于拔高，没有立足于课本，立足于基础，立足于现实. 基于此，以圆锥曲线中的椭圆为研究对象，结合数学核心素养，建立一个可操作且有效的椭圆教学模式.

一、圆锥曲线理论概述

1. 圆锥曲线的定义

事实上，圆锥曲线的发现与研究始于古希腊，但关于圆锥曲线的起源，说法多种多样. 其中，古希腊数学家阿波罗尼斯对圆锥曲线进行了较完善的研究，其成果以《圆锥曲线论》[①] 体现. 如今，被我们所熟知的圆锥曲线的定义是：到定点 F 的距离与到定直线 l 的距离之比 e 为常数的点的轨迹叫作圆锥曲线. 其中，根据离心率 e 的范围，我们把轨迹划分为以下几类：①当 $e>1$ 时，轨迹为双曲线；②当 $e=1$ 时，轨迹为抛物线；③当 $0<e<1$ 时，轨迹为椭圆.

2. 圆锥曲线的不同形式

圆锥曲线的不同形式见表 3.2.

表 3.2　圆锥曲线的不同形式

圆锥曲线	图形	标准方程	参数方程
椭圆	焦点在 x 轴上： 焦点在 y 轴上：	焦点在 x 轴上： $\dfrac{x^2}{a^2}+\dfrac{y^2}{b^2}=1(a>b>0)$ 焦点在 y 轴上： $\dfrac{y^2}{a^2}+\dfrac{x^2}{b^2}=1(a>b>0)$	$\begin{cases} x=a\cos\theta \\ y=b\sin\theta \end{cases}$ （θ 为参数）

[①] 阿波罗尼斯. 圆锥曲线论［M］. 西安：陕西出版社，2007.

续表3.2

圆锥曲线	图形	标准方程	参数方程
双曲线	焦点在 x 轴上： 焦点在 y 轴上：	焦点在 x 轴上： $\dfrac{x^2}{a^2}-\dfrac{y^2}{b^2}=1(a>0,b>0)$ 焦点在 y 轴上： $\dfrac{y^2}{a^2}-\dfrac{x^2}{b^2}=1(a>0,b>0)$	$\begin{cases}x=a\sec\theta\\y=b\tan\theta\end{cases}$ （θ 为参数）
抛物线	焦点在 x 轴上： 焦点在 y 轴上：	焦点在 x 轴上： $y^2=2px(p>0)$ 焦点在 y 轴上： $x^2=2py(p>0)$	$\begin{cases}x=\dfrac{2p}{\tan^2\theta}\\y=\dfrac{2p}{\tan\theta}\end{cases}$ （θ 为参数）

3. 圆锥曲线在其他学科的应用

圆锥曲线之所以被广泛研究就是因为各个领域都有它的身影．在高中阶段就要求所有学生都要学习圆锥曲线；在大学阶段，对于数学专业的学生，圆锥曲线被纳入《解析几何》一书被广泛学习，而其他专业的学生则在《高等数学》一书中进一步学习圆锥曲线．圆锥曲线在其他学科的应用具体表现在：一是圆锥曲线在航空方面的应用，如杨路易等应用多圆锥曲线法动力学模型对轨道窗口特性、近月点窗口变化规律等进行研究，得到了能迅速求解着陆器地月转移轨道的方法[1]；二是圆锥曲线在机械方面的应用，如徐兵等通过对圆锥曲线极坐标的统一方程的研究，得出能高效完成圆锥曲线回转体工件加工的程序[2]；三是圆锥曲线在信息技术方面的应用，如张得生等对圆锥曲线无线传感器进行了研究，得到了一种较传统的管理方案要好的密钥管理方案[3]．

---

[1] 杨路易，李海阳，张进．基于多圆锥曲线法的着陆器奔月轨道设计与特性分析 [J]．宇航学报，2019，40（12）：1383−1392.

[2] 徐兵，冯超，林海波．圆锥曲线极坐标的统一方程在数控车削异型零件宏编程中的巧用 [J]．机床与液压，2019，47（4）：67−71.

[3] 张得生，刘直良．基于圆锥曲线密码的 WSNs 密钥管理方案 [J]．电子技术应用，2015，41（10）：107−110.

二、数学核心素养下椭圆的教学设计

（一）教材分析

1. 教学内容

圆锥曲线安排在高中数学人教版选修 2-1 第二章，是平面解析几何的主要研究对象。圆锥曲线不仅与生产有关，还与军事科技、物体运动有着密切的联系。其内容主要分为两个部分：一是椭圆的定义的理解，二是椭圆的标准方程。椭圆是圆锥曲线最先学习的内容，掌握椭圆的定义能为后续学习双曲线、抛物线的定义打下基础，并让学生在解题时思维更加清晰，所以学好椭圆极为重要。

2. 教学目标

拉尔夫·泰勒指出，"阐述清楚的目标包括行为方面和内容方面这两个维度，有时可借助二维表格简明清晰地表述目标"[①]。椭圆及其标准方程教学目标见表 3.3。

表 3.3　椭圆及其标准方程教学目标

内容方面	行为方面	数学核心素养
实例抽象	对现实生活中的椭圆实例进行观察，抽象出椭圆轨迹。对椭圆的定义进行自主分析、归纳、总结。根据焦点在 x 轴上的椭圆标准方程，推出焦点在 y 轴上的椭圆标准方程	数学抽象
定义类比	^	逻辑推理
运算提升	^	数学运算

3. 教学重点与难点

重点：椭圆的定义及椭圆的标准方程的两种形式。
难点：椭圆标准方程的建立和推导。

（二）教学过程

1. 创设情境

在学习新知识之前，可以让学生了解人造卫星绕地球赤道运动的轨迹是椭圆，聚光灯泡的反射镜轴截面是椭圆的一部分。

设计意图：从生活中的实例出发，让学生贴近生活，调动学生的兴趣。让学生观察实例，抽象出椭圆轨迹，体现了数学抽象的核心素养。

问题 1　同学们知道椭圆是怎么画的吗？
探究：取一条定长的细绳，把它的两端都固定在图板的同一点处，套上铅笔，拉紧绳

[①] 李忠娟. "椭圆及其标准方程"教学设计 [J]. 新课程学习，2015（14）：24-25.

子，移动笔尖，这时笔尖(动点)画出的轨迹是一个圆. 如果把细绳的两端拉开一段距离，分别固定在图板的两点处，套上铅笔，拉紧绳子，移动笔尖，画出的轨迹是什么曲线？[①]

补充：细绳的长度一定要大于两定点之间的距离$|F_1F_2|$.

任务：让学生给椭圆下定义，教师进行补充说明.

定义：把平面内与两个定点F_1，F_2的距离的和等于常数(大于$|F_1F_2|$)的点的轨迹叫作椭圆[②].

设计意图：培养学生的动手能力、观察能力，让学生能够对问题进行分析、归纳、综合. 学生通过实际操作，更能体会平面内点M与两个定点F_1，F_2的距离之和为常数，并能为椭圆方程的推导打下基础，体现了逻辑推理、数学建模等核心素养.

问题2 请同学们推导椭圆的标准方程. 以经过椭圆两定点F_1，F_2的直线为x轴，线段F_1F_2的垂直平分线为y轴，建立直角坐标系xOy.

设$M(x,y)$是椭圆上的任意一点，$|F_1F_2|$为$2c(c>0)$，那么定点F_1，F_2的坐标分别为$(-c,0)$，$(c,0)$. 又设点M与F_1，F_2的距离的和等于$2a$.

设计意图：让学生回顾建立直角坐标系的过程，并观察椭圆的几何特征，培养学生的观察能力，锻炼数学思维.

引导学生关注椭圆的定义，得到$|MF_1|+|MF_2|=2a$，表示出线段$|MF_1|$，$|MF_2|$.

进行化简，得到$\dfrac{x^2}{a^2}+\dfrac{y^2}{a^2-c^2}=1$.

引导学生思考：$a^2-c^2=?$

椭圆的标准方程：$\dfrac{x^2}{a^2}+\dfrac{y^2}{b^2}=1$.

思考：如果焦点F_1，F_2在y轴上，那么椭圆的方程又是什么？

设计意图：让学生关注椭圆的定义，进行椭圆标准方程的推导，学习短轴、长轴与焦距的关系，体现了数学建模的核心素养，提高了学生的数学思维.

问题3 请同学们观察椭圆方程的特征，进行归纳总结.

椭圆方程的特征见表3.4.

[①] 于川. 让学生经历"数学化"的数学教学策略[J]. 数学通报，2011，50 (5)：30−32.
[②] 刘绍学. 普通高中课程标准实验教科书数学选修2−1[M]. 北京：人民教育出版社，2014：38−39.

表 3.4 椭圆方程的特征

项目		标准方程	$\dfrac{x^2}{a^2}+\dfrac{y^2}{b^2}=1$	$\dfrac{y^2}{a^2}+\dfrac{x^2}{b^2}=1$
不同点		图形		
		焦点坐标	$F_1(-c,0)$, $F_2(c,0)$	$F_1(0,c)$, $F_2(0,-c)$
相同点		a, b, c 的关系	\multicolumn{2}{c}{$c^2=a^2-b^2$}
		定义	\multicolumn{2}{c}{平面内点 M 与两个定点 F_1, F_2 的距离的和等于常数（大于 $|F_1F_2|$）的点的轨迹叫作椭圆}

2. 例题讲解

例 1 椭圆的一个顶点为 $A(2,0)$，其长轴长是短轴长的 2 倍，求椭圆的标准方程.

解 当 $A(2,0)$ 为长轴端点时，$a=2$，$b=1$，椭圆的标准方程为 $\dfrac{x^2}{4}+\dfrac{y^2}{1}=1$.

当 $A(2,0)$ 为短轴端点时，$b=2$，$a=4$，椭圆的标准方程为 $\dfrac{x^2}{4}+\dfrac{y^2}{16}=1$.

设计意图：让学生巩固椭圆标准方程的推导，培养学生分类讨论的思想.

例 2 已知中心在原点，焦点在 x 轴上的椭圆与直线 $x+y-1=0$ 交于 A，B 两点，点 M 为 AB 的中点，OM 的斜率为 0.25，椭圆的短轴长为 2，求椭圆的方程.

解 由题意，设椭圆的方程为 $\dfrac{x^2}{a^2}+y^2=1$，由 $\begin{cases} x+y-1=0 \\ \dfrac{x^2}{a^2}+y^2=1 \end{cases}$，得 $(1+a^2)x^2-2a^2x=0$，因为 $x_M=\dfrac{x_1+x_2}{2}=\dfrac{1+a^2}{a^2}$，$y_M=1-x_M=\dfrac{1}{1+a^2}$，所以 $k_{OM}=\dfrac{y_M}{x_M}=\dfrac{1}{a^2}=\dfrac{1}{4}$，得 $a^2=4$.

所以椭圆的方程为 $\dfrac{x^2}{4}+y^2=1$.

设计意图：例题设计有层次性，题目难度递增，照顾到基础较好的学生，体现了数学抽象、数学运算等核心素养.

例 3 （2017 年全国卷新课标 2 理科第 20 题）设 O 为坐标原点，动点 M 在椭圆 C：$\dfrac{x^2}{2}+y^2=1$ 上，过点 M 作 x 轴的垂线，垂足为点 N，点 P 满足 $\overrightarrow{NP}=\sqrt{2}\overrightarrow{NM}$.

(1) 求点 P 的轨迹方程；

(2) 设点 Q 在直线 $x=-3$ 上，且 $\overrightarrow{OP}\cdot\overrightarrow{PQ}=1$. 证明：过点 P 且垂直于 OQ 的直线 l 过 C 的左焦点 F.

解：(1) 设 $M(x_0, y_0)$，由题意可得 $N(x_0, 0)$. 设 $P(x, y)$，由点 P 满足 $\overrightarrow{NP} = \sqrt{2}\overrightarrow{NM}$，可得 $(x-x_0, y) = \sqrt{2}(0, y_0)$，即有 $x_0 = x$，$y_0 = \dfrac{y}{\sqrt{2}}$，代入椭圆方程 $\dfrac{x^2}{2} + y^2 = 1$，可得 $\dfrac{x^2}{2} + \dfrac{y^2}{2} = 1$，即点 P 的轨迹方程为圆：$x^2 + y^2 = 2$.

(2) 设 $Q(-3, m)$，$P(\sqrt{2}\cos\alpha, \sqrt{2}\sin\alpha)$，$0 \leqslant \alpha < 2\pi$，$\overrightarrow{OP} \cdot \overrightarrow{PQ} = 1$，可得 $(\sqrt{2}\cos\alpha, \sqrt{2}\sin\alpha) \cdot (-3-\sqrt{2}\cos\alpha, m-\sqrt{2}\sin\alpha) = 1$. 解得 $m = \dfrac{3(1+\sqrt{2}\cos\alpha)}{\sqrt{2}\sin\alpha}$，即有 $Q\left(-3, \dfrac{3(1+\sqrt{2}\cos\alpha)}{\sqrt{2}\sin\alpha}\right)$，椭圆 $\dfrac{x^2}{2} + y^2 = 1$ 的左焦点 $F(-1, 0)$. 由 $k_{OQ} = -\dfrac{1+\sqrt{2}\cos\alpha}{\sqrt{2}\sin\alpha}$，$k_{PF} = \dfrac{\sqrt{2}\sin\alpha}{\sqrt{2}\cos\alpha + 1}$，又 $k_{OQ} \cdot k_{PF} = -1$，得证.

设计意图：学生通过思考这道高考题，进一步掌握椭圆方程的求解方法，巩固椭圆的标准方程，感受圆锥曲线在高考中的重要性，体现了数学运算、数学抽象等核心素养.

3．课堂练习

练习 1 已知方程 $\dfrac{x^2}{k-5} + \dfrac{y^2}{3-k} = 1$ 表示椭圆，求 k 的取值范围.

练习 2 已知椭圆 $mx^2 + 3y^2 - 6m = 0$ 的一个焦点为 $(0, 2)$，求 m 的值.

4．课堂小结

本节课通过引导学生画椭圆，对椭圆的定义进行探究，再对椭圆方程进行推导，让学生学习了椭圆的定义，掌握了椭圆方程的推导以及椭圆的基本性质，并会求解椭圆方程.

5．作业布置

练习册第 50 页，数学书课后习题.

三、基于数学核心素养的椭圆教学效果分析

就椭圆这一节的教学内容设置了一套测试题，挑选了内江一所国家级重点中学，针对两个不同班级，对两个班级的学生进行教学并完成同一套测试题. 其中，第 1、2、3 题是让学生巩固椭圆的定义，培养学生的数学抽象能力；第 4 题是高考题，计算量大，培养学生的数学运算以及数学建模能力. 将收集到的有效测试进行了统计，并对数据做了简单的处理，得出的结果如图 3.3 所示.

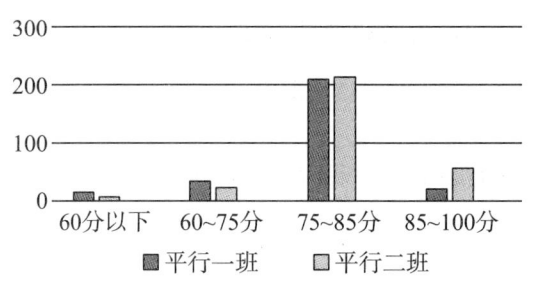

图 3.3　两次测试分数段的人数

由图 3.3 可以清晰地看到，低分数段的人数有所下降，对于涉及椭圆定义的题目，学生能够快速地给出答案. 75～85 分的学生前后人数差别不大，主要是这一类学生有一定的数学基础，对于中档题目仔细思索能够得出答案，但对这一节的难题还有些束手无策. 这样的教学设计有利于培养学生的数学核心素养，能让学生对椭圆的定义理解得更加深刻，掌握得更加牢固，整体来看效果更好.

基于数学核心素养的椭圆教学设计在教学方法上给予高中教师新的启示：一是高中教师在制订教学目标时不再以知识与技能、过程与方法、情感态度与价值观为主要着力点，而是以数学核心素养的培养为着力点，从行为和内容两个方面出发，借助二维的表格形式表达教学目标；二是在教学过程中可以潜移默化地培养学生的数学核心素养；三是在教学效果方面会比没有理论指导的教学设计要好，主要体现在学生的课堂反应、课后作业、考试分数以及解决问题的速度上. 对于教师来说，基于数学核心素养的教学设计可以时刻提醒教师践行学生观、教师观和教育观，让教师在教学过程中以学生为主体，为学生的全面发展而努力.

第三节　在圆锥曲线教学中如何培养数学核心素养[①]

圆锥曲线历来是高考以及高中阶段的重点，无论是培养数形结合的数学思想[②]，还是对以后解析几何的学习而言，都具有重大意义. 查阅近年来有关中学圆锥曲线的文献，发现大量关于圆锥曲线教学、解题的好文章，其中不乏优秀的教学片段.

在高中阶段，圆锥曲线的学习主要包括概念、标准方程、性质和应用四个方面，这四个要点的学习也相应地涉及数学核心素养中的数学抽象、逻辑推理、数学建模、数学运算和直观想象五大能力[③]，只不过是各有侧重，而对于数据分析能力，圆锥曲线的教学对它实在是助益较小，这里就不展开叙述.

对于数学核心素养，国内外的数学教育家有各自独特的见解. 通过查阅文献发现，近年来很少有人从圆锥曲线的角度出发，探讨如何培养数学核心素养，这是一个值得深究的问题. 从素质教育的角度出发，素养培养与课堂教学本来就是一体的，但是大多数学者都

[①] 作者：兰凤、赵思林（指导教师）.
[②] 刘亚利，张旭艳. 圆锥曲线中三点共线问题的解题策略探究 [J]. 数学教学，2017 (11)：44−46.
[③] 马林英. 数学核心素养理念指导下的数学概念教学 [J]. 林区教学，2017 (6)：65−66.

是从某一方面进行研究. 常建伟[1]认为，需要从数学文化的角度让学生体会数学的美，体会数学的文化价值、应用价值和美学价值，从而培养学生的自主学习兴趣. 智粉芹、孙宏伟[2]认为应为培养学生的数学核心素养开辟出较为轻松的道路. 李鸿昌、凌禹和胡典顺[3]认为，"核心素养"已经成为中学教育教学关注的焦点，培养中学生的学科核心素养已然是广大教师教学的又一目标，而从圆锥曲线的角度培养数学核心素养，可以从同心圆到圆锥曲线的角度进行. 王萍、刘晓瑜和常磊[4]认为，要引导学生从数学思想方法的角度与高度去思考问题，不仅可以有效地帮助学生掌握数学的基础知识与技能，而且可以引导学生逐步掌握数学的本质，从而提高其数学核心素养. 基于此，我们可以知道知识和素养并进是一个值得探究的问题.

数学核心素养近年来一直是素质教育的核心，这对数学教师的教学提出了更高的要求. 教学内容不仅要使学生理解基本概念、定理和公式，掌握基本的数学思想和方法[5]，而且要使学生的核心素养得到充分的培养. 圆锥曲线的教学是高中数学教学的重点内容，能够使学生清晰事物变化的轨迹[6]，同时为大学阶段的学习打下一定的基础，在高考中也占有很大的比例. 因此，数学核心素养和圆锥曲线在教学上的结合会为高中数学教学带来新的变化. 在此基础上，本节期望能够建立起圆锥曲线教学与数学核心素养的桥梁，填补知识与素养之间顾此失彼的不足.

一、数学核心素养的概念与教学策略

1. 数学核心素养的概念

数学是研究空间形式和数量关系的学科，从诞生至今，数学不仅是一种应用工具，还是一种理性思维模式，上升到更高层次来说，更是一种素养，即数学素养，使人能够应用数学的理性眼光来看待遇到的各种问题. 在一般教育教学理论中，数学素养是指学生在已有数学经验的基础上，通过数学活动对数学的体验、感悟和反思，并在真实情境中表现出来的一种综合性特征[7]. 这要求学生不仅要掌握教师课堂所讲的知识，还要从知识的获取过程中学会数学思维和数学方法，在遇到问题时能够灵活地思考和分析问题，选取正确的策略，最终提升自己的数学素养.

一般来说，数学核心素养是指学生在接受相应学段的教育过程中逐步形成的，适应个人终身发展和社会发展需要的数学思维品质与关键能力，学生能够运用已有的数学知识和

---

[1] 常建伟. 挖掘教材数学文化，提升学生数学素养——以《圆锥曲线与方程》为例 [J]. 数学教学通讯，2017 (15)：30—31.

[2] 智粉芹，孙宏伟. 学习圆锥曲线方程，贯彻数学思想方法 [J]. 新课程学习（社会综合），2009 (9)：32.

[3] 李鸿昌，凌禹，胡典顺. 高中数学核心素养的培养——以"从同心圆到同心圆锥曲线"为例 [J]. 中学教研（数学），2018 (2)：24—26.

[4] 王萍，刘晓瑜，常磊. 2017年高考"圆锥曲线与方程"专题解题分析 [J]. 中国数学教育，2017 (20)：26—34.

[5] 章东锋. 圆锥曲线一个性质的推广 [J]. 高中数学教与学，2015 (18)：40—42.

[6] 中华人民共和国教育部. 普通高中数学课程标准 [M]. 北京：北京师范大学出版社，2012：21—32.

[7] 康世刚，宋乃庆. 论数学素养的内涵及特征 [J]. 数学通报，2015，54 (3)：8—11，43.

数学经验去认识事物间的各种联系，从数学的角度审视所接触的各种信息，直至认识其本质、规律的一种逐步深入的思维活动．从数学专业的角度来看，数学核心素养是指学生在遇到相关问题时能够结合相应的数学背景，运用规范科学的数学语言和符号表达自身想法的数学思想，在解决问题时能够做到运用专业知识和良好的认知结构去分析问题[①]，注意具体问题和抽象模式的灵活转换，态度明确，思维清晰，面对生活中的问题更加有条理地进行数学化，以数学思维为基础，从各个角度寻找解决问题方法的素养．

教育部的专家对于数学核心素养的定义是适应个人终身发展和社会发展需要的具有数学特征的思维品质与关键能力．其中，高中阶段的数学核心素养包括数学抽象、逻辑推理、数学建模、直观想象、数学运算和数据分析．这六个方面的数学核心素养既有各自的内涵和作用，又有紧密的联系，都是数学素质教育中不可分割的一部分．

2. 数学核心素养的教学建议

建议一：深化学生的数学意识和数感.

数学意识和数感是衡量学生数学素养的重要标志，对于数学核心素养而言更是如此．数学意识是看学生是否能够将当前所遇到的事情、所掌握的信息主动与数学联系在一起，是否能够数学化地看待周围的世界．学生具有数学意识，就能够站在更科学的角度去认识世界上的复杂关系．数感则要求学生能够敏锐地感知生活中与数学相关的语言、符号等．对于高中生而言，初级的数学意识和数感已经形成，此时教师要做的就是要强化学生的数学意识和数感，使之向高级发展，要让学生明白数学来源于生活又高于生活．

建议二：加强数学思维和方法的训练，培养科学探究能力.

数学思维和方法是从诸多的数学事实中提炼简化而来的，是学生进行数学学习的主线，不仅对数学这一学科十分重要，而且对其他学科的学习乃至以后的发展有着至关重要的作用．数学思维和方法的发展是为数学探究能力的发展打下坚实的基础，学生用数学思维和方法来分析问题，通过科学的探究，最后解决问题．教师在数学教学中要注意教给学生恰当的方法，使学生能够归纳出数学事实中的数学思维和方法，加强相关训练，使学生融会贯通，最终达到培养数学核心素养的目的．

建议三：重视逻辑推理能力，促使学生养成合情推理的习惯.

良好的逻辑推理能力是指学生能够从已有的事实经验出发，凭借事物间的各种联系得出符合学生最近发展区的各种结论的能力[②]．这就要求教师要培养学生从多角度去认识和分析问题的能力，丰富学生相关的思维理论知识，发展学生的想象能力．在日常的数学教学中，教师要留有余地，不能够全盘托出，让学生通过自己的推理加上合情的思考得出结论．

建议四：加强数学实践活动的开展.

[①] 李鸿昌，凌禹，胡典顺. 高中数学核心素养的培养——以"从同心圆到同心圆锥曲线"为例 [J]. 中学教研（数学），2018（2）：24—26.

[②] 莫芬利. 基础与能力并重，稳定与创新兼顾——从 2011 年浙江省高考圆锥曲线试题浅谈高三复习教学 [J]. 数学通报，2011，50（10）：45—48.

数学实践活动要求学生与教师都要参与，这是一个双边性的活动[①]，它不只是一种动手的操作，更有利于培养学生的综合能力。在数学实践活动中，同学之间进行沟通、交流与合作，教师与学生之间也有情感和知识上的碰撞。在这个过程中，学生的各项能力都能够得到有效的发展，同时也可以让学生对数学有良好积极的体验，让学生明白"数学源于现实，扎根于现实，应用于现实"[②]。教师要多设计开放性的数学实践，培养学生的创新精神和实践能力。

建议五：帮助学生形成良好的数学情感体验。

兴趣是最好的老师，学生只有对数学有浓厚的兴趣，才能主动自发地去学习数学。在日常学习中，多数人一提到数学都会觉到枯燥无味，但其实数学中蕴含了许多有趣的事情。如果学生对数学有良好积极的情感体验，就会十分乐意将生活与数学联系起来，将生活中的问题转化为数学问题。教师在教学中要注意不能将数学转化为呆板的知识，而应该与学生的实际生活进行联系，培养学生积极的数学情感体验。

以上五个方面在实际教学中能够发挥一定的作用，但是教学是教师与学生的双边活动，其影响因素纷杂繁多，要从其入手培养学生的数学核心素养，则必然要求一线教师上下求索，在实践中不断改进策略。

二、圆锥曲线中的数学核心素养

1. 圆锥曲线概念蕴含的数学核心素养

概念的形成不是某一个人灵感迸发突然得出的结论，而是经过无数人不断地摸索创新，才有如此完备的定义，圆锥曲线概念的形成亦是如此。

公元前4世纪，古希腊柏拉图学派最先发现的圆锥曲线是用平面去截圆锥曲面而得到的截痕[③]。当时的圆锥曲面是将一个直角三角形绕其中任意一条直角边旋转而得到的，根据直角边的长度可以将圆锥曲面分为三类：锐角圆锥、直角圆锥、钝角圆锥。相应地，用一个垂直于圆锥曲线母线的平面去截圆锥曲面，也会得到三种不同的曲线：椭圆、抛物线以及双曲线的一支。由此，人们开始了圆锥曲线的研究。在《圆锥曲线论》中，阿波罗尼奥斯创造性地提出了只要一个圆锥面就可以截得三种圆锥曲线。16世纪，哥白尼提出了日心说，伽利略由物体运动的研究得出了惯性定律和自由落体定律，这些都向几何学提出了用运动的观点来认识和处理圆锥曲线及其他几何曲线的课题。后来费尔玛和笛卡尔分别创立了解析几何，使得圆锥曲线的研究又向前迈进了一大步。

从圆锥曲线概念的形成过程中我们可以看到，数学家是在已有的数学发现上，通过自己的逻辑推理，结合自己的直观想象，并运用自己的数学抽象能力，才一步步归纳出圆锥曲线的概念。

[①] 陈敏,吴宝莹. 数学核心素养的培养——从教学过程的维度 [J]. 教育研究与评论（中学教育教学），2015 (4)：44—49.

[②] 陈玉娟. 例谈高中数学核心素养的培养——从课堂教学中数学运算的维度 [J]. 数学通报，2016，55 (8)：34—36.

[③] 陆源. 圆锥曲线的形成和发展的历史过程及其教学启示 [J]. 赤峰学院学报，2013 (10)：45—46.

数学来源于生活，经过数学家的不断研究，逐渐抽象成现有的"数学化"的圆锥曲线．圆锥曲线概念的形成体现了数学核心素养中的数学抽象能力．

数学化的圆锥曲线在生活中也有很多用处，例如，我们熟知的宇宙中星球的运行轨道就是椭圆，宇宙飞船在太空中的运行可以说是圆锥曲线在天体中的运用，对我们探索未知的宇宙有很大的帮助．在实际生活中，圆锥曲线也随处可见，如工厂的烟囱．圆锥曲线在潜移默化地改变着人们的生活，这体现了数学建模能力．

因此，圆锥曲线的概念形成体现了数学抽象能力，将概念应用于生活又体现了数学建模能力．

2. 标准方程的推导过程所体现的数学核心素养

在实际的教学过程中，教师往往无法很好地将数学核心素养的培养与课堂知识的教学联系起来，其实它们之间的联系是非常紧密的．下面以椭圆标准方程的推导为例来进行说明．

例1 取一条定长的细绳，把它的两端都固定在图板的同一点处，套上铅笔，拉紧绳子，移动笔尖，这时笔尖（动点）画出的轨迹是一个圆．如果把细绳的两端拉开一定的距离，分别固定在图板的两点处（如图 3.4 所示），套上铅笔，拉紧绳子，移动笔尖，这时笔尖（动点）画出的轨迹是什么曲线？①

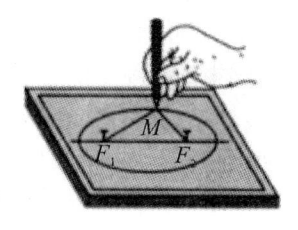

图 3.4

分析：本例通过实际操作来探究椭圆，对学生数学抽象素养的培养有很大的帮助．由教师在课堂上亲自示范，或者让每个学生都动手操作，使学生经历从具体情境中抽象出椭圆模型的过程，类比圆的轨迹方程的探索，感知椭圆通式中每个字母的来历和意义，掌握椭圆的定义、标准方程及简单几何性质．

如图 3.5 所示，设 $M(x,y)$ 是椭圆上任意一点，椭圆的焦距为 $2c(c>0)$，那么焦点 F_1，F_2 的坐标分别为 $(-c,0)$，$(c,0)$，又设点 M 与 F_1，F_2 的距离的和等于 $2a$．

由椭圆的定义，椭圆就是集合 $P=\{M||MF_1|+|MF_2|=2a\}$．

因为 $|MF_1|=\sqrt{(x+c)^2+y^2}$，$|MF_2|=\sqrt{(x-c)^2+y^2}$，所以有 $|MF_1|+|MF_2|=\sqrt{(x+c)^2+y^2}+\sqrt{(x-c)^2+y^2}=2a$，化简得 $\sqrt{(x+c)^2+y^2}=2a-\sqrt{(x-c)^2+y^2}$．

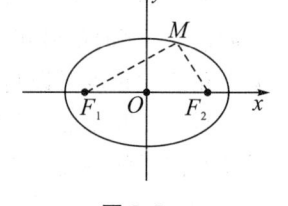

图 3.5

两边同时平方，得 $(x+c)^2+y^2=4a^2-4a\sqrt{(x-c)^2+y^2}+(x-c)^2+y^2$．

整理得 $a^2-cx=a\sqrt{(x-c)^2+y^2}$．

两边同时除以 $a^2(a^2-c^2)$，化简整理得 $\dfrac{x^2}{a^2}+\dfrac{y^2}{a^2-c^2}=1$．

令 $a^2-c^2=b^2$，则上式化为 $\dfrac{x^2}{a^2}+\dfrac{y^2}{b^2}=1$．

在上面的推导过程中，教师要调动学生的手、口、脑，让学生不仅要动手操作，用语

---

① 华志远．数学核心素养的内涵与构成 [J]．教育研究与评论（中学教育教学），2016（5）：41—44．

言合理科学地表达，更要在头脑中演算推导，最终达到培养学生数学核心素养的目的. 在该活动中，教师要多用引导性的话语，设置适当问题，满足学生的最近发展区[①]，学生经过这样的学习，综合能力就会得到提升.

三、数学核心素养视角下的圆锥曲线教学

21世纪，世界在科技的推动下日新月异，而数学作为支撑科技进步的有力杠杆也要与时俱进. 近年来，我国进行了新课程的改革，大力推行素质教育，编订了《普通高中数学课程标准（2017年版）》，对高中的数学教学提出了新的要求. 而圆锥曲线作为高中数学的重要内容，更要结合时代和国家的要求，让学生在学习知识的同时培养数学核心素养.

《普通高中数学课程标准（2017年版）》要求在教学中注重培养十大数学核心素养，但归根结底是数学抽象、逻辑推理、数学建模、直观想象、数学运算、数据分析[②]. 在课堂教学中，除了数学概念、定理和公式的教学，就是题目的练习. 下面将从一些圆锥曲线的课堂教学实录出发，分析如何在圆锥曲线的教学中培养学生的数学核心素养.

1. 教学片段一：椭圆解题教学片段

这里的教学片段是针对已经学习过解析几何的基本数学知识、基本解题方法，以及除解析几何外的其他高中数学内容的高三文科生，他们有了一定的基础，但是抽象能力较弱，对于题中条件蕴含的几何特征不敏感，复杂的计算也无形中加剧了这种不利的现象.

因此，本教学片段着重培养学生的直观想象能力，加强学生发现形与数之间关系的能力.

首先需要让学生体会直观想象可以将问题变得简单. 在解析几何的问题中，通过发现几何关系，来创造性地解决本来就难以计算的代数问题，让学生经历直观想象能力带来的自我效能感的情感体验，因此先引入例2进行铺垫，激发学生的学习动机.

师：首先看题目，同学们有没有解题的思路？

例2 已知直线 $x+y=a$ 与圆 $x^2+y^2=2$ 交于 A，B 两点，点 O 是原点，点 C 是圆上一点，若 $\overrightarrow{OA}+\overrightarrow{OB}=\overrightarrow{OC}$，则 a 的值为_____.

在经过一段时间的思考后，少部分学生已经解出了题目，大部分学生仍然没有思路. 教师经过观察，发现已经解出题目的学生都没有使用几何直观想象来解题.

师：这道题已经有同学做出来了，但是用的是同一种方法. 事实上，这道题的解法不止一种，我们先来看看同学们的解法.

解法1 设 $A(x_1,y_1)$，$B(x_2,y_2)$. 因为 $\overrightarrow{OA}+\overrightarrow{OB}=\overrightarrow{OC}$，所以 $C(x_1+x_2, y_1+y_2)$.

联立 $\begin{cases} x+y=a \\ x^2+y^2=2 \end{cases}$，得 $2x^2-2ax+a^2-2=0$.

[①] 张淑梅，何雅涵，保继光. 高中数学核心素养的统计分析 [J]. 课程·教材·教法，2017，37(10)：50—55.
[②] 郑毓信. 数学教育视角下的"核心素养" [J]. 数学教育学报，2016，25(3)：1—5.

由 $\Delta=-4a^2+16>0$，得 $-2<a<2$，$x_1+x_2=a$，$y_1+y_2=a$，所以 $C(a,a)$.
因为 C 是圆上一点，所以 $a^2+a^2=2$，解得 $a=\pm1$.

生1：老师，这种方法思路很清晰，但是在联立方程进行计算的时候，可能会出错.

师：用联立方程来解思路清晰，但计算繁重，同学们看第二种计算较少的解法.

解法2 因为 $\overrightarrow{OA}+\overrightarrow{OB}=\overrightarrow{OC}$，$C$ 是圆上一点，所以四边形 $OABC$ 是菱形，所以 $AB\perp OC$ 且互相平分，即圆心 $(0,0)$ 到直线 $x+y=a$ 的距离等于 $\dfrac{\sqrt{2}}{2}$，解得 $a=\pm1$.

可以看到，解法2运用了直观想象能力，抓住了题中的几何关系，比解法1更加简捷. 在此题激发学生利用直观想象能力后，选择一道关于椭圆的题目（例3）让学生思考并练习.

例3 设点 F_1，F_2 分别是椭圆 $W:\dfrac{x^2}{2}+y^2=1$ 的左、右焦点，斜率为 k 的直线 l 经过右焦点 F_2，且与椭圆 W 相交于 A，B 两点. 若 $\angle F_1AB=90°$，求直线 l 的斜率 k.

师：首先这道题要求我们求直线的斜率，那么同学们想一下，求直线的斜率有哪些方法？

生2：求直线 l 的斜率 k，我们可以将问题转化为求直线上两点的坐标. 由于已知直线过焦点 F_2，那么就只需要找到直线 l 上的点 A 或点 B 的坐标.

师：因为点 A，B，F_2 是共线的，且 $\angle F_1AB=90°$ 成立，则有 $\angle F_1AF_2=90°$ 成立，因此点 A 既在椭圆 W 上，也在直径为 F_1F_2 的圆上，如果此圆的直径为 F_1F_2，那么半径为多少？

生（齐答）：半径 $OF_2=c$，由于椭圆 W 的方程已经在题中条件给出了，所以有 $b=c=1$ 成立.

师：同学们能不能想象到这个直径为 F_1F_2 的圆与椭圆 W 在哪里相交？

生3：与椭圆 W 在 y 轴上的交点重合，那么点 A 即为椭圆与 y 轴的交点，因此有 $A(0,1)$ 或 $A(0,-1)$. 找到了点 A 的坐标，已知焦点的坐标，就能通过两点式确定直线 l 的斜率 k 了.

可以看到，在经过例2的铺垫后，此教学片段中的学生在例3的解题过程中直观想象能力有所提高，但想要持久地培养这种能力，还需要长时间的类似训练.

2. 教学片段二：双曲线解题教学片段

这个教学片段主要是针对厘不清题目条件的学生，培养其逻辑推理能力，让学生能在题目给出的条件中看出多个条件之间、条件与未知量之间的逻辑关系.

师：我们已经学过了双曲线的标准方程的定义，同学们请告诉我，满足双曲线标准方程的点一定在什么图像上？

生（齐答）：一定在双曲线的图像上.

师：那么我们来看一道例题.

例4 设双曲线与椭圆 $\dfrac{x^2}{27}+\dfrac{y^2}{36}=1$ 有共同的焦点，且与椭圆相交，其中，一个交点 A 的纵坐标为4，求双曲线的标准方程.

师：同学们有思路吗？

生1：老师，双曲线与椭圆有共同的焦点，又与椭圆相交，我看不出这样的条件如何使用．

师：同学们看，这道题是求双曲线的标准方程，双曲线的标准方程是什么样子的？

生（齐答）：$\dfrac{x^2}{a^2} - \dfrac{y^2}{b^2} = 1$．

师：我们要求双曲线的标准方程，也就是说，只要求出 a，b 的值即可．那么 a，b 与 c 是什么关系呢？

生（齐答）：$c^2 = a^2 + b^2$．

师：因为双曲线与椭圆有共同的焦点，因此，我们能从椭圆的标准方程知道 $c = 3$．只要我们知道 a，b 其中一个的值，就能通过 $9 = a^2 + b^2$ 知道另一个的值了，那么 a，b 我们先求哪一个呢？

生2：先求 a，可以用双曲线的定义，设双曲线的焦点为 F_1，F_2，因为点 A 在双曲线上，那么就有 $2a = ||AF_1| - |AF_2||$，点 F_1，F_2 的坐标已知，因为点 A 又在椭圆上，所以点 A 的坐标也能通过椭圆标准方程算出，就能通过 $2a = ||AF_1| - |AF_2||$ 求出 a 的值了．

通过这样一个教学片段，我们可以看到，双曲线的题目条件虽然隐藏不深，但是其中的逻辑关系却不太明显，适用于教师引导学生一步步厘清条件之间的逻辑关系，进而培养学生的逻辑推理能力．

3．教学片段三：抛物线标准方程推导教学片段

这个教学片段着重培养学生的数学抽象能力和运算能力，通过类比椭圆、双曲线的标准方程的定义，抽象出抛物线的定义，并计算抛物线的标准方程．

师：我们学过了椭圆、双曲线的定义，知道了平面内当离心率 $e > 1$ 时点的轨迹是双曲线，当 $0 < e < 1$ 时点的轨迹是椭圆，当 $e = 0$ 时点的轨迹是圆，那么，e 的值还有没有其他取法呢？

生（齐答）：还有 $e = 1$．

师：那么当 $e = 1$ 时，也就是说，平面内到一定点与一条定直线的距离相等的点的轨迹是什么？这条轨迹的标准方程又是什么？这就是我们今天要讲的抛物线．

师：我们已知抛物线的定义是平面内到一定点与一条定直线的距离相等的点的轨迹，如果要求标准方程，肯定要建立坐标系，那么焦点与准线应该放在坐标系的哪个位置？

生1：x 轴肯定要经过焦点，又要垂直于准线，而 y 轴肯定要经过焦点到准线距离的中点．

师：（教师一边板书坐标系图像，一边说）我们设焦点 F 到准线的距离为 p，又已知抛物线的定义是平面内到一定点与一条定直线的距离相等的点的轨迹，我们设这些点的坐标为 (x, y)，那么我们可以建立一个什么样的方程？

生2：根据距离公式，有 $\sqrt{\left(x - \dfrac{p}{2}\right)^2 + y^2} = \left|x + \dfrac{p}{2}\right|$．

师：大家试试化简这个方程，尽量将 x 移到等式的一边，将 y 移到等式的另一边．

生（齐答）：（经过一段时间的计算后）$y^2=2px(p>0)$.

师：正确，这样的方程就是抛物线的标准方程. 但是抛物线的标准方程还有其他的形式，取决于坐标系的选择，以后我们再补充讲解. 以上的坐标系的选择与抛物线的标准方程，同学们务必再推导一下，巩固记忆.

在这个教学片段中，主要是通过教师的引导让学生回忆以前学过的知识，运用类比抽象出抛物线的定义，再根据定义与距离公式进行运算，从而推导出抛物线的标准方程，培养学生的数学抽象能力与运算能力.

第四节 高考圆锥曲线综合问题研究[①]

圆锥曲线问题是解析几何的核心部分，是高考数学的必考内容之一，是高考命题的热点，也是高考教材的重难点. 本节研究了有关高考圆锥曲线的八类综合问题，包括圆锥曲线定义、几何性质与方程的综合问题，直线与圆锥曲线位置关系问题，直线与圆锥曲线相交的弦长问题，圆锥曲线的中点问题，圆锥曲线的范围问题，圆锥曲线的面积问题，圆锥曲线的定点问题，圆锥曲线的参数问题，通过从多角度理解分析 2015 年和 2016 年全国部分省市高考数学中的圆锥曲线问题，探讨了如何运用化归思想、方程思想、分类思想以及数形结合等数学解题思想，抽象的思维分析能力和技巧性的理解运算能力解决高考圆锥曲线综合问题.

一、圆锥曲线概述

圆锥曲线是解析几何的核心代表，既是高考的重难点，又是高考的热点之一，高考圆锥曲线综合问题常在选择题和解答题中出现. 在圆锥曲线的解题过程中体现了分类思想、方程思想、化归思想以及数形结合等数学思想. 综合性的圆锥曲线问题，既要检验学生思考问题、分析问题和解决问题的一系列能力，也要考查学生技巧性的运算能力. 新教材的教学要求是掌握椭圆、双曲线、抛物线的定义、标准方程和几何性质，能够根据条件，利用工具画出圆锥曲线的图形，并了解圆锥曲线的初步应用[②]. 在此，本节将高考中圆锥曲线的常见题型分为以下几类：圆锥曲线几何性质与方程的综合问题、直线与圆锥曲线问题、中点问题、范围问题、面积问题、定点问题以及参数问题等，并对其分类进行研究，不仅能引导学生养成从多角度分析高考试题的习惯，也能培养学生的创新能力、实践应用能力以及发散性思维能力. 用样例来表达相应的解题规则等抽象知识，容易被学习者理解和应用[③]. 要设计不同形式的样例，以促进解题者对样例的自我解释，利于其理解样例，

[①] 作者：郭燕、赵思林（指导教师）.
[②] 曹兵. 通过对比看新教材中"圆锥曲线方程"的若干特色[J]. 数学学习与研究，2002（12）：1-2.
[③] John S, Graham A C. The Use of Worked Examples as a Substitute for Problem Solving in Learning Algebra [J]. Cognitionand Instruction, 1985, 2 (1): 59-89.

从而获得问题解决的迁移[1]. 希望在此能在提升自己的同时帮助即将参加高考的学生，使其在遇到圆锥曲线相关问题时能迎刃而解.

二、高考圆锥曲线综合问题研究

平面内一点到定点 F 的距离与到定直线 l（定点 F 不在定直线 l 上）的距离的比等于常数 e 的点的轨迹是圆锥曲线. 其中，定点 F 是圆锥曲线的焦点，定直线 l 是与定点 F 在同一侧的圆锥曲线的准线，常数 e 的取值与轨迹类型的关系见表 3.5.

表 3.5 常数 e 的取值与轨迹类型的关系

常数 e 的取值	轨迹表示的圆锥曲线
$0<e<1$	椭圆
$e=1$	抛物线
$e>1$	双曲线

1. 有关圆锥曲线定义、几何性质与方程的综合问题研究

在历年高考圆锥曲线的类型题中，都会出现关于圆锥曲线定义、几何性质与方程的综合问题，在这类问题中主要有两大任务：一是根据曲线的几何条件，把它用方程的形式表示出来；二是通过曲线的方程来讨论它的几何性质[2].

例1 （2016年全国卷Ⅱ理科第11题）已知点 F_1，F_2 是双曲线 $E:\dfrac{x^2}{a^2}-\dfrac{y^2}{b^2}=1$ 的左、右焦点，点 M 在 E 上，MF_1 与 x 轴垂直，$\sin\angle MF_2F_1=\dfrac{1}{3}$，则 E 的离心率为(　　).

A. $\sqrt{2}$　　　　　B. $\dfrac{3}{2}$　　　　　C. $\sqrt{3}$　　　　　D. 2

解：根据题意，画出圆锥曲线的图像，如图 3.6 所示.

因为 MF_1 与 x 轴垂直，所以 $\triangle MF_1F_2$ 是直角三角形. 又 $\sin\angle MF_2F_1=\dfrac{1}{3}$，所以 $\dfrac{MF_1}{MF_2}=\dfrac{1}{3}$，即 $MF_2=3MF_1$. ①

在双曲线 E 中，有 $MF_2-MF_1=2a$，将①式代入上式，可得 $MF_1=a$，$MF_2=3a$. 在 $\text{Rt}\triangle MF_1F_2$ 中，由勾股定理，得 $MF_1^2+F_1F_2^2=MF_2^2$，即 $a^2+(2c)^2=(3a)^2$.

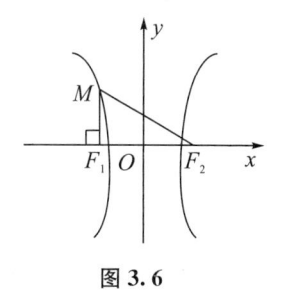

图 3.6

因为 $a>0$，$c>0$，解得 $\dfrac{c}{a}=\sqrt{2}$，即离心率 $e=\sqrt{2}$，故选 A.

评注：本例将双曲线的知识与三角函数、勾股定理有机地结合在一起，是比较基础的圆锥曲线综合题，也是高考中比较常见的题型，考查了学生是否能够灵活地运用圆锥曲线

---

[1] Eric L M. Mathematical Creativity and School Mathematics：Indicators of Mathematical Creativity in Middle School Students [J]. Proquest Psychology Journals，2005，28（3）：179－182.
[2] 裴光亚. 高考解析几何的难点与对策 [J]. 数学通报，1999（2）：35－38.

基础知识解决问题，同样考查了学生对数形结合的数学思想的理解和掌握情况.

例 2 （2015 年重庆卷理科第 21 题）如图 3.7 所示，椭圆 $\dfrac{x^2}{a^2}+\dfrac{y^2}{b^2}=1(a>b>0)$ 的左、右焦点分别为点 F_1，F_2，过点 F_2 的直线交椭圆于 P，Q 两点，且 $PQ\perp PF_1$.

(1) 若 $|PF_1|=2+\sqrt{2}$，$|PF_2|=2-\sqrt{2}$，求椭圆的标准方程；

(2) 若 $|PF_1|=|PQ|$，求椭圆的离心率 e.

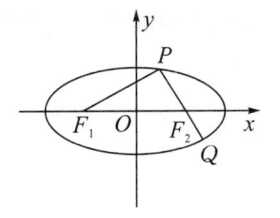

图 3.7

解：(1) 由题意，得 $|PF_1|=2+\sqrt{2}$，$|PF_2|=2-\sqrt{2}$.

根据椭圆的定义，有 $|PF_1|+|PF_2|=2a$，解得 $a=2$.

因为 $PQ\perp PF_1$，所以 $\triangle PF_1F_2$ 是直角三角形，由勾股定理，得 $|PF_1|^2+|PF_2|^2=|F_1F_2|^2$.

又 $|F_1F_2|=2c$，椭圆的半焦距 $c>0$，解得 $c=\sqrt{3}$. 根据椭圆的性质，有 $a^2-b^2=c^2$，解得 $b=1$.

所以椭圆的标准方程为 $\dfrac{x^2}{4}+y^2=1$.

(2) 连接 F_1Q，如图 3.8 所示，由已知得点 P，Q 是椭圆上的两点，由椭圆的定义，得

$|PF_1|+|PF_2|=2a$，①

$|QF_1|+|QF_2|=2a$. ②

又 $|PF_1|=|PQ|=|PF_2|+|QF_2|$. ③

联合①②③式，解得 $|QF_1|=4a-2|PF_1|$. ④

又 $PQ\perp PF_1$，$|PF_1|=|PQ|$，所以 $\triangle PQF_1$ 为等腰直角三角形，故 $|QF_1|=\sqrt{2}|PF_1|$. ⑤

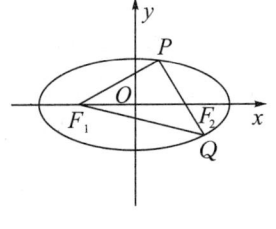

图 3.8

联合④⑤式，解得 $|PF_1|=2(2-\sqrt{2})a$. 所以 $|PF_2|=2a-|PF_1|=2a-2(2-\sqrt{2})a=2(\sqrt{2}-1)a$.

在 Rt$\triangle PF_1F_2$ 中，由勾股定理，得 $|PF_1|^2+|PF_2|^2=|F_1F_2|^2$.

又 $|F_1F_2|=2c$（$c>0$），所以 $[2(2-\sqrt{2})a]^2+[2(\sqrt{2}-1)a]^2=(2c)^2$，解得 $\dfrac{c}{a}=\sqrt{6}-\sqrt{3}$.

所以椭圆的离心率 $e=\sqrt{6}-\sqrt{3}$.

评注：本例主要检验学生对椭圆的定义、几何性质及其标准方程知识的掌握情况，考查学生对勾股定理、等量代换、数形结合的数学思想方法以及知识融合运用的掌握情况. 本例围绕椭圆的定义 $|PF_1|+|PF_2|=2a$，根据 $PQ\perp PF_1$ 且 $|PF_1|=|PQ|$，得出 $\triangle PQF_1$ 为等腰直角三角形，再融合等量关系的代换解决问题.

2. 直线与圆锥曲线位置关系问题研究

在历年的高考中都会出现涉及直线与圆锥曲线位置关系的考题，一般来说，比较基础

的题型是只考查直线与圆锥曲线位置关系的判断的一个知识点，只需要从不同的角度分析，就可以得到直线与圆锥曲线的位置关系. 在高考题中，直线与圆锥曲线位置关系问题会融合斜率及其取值范围的研究、图形的面积、点关于直线的对称等问题综合考查. 从不同的角度看直线 l 与圆锥曲线 r 的位置关系见表 3.6.

表 3.6　直线 l 与圆锥曲线 r 的位置关系

角度	位置关系
几何角度	当直线 l 与双曲线的渐近线平行或与抛物线的对称轴平行或重合时，直线 l 与圆锥曲线 r 都只有一个交点
代数角度	设直线 l 的方程，将直线 l 与圆锥曲线 r 的方程联立得到

从代数角度分析，首先设直线 l 的方程，再将直线 l 与圆锥曲线 r 的方程联立，得到一元二次方程的分析如下：

判断直线 l 与圆锥曲线 r 的位置关系时，通常将直线 l 的方程 $Ax+By+C=0$（A，B 不同时为 0）与圆锥曲线 r 的方程 $F(x,y)=0$ 联立，即 $\begin{cases} Ax+By+C=0 \\ F(x,y)=0 \end{cases}$，消 y（也可以消 x）得到一个关于变量 x（或变量 y）的一元二次方程 $ax^2+bx+c=0$. 直线与圆锥曲线位置关系的判断见表 3.7.

表 3.7　直线与圆锥曲线位置关系的判断

当 $a=0$ 时	若一次方程有解，则只有一解. 此时，直线 l 与圆锥曲线 r 只有一个交点		
当 $a\neq 0$ 时，设 $\Delta=b^2-4ac$	当 $\Delta>0$ 时	一元二次方程有两个不等实根	直线 l 与圆锥曲线 r 相交于不同的两点（相交）
	当 $\Delta=0$ 时	一元二次方程有两个相等实根	直线 l 与圆锥曲线 r 相切于一点（相切）
	当 $\Delta<0$ 时	一元二次方程没有实根	直线 l 与圆锥曲线 r 没有公共点（相离）

例 3　（2016 年全国卷 I 文科第 20 题）在直角坐标系 xOy 中，直线 l：$y=t$（$t\neq 0$）交 y 轴于点 M，交抛物线 C：$y^2=2px$（$p>0$）于点 P，点 M 关于点 P 的对称点为点 N，连接 ON 并延长交 C 于点 H.

(1) 求 $\left|\dfrac{OH}{ON}\right|$；

(2) 除点 H 以外，直线 MH 与 C 是否有其他公共点？说明理由.

解：(1) 因为直线 l 交抛物线 C 于点 P，所以联立方程组 $\begin{cases} y=t \\ y^2=2px \end{cases}$，消 y，得 $t^2=2px$，解得 $x=\dfrac{t^2}{2p}$，所以 $P\left(\dfrac{t^2}{2p},t\right)$.

又因为点 N 为点 M 关于点 P 的对称点，所以 $N\left(\dfrac{t^2}{p},t\right)$. 由两点式，可得直线 ON 的方程为 $\dfrac{y-0}{t-0}=\dfrac{x-0}{\dfrac{t^2}{p}-0}$，即 $y=\dfrac{p}{t}x$.

又点 H 为直线 ON 延长与抛物线 C 的交点,联立方程组 $\begin{cases} y = \dfrac{p}{t}x \\ y^2 = 2px \end{cases}$,消 y,得 $\dfrac{p^2}{t^2}x^2 = 2px$,解得 $x = \dfrac{2t^2}{p}$ 或 $x = 0$(舍去),所以 $H\left(\dfrac{2t^2}{p},\ 2t\right)$.

所以点 N 为 OH 的中点,即 $\dfrac{|OH|}{|ON|} = 2$.

(2) 直线 MH 与抛物线 C 除点 H 外没有其他的公共点. 理由如下:

由直线 $l: y = t(t \neq 0)$ 交 y 轴于点 M,得 $M(0,\ t)$. 由(1)问知 $H\left(\dfrac{2t^2}{p},\ 2t\right)$.

由两点式,得直线 MH 的方程为 $\dfrac{y-t}{2t-t} = \dfrac{x-0}{\dfrac{2t^2}{p}-0}$,即 $y = \dfrac{p}{2t}x + t$. 联立方程组 $\begin{cases} y = \dfrac{p}{2t}x + t \\ y^2 = 2px \end{cases}$,消 x,得 $y^2 - 4ty + 4t^2 = 0$,解得 $y_1 = y_2 = 2t$. 所以直线 MH 与抛物线 C 有且只有一个公共点 H.

评注:在这类题中,考查直线与圆锥曲线位置关系问题与线段比例问题、直线方程、解方程组等一系列问题混合求解,可以通过从不同角度分析直线与圆锥曲线位置关系,也可以通过已知直线与圆锥曲线位置关系进而求解其他问题. 解决此类问题,首先应把圆锥曲线以及题中告知的信息转化为草图,通过联立方程组,消元解方程组,并利用数形结合的数学思想.

3. 直线与圆锥曲线相交的弦长问题研究

高考圆锥曲线综合问题考查的重点和热点之一是直线与圆锥曲线相交的弦长问题. 它是函数、数列、不等式、方程、三角函数以及平面向量等众多数学知识的交汇问题,背景新颖,代数推理深,思维能力要求高,解题方法灵活多变,综合考查考生数形结合、等价转化、分类讨论、逻辑推理等多方面能力[1]. 一般来说,常利用韦达定理法和点差法解决直线与圆锥曲线相交的弦长问题,具体步骤见表 3.8.

表 3.8 韦达定理法和点差法

方法	步 骤
韦达定理法	①联立直线 l 的方程与曲线 C 的方程; ②消元后得到一个一元二次方程; ③利用韦达定理、判别式以及中点坐标公式等知识求解
点差法	若直线 l 与圆锥曲线 C 有两个交点 A,B. ①设交点坐标 $A(x_1,\ y_1)$,$B(x_2,\ y_2)$; ②代入圆锥曲线 C 的方程; ③作差,构造出 $x_1 + x_2$,$y_1 + y_2$,$x_1 - x_2$,$y_1 - y_2$; ④利用中点坐标和斜率等求解

---

[1] 徐云贵. 直线与圆锥曲线相交问题的求解对策 [J]. 中学生理科应试,2009 (1):4-7.

例 4 （2016 年全国卷 I 文科第 15 题）设直线 $y=x+2a$ 与圆 C：$x^2+y^2-2ay-2=0$ 相交于 A，B 两点，若 $|AB|=2\sqrt{3}$，则圆 C 的面积为_____．

解：因为圆 C：$x^2+y^2-2ay-2=0$，所以圆 C 的标准方程为 $x^2+(y-a)^2=a^2+2$．圆 C 的圆心 $N(0,a)$，半径 $R=\sqrt{a^2+2}$．

又直线 l：$y=x+2a$，即 $x-y+2a=0$，所以圆 C 的圆心 N 到直线 l 的距离 $d=\dfrac{|0-a+2a|}{\sqrt{1^2+(-1)^2}}=\dfrac{\sqrt{2}}{2}|a|$．

又弦长 $|AB|=2\sqrt{3}$，记 $|AB|$ 的中点为点 M，所以 $|AM|=\sqrt{3}$．连接 MN，有 $|MN|=d$，$|AN|=R$．在 Rt$\triangle AMN$ 中，由勾股定理，得 $|MN|^2+|AM|^2=|AN|^2$，即 $\left(\dfrac{\sqrt{2}}{2}|a|\right)^2+(\sqrt{3})^2=(\sqrt{a^2+2})^2$．

整理得 $\dfrac{a^2}{2}+3=a^2+2$，解得 $a^2=2$．所以圆 C 的半径 $R=\sqrt{a^2+2}=2$．

所以圆 C 的面积 $S=\pi R^2=4\pi$．

评注：本例考查的知识点是直线与圆锥曲线相交的弦长问题，题中告诉了直线与圆锥曲线相交的弦长，通过画草图，运用点到直线的距离公式、数形结合的数学思想方法以及勾股定理解得圆的半径，再通过圆的面积公式求解出圆的面积．

例 5 （2016 年浙江卷理科第 19 题）如图 3.9 所示，设椭圆 $\dfrac{x^2}{a^2}+y^2=1(a>1)$．

（1）求直线 $y=kx+1$ 被椭圆截得的线段长（用 a，k 表示）；

（2）若任意以点 $A(0,1)$ 为圆心的圆与椭圆至多有 3 个公共点，求椭圆离心率的取值范围．

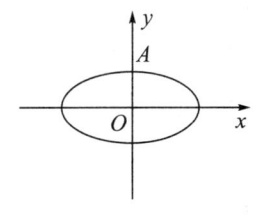

图 3.9

解：（1）不妨设直线 $y=kx+1$ 被椭圆所截得的线段为 AB，设 $A(x_1,y_1)$，$B(x_2,y_2)$．联立方程组 $\begin{cases}y=kx+1\\\dfrac{x^2}{a^2}+y^2=1\end{cases}$，消 y，得 $(a^2k^2+1)x^2+2a^2kx=0$．解得 $x_1=0$，$x_2=-\dfrac{2a^2k}{a^2k^2+1}$．所以 $|AB|=\sqrt{(x_1-x_2)^2+(y_1-y_2)^2}=\sqrt{(x_1-x_2)^2+[(kx_1+1)-(kx_2+1)]^2}=\sqrt{(1+k^2)(x_1-x_2)^2}=\sqrt{(1+k^2)\dfrac{2a^2k}{a^2k^2+1}}=\dfrac{2a^2|k|}{a^2k^2+1}\sqrt{(1+k^2)}$．

所以直线 $y=kx+1$ 被椭圆截得的线段长为 $\dfrac{2a^2|k|}{a^2k^2+1}\sqrt{(1+k^2)}$．

（2）不妨假设存在着一个以点 $A(0,1)$ 为圆心的圆与椭圆有 4 个公共点，根据圆与椭圆的对称性知，在 y 轴左侧的椭圆上有两个不同的交点 M，N，且满足 $|AM|=|AN|$．

设直线 AM，AN 的斜率分别为 k_1，$k_2(k_1,k_2>0,k_1\neq k_2)$．

107

由（1）问知 $|AM| = \dfrac{2a^2|k_1|}{a^2k_1^2+1}\sqrt{(1+k_1^2)}$，$|AN| = \dfrac{2a^2|k_2|}{a^2k_2^2+1}\sqrt{(1+k_2^2)}$.

所以 $\dfrac{2a^2|k_1|}{a^2k_1^2+1}\sqrt{(1+k_1^2)} = \dfrac{2a^2|k_2|}{a^2k_2^2+1}\sqrt{(1+k_2^2)}$.

整理，得 $(k_1^2-k_2^2)[1+k_1^2+k_2^2+a^2(2-a^2)k_1^2k_2^2]=0$.

又因为 k_1，$k_2 > 0$，$k_1 \neq k_2$，所以 $1+k_1^2+k_2^2+a^2(2-a^2)k_1^2k_2^2=0$.

因此 $\left(\dfrac{1}{k_1^2}+1\right)\left(\dfrac{1}{k_2^2}+1\right) = 1+a^2(a^2-2)$.

由上式关于 k_1，k_2 的方程有解，可得 $1+a^2(a^2-2)>1$，即 $a>\sqrt{2}$.

又因为任意以点 $A(0,1)$ 为圆心的圆与椭圆至多有 3 个公共点，所以 $1<a\leqslant\sqrt{2}$.　①

由椭圆的性质，得 $c^2=a^2-b^2$，$b=1$，所以椭圆的离心率 $e=\dfrac{c}{a}=\dfrac{\sqrt{a^2-1}}{a}$.　②

联立①②两式，解得 $0<e\leqslant\dfrac{\sqrt{2}}{2}$.

所以椭圆离心率的取值范围为 $0<e\leqslant\dfrac{\sqrt{2}}{2}$.

评注：本例考查了综合运用椭圆的基础知识，直线与椭圆相交的弦长公式，焦点个数问题，对称性以及取值范围问题，利用韦达定理求解直线与椭圆相交的弦长，利用反设及对称性解决圆与椭圆的交点个数问题，利用结论成立的充要条件解得取值范围问题.

4. 圆锥曲线的中点问题研究

在圆锥曲线学习中经常会遇到直线与圆锥曲线所成弦的中点问题，解决这类问题一般的思路是将直线方程与曲线方程联立，转化成一元二次方程，再结合根与系数关系及中点坐标公式进行求解．另一种思路是设出 2 个交点坐标，再利用中点坐标公式来求解[①].

例 6（2016 年全国卷Ⅲ理科第 20 题）已知抛物线 $C: y^2=2x$ 的焦点为 F，平行于 x 轴的两条直线 l_1，l_2 分别交 C 于 A，B 两点，交 C 的准线于 P，Q 两点.

(1) 若点 F 在线段 AB 上，点 R 是 PQ 的中点，证明：$AR // FQ$；

(2) 若 $\triangle PQF$ 的面积是 $\triangle ABF$ 的面积的两倍，求 AB 中点的轨迹方程.

解：(1) 由已知得 $F\left(\dfrac{1}{2}, 0\right)$，不妨设直线 $l_1: y=a$，$l_2: y=b$ $(ab\neq 0)$，则 $A\left(\dfrac{a^2}{2}, a\right)$，$B\left(\dfrac{b^2}{2}, b\right)$，$P\left(-\dfrac{1}{2}, a\right)$，$Q\left(-\dfrac{1}{2}, b\right)$，$R\left(-\dfrac{1}{2}, \dfrac{a+b}{2}\right)$.

记过 A，B 两点的直线为 l，则 l 的方程为 $2x-(a+b)y+ab=0$.

又点 F 在线段 AB 上，将 $F\left(\dfrac{1}{2}, 0\right)$ 代入 l 的方程中，得 $1+ab=0$.

记 AR 的斜率为 k_1，FQ 的斜率为 k_2，则 $k_1=\dfrac{a-b}{1+a^2}=\dfrac{a-b}{a^2-ab}=\dfrac{1}{a}=-\dfrac{ab}{a}=-b=k_2$.

所以 $AR // FQ$.

[①] 仲海飞. 一类圆锥曲线中点问题解法的比较研究 [J]. 高中数理化, 2015 (10): 7–8.

(2) 记 l 与 x 轴的交点为 $M(x_1, 0)$，则 $S_{\triangle ABF} = \frac{1}{2}|b-a||FM| = \frac{1}{2}|b-a| \cdot \left|x_1 - \frac{1}{2}\right|$，$S_{\triangle PQF} = \frac{|a-b|}{2}$.

又因为 $\triangle PQF$ 的面积是 $\triangle ABF$ 的面积的两倍，所以 $2 \times \frac{1}{2}|b-a|\left|x_1 - \frac{1}{2}\right| = \frac{|a-b|}{2}$，解得 $x_1 = 1$ 或 $x_1 = 0$(舍去)，所以 $M(1, 0)$.

设满足条件的 AB 的中点为 $E(x, y)$.

当 AB 与 x 轴垂直时，点 E 与点 M 重合，此时 $E(1, 0)$.

当 AB 与 x 轴不垂直时，由 $k_{AB} = k_{DE}$，可得 $\frac{2}{a+b} = \frac{y}{x-1}(x \neq 1)$. ①

由中点坐标公式，得 $\frac{2}{a+b} = y$. ②

联立①②两式，可以得到 $y^2 = x - 1(x \neq 1)$.

综上可得，AB 的中点 E 的轨迹方程为 $y^2 = x - 1$.

评注：本例通过抛物线的基础知识考查圆锥曲线的中点问题，在（1）问中利用抛物线的定义及基本性质，通过中点得到 AR 的斜率等于 FQ 的斜率，进而证明得到 $AR \parallel FQ$；在（2）问中由两个三角形面积的关系及已知条件得出 AB 与 x 轴的交点坐标，设所求点，分类讨论，通过斜率关系及中点坐标公式得出中点的轨迹方程.

5. 圆锥曲线的范围问题研究

在历年高考圆锥曲线综合问题中，常以圆锥曲线为背景求解范围. 该类题综合性较强，解法灵活多样. 解答这类问题时，一般先根据条件列出所求目标的函数关系式，然后根据函数关系式的特征选用参数法、配方法、判别式法、不等式法、单调性法、导数法以及三角函数最值法等求出它的最大值和最小值，从而确定参数的范围[1]. 可从两个方面考虑：一是构建关于目标变量的不等式；二是构建目标函数，求值域[2]. 构建不等式的常用途径见表 3.9.

表 3.9 构建不等式的常用途径

途径1	挖掘条件中蕴含的范围
途径2	利用点与圆锥曲线的位置关系
途径3	利用直线与圆锥曲线的位置关系
途径4	利用基本不等式
途径5	利用非负数 x^2
途径6	利用平面几何中的不等关系
途径7	利用三角函数的有界性

---

[1] 虞金. 圆锥曲线中最值、范围、定值及存在性问题 [J]. 中学教研（数学），2013（3）：34-41.
[2] 卢修华. 求解圆锥曲线中的范围问题 [J]. 理科考试研究（高中版），2009（3）：10-13.

续表3.9

途径8	利用辅助变量
途径9	构建目标函数,求值域

例7 (2016年浙江卷文科第13题)设双曲线 $x^2-\dfrac{y^2}{3}=1$ 的左、右焦点分别为 F_1,F_2. 若点 P 在双曲线上,且 $\triangle F_1PF_2$ 为锐角三角形,则 $|PF_1|+|PF_2|$ 的取值范围是 _____.

解:因为双曲线 $x^2-\dfrac{y^2}{3}=1$,所以 $a^2=1$,$b^2=3$.

根据双曲线的性质,知 $c^2=a^2+b^2$,解得 $c=2$. 所以焦点坐标 $F_1(-2,0)$,$F_2(2,0)$.

因为点 P 在双曲线上,且 $\triangle F_1PF_2$ 为锐角三角形,不妨假设点 P 落在双曲线的右支上. 当 $PF_2\perp F_1F_2$ 时,将 $x=2$ 代入 $x^2-\dfrac{y^2}{3}=1$,解得 $y=\pm 3$,即 $|PF_2|=3$.

由双曲线的定义,知 $|PF_1|-|PF_2|=2a$,故 $|PF_1|=5$,此时 $|PF_1|+|PF_2|=8$.
当 $PF_1\perp PF_2$ 时,在 $\text{Rt}\triangle F_1PF_2$ 中,由勾股定理,得
$|PF_1|^2+|PF_2|^2=|F_1F_2|^2=4c^2=16$. ①
又 $|PF_1|-|PF_2|=2$. ②
将②式两边分别平方,得 $|PF_1|^2+|PF_2|^2-2|PF_1||PF_2|=4$. ③
联立①③式,解得 $|PF_1||PF_2|=6$. ④
联立②④式,解得 $|PF_1|=1+\sqrt{7}$,$|PF_2|=-1+\sqrt{7}$,此时 $|PF_1|+|PF_2|=2\sqrt{7}$.
综上可得,使 $\triangle F_1PF_2$ 为锐角三角形的 $|PF_1|+|PF_2|$ 的取值范围是 $(2\sqrt{7},8)$.

评注:本例考查双曲线的基本知识,结合三角形的基本知识,利用特殊情况的勾股定理求得最大值、最小值,求出取值范围.

例8 (2016年全国卷Ⅰ理科第20题)设圆 $x^2+y^2+2x-15=0$ 的圆心为 A,直线 l 过点 $B(1,0)$ 且与 x 轴不重合,l 交圆 A 于 C,D 两点,过点 B 作 AC 的平行线交 AD 于点 E.

(1) 证明 $|EA|+|EB|$ 为定值,并写出点 E 的轨迹方程;

(2) 设点 E 的轨迹为曲线 C_1,直线 l 交 C_1 于 M,N 两点,过点 B 且与 l 垂直的直线与圆 A 交于 P,Q 两点,求四边形 $MPNQ$ 的面积的取值范围.

解:(1) 因为 C,D 为圆 A 上的两点,所以 $|AC|=|AD|$,有 $\angle ACD=\angle ADC$. 又 $AC\parallel BE$,有 $\angle ACD=\angle EBD$(两直线平行同位角相等). 所以 $\angle ADC=\angle EBD$,有 $|EB|=|ED|$,因此 $|EA|+|EB|=|EA|+|ED|=|AD|$.

又因为圆 $x^2+y^2+2x-15=0$,即圆的标准方程为 $(x+1)^2+y^2=16$,从而 $|AD|=4$,所以 $|EA|+|EB|=4$,为定值.

根据题意得 $A(-1,0)$,$B(1,0)$,$|AB|=2$,由椭圆的定义,得点 E 的轨迹方程为 $\dfrac{x^2}{4}+\dfrac{y^2}{3}=1(y\neq 0)$.

(2) 当直线 l 与 x 轴垂直时，直线 l 的方程为 $x=1$. 将 $x=1$ 代入 $\dfrac{x^2}{4}+\dfrac{y^2}{3}=1$ ($y\neq 0$) 中，解得 $y=\pm\dfrac{3}{2}$，则 $|MN|=3$，$|PQ|=8$. 此时，四边形 $MPNQ$ 的面积为 $S_{MPNQ}=\dfrac{1}{2}|MN||PQ|=12$.

当直线 l 与 x 轴不垂直时，不妨设直线 l 的方程为 $y=k(x-1)(k\neq 0)$，$M(x_1,y_1)$，$N(x_2,y_2)$. 联立方程组 $\begin{cases}y=k(x-1)\\\dfrac{x^2}{4}+\dfrac{y^2}{3}=1\end{cases}$，消 y，得 $(4k^2+3)x^2-8k^2x+4k^2-12=0$. 由韦达定理，得 $x_1+x_2=\dfrac{8k^2}{4k^2+3}$，$x_1x_2=\dfrac{4k^2-12}{4k^2+3}$. 则 $|MN|=\sqrt{(1+k^2)[(x_1+x_2)^2-4x_1x_2]}=\sqrt{(1+k^2)\left[\left(\dfrac{8k^2}{4k^2+3}\right)^2-4\times\dfrac{4k^2-12}{4k^2+3}\right]}=\sqrt{(1+k^2)\dfrac{144(k^2+1)}{(4k^2+3)^2}}=\dfrac{12(k^2+1)}{4k^2+3}$.

又过点 $B(1,0)$ 且与直线 l 垂直的直线 h 的方程为 $y=-\dfrac{1}{k}(x-1)$，联立方程组 $\begin{cases}y=-\dfrac{1}{k}(x-1)\\\dfrac{x^2}{4}+\dfrac{y^2}{3}=1\end{cases}$. 同理，可解得 $|PQ|=4\sqrt{\dfrac{4k^2+3}{k^2+1}}$.

此时，四边形 $MPNQ$ 的面积为 $S_{MPNQ}=\dfrac{1}{2}|MN||PQ|=12\sqrt{1+\dfrac{1}{4k^2+3}}$，因为 $0<\dfrac{1}{4k^2+3}<\dfrac{1}{3}\Rightarrow 1<1+\dfrac{1}{4k^2+3}<\dfrac{4}{3}\Rightarrow 1<\sqrt{1+\dfrac{1}{4k^2+3}}<\dfrac{2\sqrt{3}}{3}$，所以 $12<12\sqrt{1+\dfrac{1}{4k^2+3}}<8\sqrt{3}$，即 $12<S_{MPNQ}<8\sqrt{3}$.

所以当直线 l 与 x 轴不垂直时，四边形 $MPNQ$ 的面积的取值范围为 $(12,8\sqrt{3})$.

综上可得，四边形 $MPNQ$ 的面积的取值范围为 $[12,8\sqrt{3})$.

评注：本例结合圆、直线、轨迹方程构造椭圆，综合椭圆的基础知识和直线与椭圆的相交弦长问题考查圆锥曲线中的取值范围问题，利用分类讨论、韦达定理以及面积公式求解范围.

6. 圆锥曲线的面积问题研究

在圆锥曲线背景下的三角形面积问题是圆锥曲线性质的进一步应用，它综合了数形结合思想、函数与方程思想、化归与转化思想等多种数学思想方法，符合考试大纲中"对数学能力的考查要以数学基础知识、数学思想和方法为基础"的要求，有利于综合考查考生的能力，是各地高考试题中出现频率高的热点问题[①].

---

① 黄邦活. 高考圆锥曲线下的三角形面积问题求解策略 [J]. 高中生之友（高考版），2013 (1)：13-15.

例 9 （2016 年全国卷 II 理科第 20 题）已知椭圆 $E: \dfrac{x^2}{t}+\dfrac{y^2}{3}=1$ 的焦点在 x 轴上，点 A 是 E 的左顶点，斜率为 $k(k>0)$ 的直线交 E 于 A，M 两点，点 N 在 E 上，$MA \perp NA$.

(1) 当 $t=4$，$|AM|=|AN|$ 时，求 $\triangle AMN$ 的面积；

(2) 当 $2|AM|=|AN|$ 时，求 k 的取值范围.

解：(1) 设 $M(x,y)$，由题意得 $y_1>0$. 当 $t=4$ 时，E 的方程为 $\dfrac{x^2}{4}+\dfrac{y^2}{3}=1$，$A(-2,0)$.

又 $|AM|=|AN|$，由椭圆的对称性知，直线 AM 的倾斜角为 $\dfrac{\pi}{4}$. 故直线 AM 的方程为 $y=x+2$，联立方程组 $\begin{cases} y=x+2 \\ \dfrac{x^2}{4}+\dfrac{y^2}{3}=1 \end{cases}$，消 x，得 $7y^2-12y=0$，解得 $y=\dfrac{12}{7}$ 或 $y=0$（舍去）.

所以 $\triangle AMN$ 的面积为 $S_{\triangle AMN}=2\times \dfrac{1}{2}\times \dfrac{12}{7}\times \dfrac{12}{7}=\dfrac{144}{49}$.

(2) 由题意得 $t>3$，$A(-\sqrt{t},0)$. 不妨设直线 AM 的斜率为 $k(k>0)$，$M(x_1,y_1)$，则直线 AM 的方程为 $y=k(x+\sqrt{t})$，联立方程组 $\begin{cases} y=k(x+\sqrt{t}) \\ \dfrac{x^2}{t}+\dfrac{y^2}{3}=1 \end{cases}$，消 y，得 $(3+tk^2)x^2+2\sqrt{t}\cdot tk^2 x+t^2k^2-3t=0$.

由韦达定理，得 $x_1\cdot(-\sqrt{t})=\dfrac{t^2k^2-3t}{3+tk^2}$，解得 $x_1=\dfrac{\sqrt{t}(3-tk^2)}{3+tk^2}$. 所以 $|AM|=\sqrt{1+k^2}|x_1+\sqrt{t}|=\dfrac{6\sqrt{t(1+k^2)}}{3+tk^2}$.

又 $MA\perp NA$，故直线 AN 的方程为 $y=-\dfrac{1}{k}(x+\sqrt{t})$.

同理，可得 $|AN|=\dfrac{6k\sqrt{t(1+k^2)}}{3k^2+t}$.

又因为 $2|AM|=|AN|$，所以 $2\times \dfrac{6\sqrt{t(1+k^2)}}{3+tk^2}=\dfrac{6k\sqrt{t(1+k^2)}}{3k^2+t}$. 整理得 $\dfrac{2}{3+tk^2}=\dfrac{k}{3k^2+t}$，即 $(k^3-2)t=3k(2k-1)$. 当 $k=\sqrt[3]{2}$ 时上式不成立，因此 $t=\dfrac{3k(2k-1)}{k^3-2}$.

又因为 $t>3$，等价于 $\dfrac{3k(2k-1)}{k^3-2}>3$，即 $\dfrac{k(2k-1)}{k^3-2}>1$，解得 $\sqrt[3]{2}<k<2$.

所以 k 的取值范围是 $(\sqrt[3]{2},2)$.

评注：本例将 t 的值代入椭圆方程中，得出具体的椭圆方程，由已知条件及椭圆的基本性质对称性得出直线 AM 的斜率，得出直线方程，联立方程组，消 x，得出一元二次方程，进而利用面积公式解得 $\triangle AMN$ 的面积.

7. 圆锥曲线的定点问题研究

圆锥曲线的定值、定点问题也是近几年高考的热点和难点问题之一,要求学生在变化的曲线或者方程中找到不变的因素,即动中有静,静中有动,动中窥静,以静制动[①].

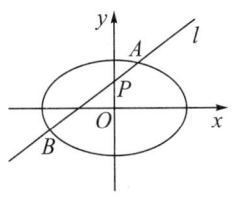

例 10 (2015 年四川卷理科第 20 题) 如图 3.10 所示,椭圆 $E: \dfrac{x^2}{a^2}+\dfrac{y^2}{b^2}=1$ 的离心率是 $\dfrac{\sqrt{2}}{2}$,过点 $P(0,1)$ 的动直线 l 与椭圆相交于 A,B 两点,当直线 l 平行于 x 轴时,直线 l 被椭圆 E 截得的线段长为 $2\sqrt{2}$.

图 3.10

(1) 求椭圆 E 的方程;

(2) 在平面直角坐标系 xOy 中,是否存在与点 P 不同的定点 Q,使得 $\left|\dfrac{QA}{QB}\right|=\left|\dfrac{PA}{PB}\right|$ 恒成立?若存在,求出点 Q 的坐标;若不存在,请说明理由.

解:(1) 由题意得椭圆过点 $(\sqrt{2},1)$,所以 $\dfrac{2}{a^2}+\dfrac{1}{b^2}=1$. ①

又椭圆 E 的离心率是 $\dfrac{\sqrt{2}}{2}$,所以 $e=\dfrac{c}{a}=\dfrac{\sqrt{2}}{2}$. ②

根据椭圆的性质,有 $a^2=b^2+c^2$. ③

联立①②③式,解得 $a=2$,$b=\sqrt{2}$,$c=\sqrt{2}$.

所以椭圆 E 的方程为 $\dfrac{x^2}{4}+\dfrac{y^2}{2}=1$.

(2) 不妨假设存在与点 P 不同的定点 Q,使得 $\left|\dfrac{QA}{QB}\right|=\left|\dfrac{PA}{PB}\right|$ 恒成立.

当直线 l 平行于 x 轴时,有 $\left|\dfrac{QA}{QB}\right|=\left|\dfrac{PA}{PB}\right|=1$,$A$,$B$ 两点关于 y 轴对称,所以点 Q 在 y 轴上,不妨记 $Q(0,a)$.

当直线 l 垂直于 x 轴时,由(1)问知 $A(0,\sqrt{2})$,$B(0,-\sqrt{2})$,则 $|QA|=|a-\sqrt{2}|$,$|QB|=|a+\sqrt{2}|$.

又点 $P(0,1)$,所以 $|PA|=|1-\sqrt{2}|$,$|PB|=|1+\sqrt{2}|$.

又 $\left|\dfrac{QA}{QB}\right|=\left|\dfrac{PA}{PB}\right|$ 恒成立,所以 $\left|\dfrac{a-\sqrt{2}}{a+\sqrt{2}}\right|=\left|\dfrac{1-\sqrt{2}}{1+\sqrt{2}}\right|$,解得 $a=2$ 或 $a=1$(舍去).所以点 Q 的坐标为 $(0,2)$.

当直线 l 既不平行于 x 轴也不垂直于 x 轴时,不妨假设直线 $l:y=kx+1$,$Q(0,2)$ 也使得 $\left|\dfrac{QA}{QB}\right|=\left|\dfrac{PA}{PB}\right|$ 恒成立,由角平分线定理,知 y 轴为 $\angle AQB$ 的角平分线,即有 $k_{QA}=-k_{QB}$.

不妨设 $A(x_1,y_1)$,$B(x_2,y_2)$,因为点 A,B 在直线 $l:y=kx+1$ 上,则 $y_1=$

---

① 耿道永. 一类圆锥曲线中的定值、定点问题探究式教学设计 [J]. 中学教研(数学),2014(6):16-18.

kx_1+1，$y_2=kx_2+1$.

联立方程组 $\begin{cases} y=kx+1 \\ \dfrac{x^2}{4}+\dfrac{y^2}{2}=1 \end{cases}$，消 y，得 $(1+2k^2)x^2+4kx-2=0$.

由韦达定理，得 $x_1+x_2=-\dfrac{4k}{1+2k^2}$，$x_1x_2=\dfrac{-2}{1+2k^2}$.

又 $k_{QA}=\dfrac{y_1-2}{x_1-0}=\dfrac{kx_1-1}{x_1}=k-\dfrac{1}{x_1}$. ①

同理，可得 $k_{QB}=\dfrac{y_2-2}{x_2-0}=\dfrac{kx_2-1}{x_2}=k-\dfrac{1}{x_2}$. ②

由①②式相加，得 $k_{QA}+k_{QB}=2k-\left(\dfrac{1}{x_1}+\dfrac{1}{x_2}\right)=2k-\dfrac{x_1+x_2}{x_1x_2}=2k-2k=0$，即 $k_{QA}=-k_{QB}$.

综上，假设成立，即存在与点 P 不同的定点 $Q(0,2)$，使得 $\left|\dfrac{QA}{QB}\right|=\left|\dfrac{PA}{PB}\right|$ 恒成立.

评注：本例考查椭圆的定义及基本性质，分类讨论，先由特殊到一般，求得满足题意的顶点坐标，进而根据题意与角平分线的性质，利用韦达定理设而不求的方法证明假设成立.

8. 圆锥曲线的参数问题研究

有关圆锥曲线的参数范围问题是高考的一个重难点. 这类问题的特点是综合性较强，在解答问题时需要根据具体问题灵活地运用函数、不等式、解析几何、平面几何和三角函数等知识构造不等式，突出圆锥曲线问题与其他数学知识的密切联系，凸显高考命题思想"在知识点交汇处命题"．解决这类问题的基本思想是通过深入挖掘隐含条件，将问题化归为求函数的值域或解不等式[①]. 常见的求解策略见表 3.10.

表 3.10 常见的求解策略

策略 1	利用"Δ"判定法
策略 2	利用"e"范围法
策略 3	利用坐标范围法
策略 4	利用隐含条件范围法
策略 5	利用圆锥曲线的定义法

例 11 （2016 年四川卷理科第 8 题）设点 O 为坐标原点，点 P 是以点 F 为焦点的抛物线 $y^2=2px(p>0)$ 上任意一点，点 M 是线段 PF 上的点，且 $|PM|=2|MF|$，则直线 OM 的斜率的最大值为（　　）.

A. $\dfrac{\sqrt{3}}{3}$　　　　B. $\dfrac{2}{3}$　　　　C. $\dfrac{\sqrt{2}}{2}$　　　　D. 1

---

① 邵华川. 圆锥曲线中参数问题的求解策略 [J]. 中学数学，2012 (9)：87-88.

解：设 $P(2pt^2, 2pt)$，$M(x, y)$，$F\left(\dfrac{p}{2}, 0\right)$，则 $\overrightarrow{PM}=(x-2pt^2, y-2pt)$，$\overrightarrow{MF}=\left(\dfrac{p}{2}-x, -y\right)$.

又因为 $|PM|=2|MF|$，所以 $\begin{cases} x-2pt^2=2\left(\dfrac{p}{2}-x\right) \\ y-2pt=2(-y) \end{cases}$，解得 $\begin{cases} x=\dfrac{p}{3}+\dfrac{2pt^2}{3} \\ y=\dfrac{2pt}{3} \end{cases}$.

所以直线 OM 的斜率为 $k_{OM}=\dfrac{y}{x}=\dfrac{2pt}{p+2pt^2}=\dfrac{2t}{1+2t^2}=\dfrac{1}{\dfrac{1}{2t}+t}\leqslant \dfrac{\sqrt{2}}{2}$. 故选 C.

评注：本例主要考查了抛物线的简单性质的应用，关键是掌握抛物线的标准方程和直线斜率的求法，最后利用不等式求解参数的最大值.

例 12 （2016 年全国卷 I 理科第 5 题）已知方程 $\dfrac{x^2}{m^2+n}-\dfrac{y^2}{3m^2-n}=1$ 表示双曲线，且该双曲线两焦点间的距离为 4，则 n 的取值范围是（　　）.

A．$(-1, 3)$　　　　B．$(-1, \sqrt{3})$　　　　C．$(0, 3)$　　　　D．$(0, \sqrt{3})$

解：根据双曲线的性质有 $c^2=m^2+n+3m^2-n=4m^2$（c 是半焦距），根据题意有 $2c=4$，所以 $c=2$，$|m|=1$. 在双曲线中，$(m^2+n)(3m^2-n)>0$，即 $-m^2<n<3m^2$，解得 $-1<n<3$. 故选 A.

评注：本例考查了双曲线的定义及基本性质，利用双曲线两焦点间的距离解得 c，m 的值，进而根据不等式解出 n 的取值范围.

本节对高考圆锥曲线综合问题进行了研究，将高考中常出现的圆锥曲线综合问题分为圆锥曲线几何性质与方程的综合问题、直线与圆锥曲线问题、中点问题、范围问题、面积问题、定点问题以及参数问题等，并结合近年的高考题逐一进行了分析. 由于高考对圆锥曲线问题检测的综合性，在这些分类中涉及交叉现象以及其他内容与圆锥曲线的结合问题未进行研究分析. 在高考圆锥曲线综合问题的研究中，还体现了化归思想、方程思想、分类思想以及数形结合的数学思想方法在圆锥曲线综合问题中的重要性.

第五节　直线与圆锥曲线几类综合问题探究[①]

直线与圆锥曲线的综合问题是高中数学的重要内容之一，在高考中占有较大比重，实质上就是高中解析几何的综合问题，可以简称解几综合问题或解几综合题. 它不仅是几何与代数的交汇点，也是当前数学教育研究的热点问题之一. 两千多年前数学家就开始了对圆锥曲线的研究，开始尝试用平面切锥法得到相对应的圆锥曲线方程. 阿波罗尼奥斯对圆锥曲线进行了分类和研究，撰写了著名的《圆锥曲线论》，涵盖了高中数学中圆锥曲线的全部性质.

[①] 作者：樊红玉、赵思林（指导教师）.

圆锥曲线是几何学研究的重要内容之一，它存在于生活的各个方面．从宏观角度来看，人类生活的地球，其绕太阳运行的轨迹便是一个椭圆，上到人造卫星，下到冷却塔、拱桥等，都与圆锥曲线有着密切联系；从微观角度来看，围绕在原子周围的电子，其运行轨迹也与椭圆类似．从近几年的高考题目来看，高考解答题中考查椭圆和抛物线的较多，考查双曲线的较少；高考选择题和填空题对双曲线、抛物线、椭圆的考查几乎是全覆盖，但双曲线问题在高考小题中出现的概率比较大．然而，对于大多数考生而言，涉及直线与圆锥曲线的综合问题的考题特别是解答题是丢分的重灾区．直线与圆锥曲线的综合问题是函数、数列、方程、向量等数学问题交汇的重要问题，高中数学课程标准要求教师将圆锥曲线的抽象化和具体化相融合，让数学变得简单化．

近年来，许多数学家、数学教师以及其他研究者对直线与圆锥曲线的综合问题及其求解策略进行了研究，并取得了较为丰富的成果．徐云贵[1]强调要高度重视平面向量与解析几何的接轨，研究了高考中考查直线与圆锥曲线的热点题型，将其划分为求直线的方程、求弦长、求弦中点以及弦中点的轨迹方程、求参数的取值范围、求直线和圆锥曲线的交点．祝峰[2]研究了圆锥曲线中四类弦的特征及应用，指出圆锥曲线都是轴对称图形，应充分关注其对称性，还强调了焦点弦与圆锥曲线第二定义、中点弦与点差法、向量表达式与定点弦之间的相互关联．尚月如[3]强调了解决高考中圆锥曲线问题的通性通法，指出要重视对课本例题习题的研究．谢玉平[4]对圆锥曲线中的几类问题进行了探究，包括定点与定值问题、弦长问题、最值与范围问题、轨迹问题以及对称问题，并指出相应的求解策略，如点差法、代数法、几何法等．李健康[5]对 2014—2017 年全国理科试题中的解析几何问题进行了研究，探讨命题思路，指出命题带有一定的连续性和规律性，并给出了相应的复习建议．孟胜奇[6]指出，高考中考查直线与圆锥曲线的综合问题聚焦于三个方面：一是轨迹问题；二是定义和几何性质；三是利用代数知识求解曲线问题．将直线与圆锥曲线的综合性问题划分为位置、轨迹、线段长、最值及范围问题．施培松[7]强调圆锥曲线的定义在求轨迹方程、最值及周长等问题中的应用，并要求重视数形结合思想．任小平[8]指出高考命题体现了三个原则：一是来源于课本；二是根植于教材；三是着眼于提高．要求学生打好基础，重视课本习题的深化和演变．杨林军[9]针对圆锥曲线中的定点与定值问题进行了研究，指出该问题的本质就是寻求运动变化过程中的不变量，重视从特殊到一般的思维方法．周爱国[10]以圆锥曲线中的最值问题为背景，研究了定义法、切线法、参数法、函数

---

[1] 徐云贵. 直线与圆锥曲线相交问题的求解对策 [J]. 中学数学教与学，2009 (3)：60－63.
[2] 祝峰. 圆锥曲线中值得注意的四类弦 [J]. 理科考试研究（高中版），2010 (11)：19－22.
[3] 尚月如. 从高考数学试题看圆锥曲线的总复习 [J]. 中学数学杂志，2007 (9)：44－47.
[4] 谢玉平. 圆锥曲线 [J]. 中学数学教学参考，2015 (1)：102－108.
[5] 李健康. 对近年来全国Ⅰ卷理科数学解析几何的命题分析 [J]. 中学数学研究（华南师范大学版），2018 (2)：35－38.
[6] 孟胜奇. 微专题九直线与圆锥曲线 [J]. 中学数学教学参考，2017 (1)：83－86.
[7] 施培松. 浅谈圆锥曲线的定义在高考题中的应用 [J]. 高中数学教与学，2017 (7)：35－37.
[8] 任小平. 挖掘教材，链接高考——以圆锥曲线为例 [J]. 数学教学通讯，2017 (12)：25－28.
[9] 杨林军. 微专题十一 定点与定值问题 [J]. 中学数学教学参考，2017 (1)：90－93.
[10] 周爱国. 圆锥曲线中的最值问题 [J]. 中学数学研究，2018 (9)：43－46.

法、几何法以及基本不等式在解决高考数学问题中的巧妙之处. 潘敬贞[1]从圆锥曲线中的存在性问题出发,从常数、点、直线、圆四个不同的角度,展现了解决存在性问题的一般思路. 赵意扬[2]运用等价转换思想来解决高考中与距离和面积有关的最值问题. 王芝平等[3]以 2008 年的安徽省高考试题为例,提出了一般化试题及多种解法. 梁克强[4]提出三角形和圆的相关性质是研究解析几何的基础的观点. 朱正元[5]从几何特征出发,探求圆锥曲线在坐标变换下的不变量. 鲁海华[6]以高考试题为例,针对圆锥曲线中的"是否存在型"问题提出了相应的解题策略,包括矛盾或统一、代数式辨析、数形结合等. 刘光明[7]从 2018 年全国Ⅰ卷理科试题出发,追溯了高考试题的背景,从横向与纵向两个角度对其解法进行了探究.

在高中数学教学中题海战术盛行,解题套路繁多,但对直线与圆锥曲线的综合问题似乎并不是特别奏效,这就足以激发大家对直线与圆锥曲线的综合问题的兴趣和研究热情. 事实上,采用"题海战术+题型套路+死记硬背"的学习方式学习和探究解几综合问题,容易使学生形成"简单模仿+生搬硬套+机械记忆"的认知结构,这显然不符合学生学习认知的心理规律,从而会影响学生的学习效果. 当然,这里并不是说数学课不该讲"题型+套路",关键是怎样讲才符合学生学习认知的心理规律. 如果对于典型问题,讲解通性通法,那么这样的"讲"是有效的,甚至可能是高效的. 如果让学生自己根据一些问题去归纳题型,那么学生就是在充分理解许多问题的基础上获得的"题型",学生容易把所获得的"题型"变成数学"经验"."套路"的本质是解题方法的程式. 如果让学生自己在解题之后去发现、总结、提炼"套路",这样的教学方法获得的"套路"就会变成学生的数学"经验". 学生一旦得到这些"经验",就能够识别问题,更重要的是获得了解决问题的"渔". 这样就实现了"鱼"和"渔"全获的教育目的,这是数学教育应该提倡的. 数学的"题型"和"套路"对初学者来说是有益的,但最好的方法是让学生自己去观察、归纳、发现和总结,这样有助于学生形成自己的解决解析几何综合问题的认知结构和解决问题的经验. 本节将直线与圆锥曲线综合问题划分为中点、轨迹、对称、面积、切线、定点与定值、存在性以及最值与范围等问题,并提出解决各类问题的策略,包括点差法、定义法、参数法、函数法、导数法等. 需要强调的是,这些类型与方法应尽量让学生自己去总结和归纳,学生在主动参与、乐于探究、勤于动手、积极思考、力求理解的前提下,获得"题型+套路"的经验,从而在处理高考中关于直线与圆锥曲线综合问题时能够"鱼""渔"兼得.

解决直线与圆锥曲线的综合问题,一般会用到分类讨论、函数与方程、化归与转换、

---

[1] 潘敬贞. 圆锥曲线中探究型存在性问题的求解策略[J]. 中学数学研究(华南师范大学版),2014(3):15-18.

[2] 赵意扬. 等价转换思想在解析几何中的应用——以一类圆锥曲线中的长度、面积问题为例[J]. 高中数学教与学,2018(9):4-6.

[3] 王芝平,王强芳. 对一道高考圆锥曲线问题的探究[J]. 数学通报,2009,48(1):45-47.

[4] 梁克强. 三角形和圆的性质在圆锥曲线中的运用[J]. 中学数学教学参考,1994(8):22-23.

[5] 朱正元. 关于圆锥曲线判别的不变量方法[J]. 数学通报,2015,54(11):59-60.

[6] 鲁海华. 圆锥曲线中"是否存在"型问题求解的若干策略[J]. 福建中学数学,2012(3):36-38.

[7] 刘光明. 2018 年全国Ⅰ卷理科数学第 19 题溯源与探究[J]. 中学数学研究(华南师范大学版),2018(15):19-21.

数形结合等数学思想，以及定义法、待定系数法、代数法、几何法、换元法、导数法、配方法、参数法等数学基本方法.

在研究价值上，一方面，通过对直线与圆锥曲线综合问题的深入剖析，提升学生的应用意识和创新精神；另一方面，通过对前人的成果进行研究，提取精华部分，提高研究的普适性，为学生提供具体解决问题的策略与方法.

在研究意义上，就现阶段而言，许多研究者对直线与圆锥曲线的综合问题进行的研究缺乏一定的系统性，学生不能从整体上认知直线与圆锥曲线综合问题的类型和解题策略. 对此，本节以高考试题为导向，对圆锥曲线综合问题进行整体分析，形成解决问题的认知结构.

一、中点问题

1. 点差法

例1 已知线段 MN 的两端点在抛物线 $y^2=4x$ 上移动，且 $MN=4$，若点 G 为线段 MN 的中点，求点 G 的轨迹方程.

分析：因为点 M，N 均在抛物线上，并且涉及中点 G 的轨迹问题，所以首先考虑应用点差法，表示出中点 G 的坐标，再结合抛物线方程，根据韦达定理和弦长公式求得中点 G 的轨迹方程.

解：如图 3.11 所示，令 $M(x_1, y_1)$，$N(x_2, y_2)$，MN 的中点为 $G(x_0, y_0)$，直线 MN 的方程为 $y=kx+m$.

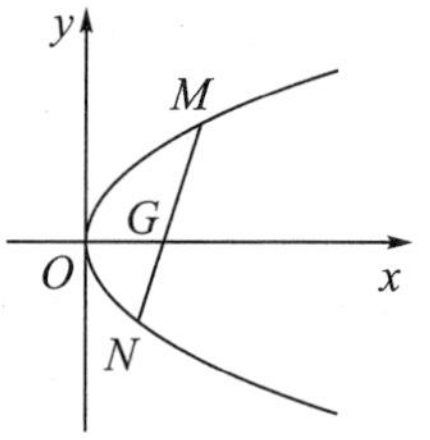

因为 M，N 两点均在抛物线上，所以 $\begin{cases} y_1^2=4x_1 \\ y_2^2=4x_2 \end{cases} \Rightarrow \dfrac{4}{y_1+y_2} = \dfrac{y_1-y_2}{x_1-x_2}=k=\dfrac{2}{y_0}$.

图 3.11

由点 $G(x_0, y_0)$ 在 $y=kx+m$ 上，得到 $m=y_0-\dfrac{2x_0}{y_0}$，l_{MN}：$y_0 y=2x+y_0^2-2x_0$. 又由 $\begin{cases} x=y_0 y-y_0^2+2x_0 \\ y=2y_0 y+4x_0-2y_0^2 \end{cases}$，代入抛物线方程，可得 $y^2-2y_0 y+2y_0^2-4x_0=0$.

由韦达定理，可得 $y_1+y_2=2y_0$，$y_1 y_2=2y_0^2-4x_0$. 由弦长公式，可得 $|MN|=\sqrt{1+\dfrac{1}{k^2}} \cdot |y_1-y_2|=\sqrt{1+\dfrac{1}{k^2}} \cdot [(y_1+y_2)^2-4y_1 y_2]=4$.

故线段 MN 的中点的轨迹方程为 $(4+y_0^2)(4x_0-y_0^2)=16$.

评注：本例以抛物线中点的轨迹问题为背景，有定性的位置关系，也有定量的长度，使数与形有机结合，考查学生的逻辑推理能力与转换能力.

例2 （2019年南充市二诊试题改编）已知椭圆 E 的左、右焦点分别为点 F_1，F_2，$|F_1 F_2|=2\sqrt{3}$，椭圆上 A，B，C 三点满足：$BF_2 \perp x$ 轴，$|F_1 B|+|F_2 B|=4$，$|F_2 A|$，$|F_2 B|$，$|F_2 C|$ 成等差数列.

(1) 求椭圆 E 的方程;

(2) 求证: $x_1+x_2=2\sqrt{3}$;

(3) 设线段 AC 的中垂线方程为 $y=kx+m$, 求 m 的取值范围.

分析: 由椭圆的定义可求得该椭圆的标准方程, 再由准线的性质以及等差数列的定义可求解弦 AC 的中点的横坐标. 当涉及中点问题及其相应直线的斜率时, 可应用点差法.

解: (1) 由题意可得 $c=\sqrt{3}$, $|F_1B|+|F_2B|=4=2a$, 从而 $a=2$.

故椭圆 E 的方程为 $\dfrac{x^2}{4}+y^2=1$.

(2) 如图 3.12 所示, 设 $A(x_1, y_1)$, $C(x_2, y_2)$. 易知椭圆的左准线为 $l: x=\dfrac{4\sqrt{3}}{3}$, $e=\dfrac{\sqrt{3}}{2}$. 则有 $|F_2A|=\dfrac{\sqrt{3}}{2}|AA_1|=\dfrac{\sqrt{3}}{2}\left(\dfrac{4\sqrt{3}}{3}-x_1\right)$, 且 $|F_2C|=\dfrac{\sqrt{3}}{2}|CC_1|=\dfrac{\sqrt{3}}{2}\left(\dfrac{4\sqrt{3}}{3}-x_2\right)$.

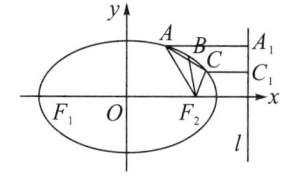

图 3.12

由 $|F_2A|$, $|F_2B|$, $|F_2C|$ 成等差数列, 可得 $2|F_2B|=|F_2A|+|F_2C|$. 从而 $\dfrac{\sqrt{3}}{2}\left[\dfrac{8\sqrt{3}}{3}-(x_1+x_2)\right]=1$, 故 $x_1+x_2=2\sqrt{3}$.

(3) 设弦 AC 的中点为 $M(\sqrt{3}, y_0)$, $A(x_1, y_1)$, $B(x_2, y_2)$.

由点 A, C 在椭圆上, 得 $\begin{cases}\dfrac{x_1^2}{4}+y_1^2=1\\ \dfrac{x_2^2}{4}+y_2^2=1\end{cases}$. 化简得 $\dfrac{(x_1+x_2)(x_1-x_2)}{4}+(y_1+y_2)(y_1-y_2)=0$, 解得 $k=\dfrac{4\sqrt{3}}{3}y_0$.

又因为中点 $M(\sqrt{3}, y_0)$ 在中垂线 $y=kx+m$ 上, 所以 $m=y_0-\sqrt{3}k=-3y_0$.

又由 (2) 得弦 AC 的中点在 BF_2 上且在椭圆内部, 故 $-\dfrac{1}{2}<y_0<\dfrac{1}{2}$, 即 $-\dfrac{3}{2}<m<\dfrac{3}{2}$.

评注: 本例以三问的形式呈现, (1) 问和 (2) 问为 (3) 问做铺垫. 试题由浅入深, 循序渐进, 着重考查点差法在圆锥曲线综合问题中的应用, 为不同能力的考生搭建平台, 并注重通性通法, 有助于增强学生解决实际问题的能力.

2. 代数法

例 3 (2013 年北京卷理科第 18 题改编) 如图 3.13 所示, 已知点 O 为坐标原点, $P(1, 1)$ 在抛物线 $C: y^2=2px$ ($p>0$) 上, 过点 $\left(0, \dfrac{1}{2}\right)$ 的直线 l 与抛物线 C 交于相异的 M, N 两点, 过点 M 作 y 轴的平行线分别与直线 OP, ON 交于 A, B 两点.

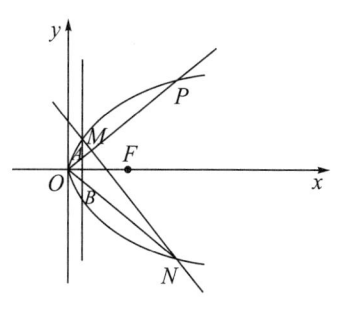

图 3.13

(1) 求抛物线 C 的方程;

(2) 求证：点 A 为线段 BM 的中点.

分析：(1) 问较为简单，代点求 p 值即可．(2) 问设出参数，表示出直线方程，利用韦达定理，求证 $\dfrac{y_0}{x_0}=1$ 即可．

解：(1) 抛物线 C 的方程为 $y^2=x$.

(2) 设 $M(x_1,y_1)$，$N(x_2,y_2)$，线段 BM 的中点为 $A'(x_0,y_0)$，直线 l 的方程为 $y=kx+\dfrac{1}{2}(k\neq 0)$，则直线 ON 的方程为 $y=\dfrac{y_2}{x_2}x$. 可得 $B\left(x_1,\dfrac{y_2}{x_2}x_1\right)$.

而 $\begin{cases}y=kx+\dfrac{1}{2}\\ y^2=x\end{cases}\Rightarrow k^2x^2+(k-1)x+\dfrac{1}{4}=0$，由韦达定理，可得 $x_1+x_2=\dfrac{1-k}{k^2}$，$x_1x_2=\dfrac{1}{4k^2}$．

由于 l_{OP}：$y=x$，而点 A 在 OP 上，那么 $A(x_1,x_1)$. 由于 $B\left(x_1,\dfrac{y_2}{x_2}x_1\right)$，$M(x_1,y_1)$，得 $\dfrac{y_0}{x_0}=\dfrac{\dfrac{y_2}{x_2}x_1+y_1}{x_1+x_1}=\dfrac{2kx_1x_2+\dfrac{1}{2}(x_1+x_2)}{2x_1x_2}=1$. 所以线段 BM 的中点为 A，在 l_{OP} 上，故点 A 为 BM 的中点．

评注：本例面向全体考生，通过巧妙的设计，考查学生的转换能力，将目标转换为求证 $\dfrac{y_0}{x_0}=1$，目标明确，思路清晰，有效地减少了运算量，进而实现考生对直线与圆锥曲线综合问题的灵活解决．

例4（2012 年福州市模拟试题改编）设椭圆 C 的中心在坐标原点，焦点在 x 轴上，点 $A(0,-1)$在椭圆 C 上，长半轴为短半轴的 $\sqrt{3}$ 倍．

(1) 求椭圆 C 的方程.

(2) 设直线 $y=kx+m$ 与椭圆 C 相交于相异的 M，N 两点，MN 的中点为点 P，$\angle APM=90°$，求 m 的取值范围.

分析：本例主要考查直线与圆锥曲线的位置关系问题，一般方法是：联立直线方程与椭圆方程，得到根与系数的关系，再根据题中给出的条件缩小参数范围或者求出参数，通过相应的代数运算求解问题.

解：(1) 椭圆 C 的方程为 $\dfrac{x^2}{4}+y^2=1$.

(2) 设 $M(x_1,y_1)$，$N(x_2,y_2)$，线段 MN 的中点为 $P(x_0,y_0)$.

由 $\begin{cases}y=kx+m\\ \dfrac{x^2}{4}+y^2=1\end{cases}\Rightarrow(1+4k^2)x^2+8kmx+4(m^2-1)=0$，可得 $\Delta=1+4k^2-m^2>0$，解得 $m^2<1+4k^2$.

由韦达定理，可得 $x_1+x_2=\dfrac{-8km}{1+4k^2}$，$x_1x_2=\dfrac{4(m^2-1)}{1+4k^2}$.

因此 $x_0 = \dfrac{x_1+x_2}{2} = \dfrac{-4km}{1+4k^2}$，$y_0 = kx_0 + m = \dfrac{m}{1+4k^2}$．

①当 $k=0$ 时，有 MN 平行于 x 轴且有两个不同的交点，可得 $-1 < m < 1$．

②当 $k \neq 0$ 时，因为 $AP \perp MN$ 且有 $A(0,-1)$，$P(x_0, y_0)$，所以 $k_{AP} = -\dfrac{1}{k} = \dfrac{y_0+1}{x_0} = \dfrac{4k^2+1+m}{-4km}$，解得 $4k^2 = 3m-1$．

代入 $\Delta = 1+4k^2-m^2$ 中，可得 $m^2 < 3m$，即 $0 < m < 3$．又由 $k^2 = \dfrac{3m-1}{4} > 0$，解得 $m > \dfrac{1}{3}$．

综上所述，m 的取值范围为 $\dfrac{1}{3} < m < 3$．

评注：本例考查直线与圆锥曲线的位置关系及其基本运算，其中蕴含的分类讨论思想贯穿整个高中阶段，也是考生升入高等院校所需的基本思想，体现了对基本能力、基本思想等方面的要求．

3. 导数法

例 5 已知双曲线的方程为 $\dfrac{x^2}{4} - \dfrac{y^2}{2} = 1$，问：能否经过点 $M(2,0)$ 作一条直线与双曲线交于相异的 A，B 两点，且点 M 为 AB 的中点？

分析：对双曲线方程进行求导，可以得到中点弦 AB 所在直线的斜率和方程，结合双曲线方程，得到一个一元二次方程．因为 $\Delta < 0$，所以两方程无公共解，故不存在这样的直线．

解：假设存在这样的直线 AB，双曲线的方程为 $\dfrac{x^2}{4} - \dfrac{y^2}{2} = 1$．对 $\dfrac{x^2}{4} - \dfrac{y^2}{2} = 1$ 的两边进行求导，可得 $\dfrac{x}{2} - yy'_x = 0$．解得 $k_{AB} = y'_x|_{x=2, y=1} = \dfrac{x}{2y} = 1$，从而 l_{AB}：$y = x-1$．

又由 $\begin{cases} y = x-1 \\ \dfrac{x^2}{4} - \dfrac{y^2}{2} = 1 \end{cases} \Rightarrow x^2 - 4x + 6 = 0$，得到 $\Delta = 16 - 24 = -8 < 0$．

所以直线与双曲线无交点，故不存在这样的弦 AB．

评注：本例较为简单，主要是强调导数法在圆锥曲线中的应用，也可用一般的代数法来求解，便于帮助学生联系已学知识，达到知识之间的融会贯通．

例 6（2008 年天津卷理科第 22 题改编）如图 3.14 所示，已知双曲线 C 的中心在坐标原点，左焦点为 $F_1(-3,0)$，其中一条渐近线方程为 $\sqrt{5}x - 2y = 0$．直线 l 的斜率为 k ($k \neq 0$)，并与双曲线 C 交于相异的 M，N 两点．若线段 MN 的中垂线与两坐标轴交于 A，B 两点，且 $S_{\triangle AOB} = \dfrac{81}{2}$，求 k 的取值范围．

分析：本例的关键在于利用导数法对曲线方程求导，得到关于

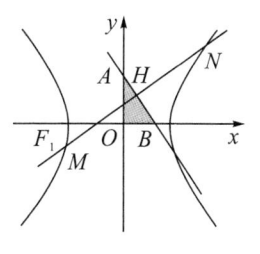

图 3.14

k 的方程，进而得到该直线的方程，方法简单，过程易操作．然后利用围成的三角形面积为 $\frac{81}{2}$，建立等式，用参数表示出该点坐标，再加上限定条件：点 H 不在双曲线上，便可求得参数 k 的取值范围．

解：由题意得双曲线的方程为 C：$\frac{x^2}{4}-\frac{y^2}{5}=1$．

设线段 MN 的中点为 $H(x_0, y_0)$．对方程 $\frac{x^2}{4}-\frac{y^2}{5}=1$ 的两边求导（对 x 求导），可得 $\frac{2x}{4}-\frac{2yy'_x}{5}=0$，解得 $y'_x=\frac{5x}{4y}$．所以 $k=\frac{5x_0}{4y_0}$，$k_{BH}=-\frac{5x_0}{4y_0}$．

因为 l_{BH}：$y-y_0=-\frac{5x_0}{4y_0}(x-x_0)$，$A\left(0, \frac{9y_0}{5}\right)$，$B\left(\frac{9x_0}{4}, 0\right)$，所以 $S_{\triangle OAB}=\frac{1}{2}|OA|\cdot|OB|=\frac{81}{2}$．解得 $|x_0 y_0|=20$，$x_0^2=16|k|$，$y_0^2=\frac{25}{|k|}$．

又因为点 H 是线段 MN 的中点，所以点 H 不在双曲线上，即 $\frac{x_0^2}{4}-\frac{y_0^2}{5}>1$ 或 $\frac{x_0^2}{4}-\frac{y_0^2}{5}<0$．得到 $4|k|-\frac{5}{|k|}>1$ 或 $4|k|-\frac{5}{|k|}<0$，解得 $|k|>\frac{5}{4}$ 或 $|k|<\frac{\sqrt{5}}{2}$，且 $k\neq 0$．

综上所述，k 的取值范围为 $\left(-\infty, -\frac{5}{4}\right)\cup\left(-\frac{\sqrt{5}}{2}, 0\right)\cup\left(0, \frac{\sqrt{5}}{2}\right)\cup\left(\frac{5}{4}, +\infty\right)$．

评注：本例的设计源于教材，较好地体现了新课程标准对学生能力的要求，试题的解答将导数与双曲线问题紧密结合起来，考生要经历分析、解答、运算的逻辑过程，将分析判断能力和运算求解能力紧密联系在一起，既注重能力也注重基础，让学生体会到运用导数的简便性．

二、轨迹问题

1. 直接法

例 7 （2012 年四川卷理科试题改编）如图 3.15 所示，在平面直角坐标系上有一动点 P，与定点 $E(-2, 0)$，$F(4, 0)$ 构成三角形 PEF，其中 $\angle PEF=\frac{1}{2}\angle PFE$，设动点 P 的轨迹为 C，求 C 的方程．

分析：直接法的解题步骤为建系、设点、找关系、建方程、化简、验证．本例首先建立坐标系，设出动点 P 的坐标，其关键是由两个角的二倍关系联想到二倍角公式，找出边与边的关系，其中还要对 $\angle PFE$ 进行分类，代入求解即可．

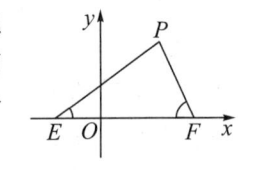

图 3.15

解：设动点 $P(x, y)$．因为 $\angle PEF=\frac{1}{2}\angle PFE$，所以有 $x>0$ 且 $y\neq 0$．

①当 $\angle PFE=90°$ 时，有 $P(4, -6)$ 或 $P(4, 6)$．

②当 $\angle PFE \neq 90°$ 时，有 $x \neq 4$.

又由 $\tan \angle PFE = \dfrac{2\tan \angle PEF}{1-\tan^2 \angle PEF}$，得 $\dfrac{|y|}{4-x} = \dfrac{\dfrac{2|y|}{2+x}}{1-\dfrac{y^2}{(2+x)^2}}$，即 $3x^2 - y^2 - 12 = 0$. 而 $P(4, -6)$ 或 $P(4, 6)$ 都在 $3x^2 - y^2 - 12 = 0$ 上，故轨迹 C 的方程为 $\dfrac{x^2}{4} - \dfrac{y^2}{12} = 1(x > 0$ 且 $y \neq 0)$.

评注：本例以动点的轨迹问题为背景，将三角函数知识贯穿其中，借助逻辑推理和直觉思维化简整理，解题思路比较清晰，不同的考生可根据自己的能力寻求不同的解题思路和做法.

例 8 如图 3.16 所示，已知直角坐标平面上有一圆 C，圆心在坐标原点，半径为 2，定点 $P(4, 0)$，动点 E 到圆 C 的切线长与 $|EP|$ 的比值为常数 $\lambda (\lambda > 1)$，求动点 E 的轨迹方程.

分析：设出动点 E 的坐标，利用线段的长度比和勾股定理，列出关系式，化简求解，便可用参数表示出动点的方程.

解：由题意，得圆 C 的方程为 $x^2 + y^2 = 4$. 设 $E(x, y)$，直线 EF 和圆 C 相切于点 F，有 $\dfrac{|EF|}{|EP|} = \lambda$.

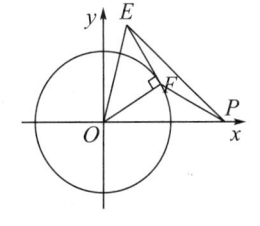

图 3.16

在 $\triangle OEF$ 中，由勾股定理，可得 $|EF| = \sqrt{|EO|^2 - |OF|^2}$. 从而 $\lambda = \dfrac{\sqrt{x^2 + y^2 - 4}}{\sqrt{(x-4)^2 + y^2}}$，解得 $(\lambda^2 - 1)x^2 + (\lambda^2 - 1)y^2 - 8\lambda^2 x + 16\lambda^2 + 4 = 0$.

故动点 E 的轨迹方程为 $\left(x - \dfrac{4\lambda^2}{\lambda^2 - 1}\right)^2 + y^2 = \dfrac{4(3\lambda^2 + 1)}{(\lambda^2 - 1)^2}$.

评注：本例考查平面几何知识在解析几何中的应用，注重培养考生的理解能力，旨在让学生领会知识点，注重基础，让考生在掌握知识点的基础上，努力追求解法的简单美.

2. 定义法

例 9 （2016 年全国卷理科第 20 题改编）已知圆 O_1 的方程为 $x^2 + y^2 + 4x - 44 = 0$，过点 $A(2, 0)$ 的直线 l 交圆 O_1 于 M，N 两点，且与 x 轴不重合，在 O_1N 上取一点 E，使得 $AE // O_1M$，求证：$|EO_1| + |EA|$ 为定值，并求点 E 的轨迹方程.

分析：利用圆的性质以及平行线可以得到 $\triangle EAN$ 为等腰三角形，再用各边之间的等量关系进行转化，就可以证明 $|EO_1| + |EA|$ 为定值. 此处证明 $|EO_1| + |EA|$ 为定值，实际上是为求点 E 的轨迹方程做铺垫，利用椭圆的定义即可求解该题.

解：如图 3.17 所示，由圆 O_1：$|x+2|^2 + y^2 = 48$，可得圆心 $O_1(-2, 0)$，$|O_1N| = |O_1M| = 4\sqrt{3}$，$A(2, 0)$.

因为 $|O_1N| = |O_1M| = r = 4\sqrt{3}$，$O_1M // AE$，所以 $\angle EAN = \angle O_1MA = \angle O_1NM$. 因此 $\triangle EAN$ 为等腰三角形，即 $AE = NE$，

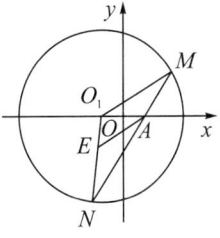

图 3.17

又因为 $|O_1E|+|EA|=|O_1E|+|EN|=|O_1N|=4\sqrt{3}$，所以 $|EA|+|EO_1|=4\sqrt{3}>|O_1A|=4$.

由椭圆的定义，可得点 E 的轨迹方程是以点 A，O_1 为焦点的椭圆，其方程为 $\dfrac{x^2}{12}+\dfrac{y^2}{8}=1$.

评注：本例贴近教材，难度中等，其灵活性主要体现在将平面几何知识与椭圆的定义有机结合，注重考查考生对椭圆定义的理解及其应用，引导考生抓住概念的本质，符合新课程标准对考生的要求.

例 10 （2013 年全国卷 I 试题改编）如图 3.18 所示，已知圆 $O_1:(x+2)^2+y^2=4$，圆 $O_2:(x-2)^2+y^2=36$，动圆 M 外切于圆 O_1 并内切于圆 O_2，求动圆 M 的轨迹方程.

分析：本例的关键在于抓住"动圆 M 与圆 O_1 外切并与圆 O_2 内切"这个条件，代值进行化简，结合椭圆的定义，便可得到轨迹方程.

解：由题意得 $O_1(-2,0)$，$r_1=2$ 和 $O_2(2,0)$，$r_2=6$. 设点 $M(x,y)$，动圆 M 的半径为 r_3.

由动圆 M 与圆 O_1 外切并与圆 O_2 内切，可得 $|MO_1|+|MO_2|=|r_1+r_3|+|r_2-r_3|=r_1+r_2=8$.

再由椭圆的定义，可得轨迹方程为 $\dfrac{x^2}{16}+\dfrac{y^2}{12}=1$.

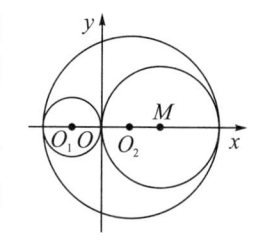

图 3.18

评注：本例面向全体考生，有效地检测考生对椭圆定义的理解和应用. 采用定义法，往往是希望考生回避运算量较大的解题方法，深入理解知识点并能灵活应对各类问题.

3. 代数法

例 11 （2015 年陕西卷文科试题改编）已知椭圆 $E:\dfrac{x^2}{a^2}+\dfrac{y^2}{b^2}=1$（$a>b>0$）的左、右焦点为 F_1，F_2，上顶点为 B，$S_{\triangle OF_2B}=\dfrac{ac}{4}$. MN 是圆 $O_1:(x+2)^2+(y-1)^2=\dfrac{5}{2}$ 的一条直径，若椭圆 E 经过 M，N 两点，求 E 的方程.

分析：首先利用三角形的面积得到关于 a，b，c 的关系式，进而求得离心率. 然后按照常规思路联立方程，以直径 MN 的长是 $\sqrt{10}$ 和点 O_1 的横坐标是 -2 为桥梁，借助韦达定理，分别得到 a，b，c 的值.

解：如图 3.19 所示，由题意可得 $S_{\triangle OF_2B}=\dfrac{bc}{2}=\dfrac{ac}{4}$，从而 $a=2b$，$e=\dfrac{\sqrt{3}}{2}$.

设 $M(x_1,y_1)$，$N(x_2,y_2)$，$l_{MN}:y=k(x+2)+1$. 由 $a=2b$，可知椭圆 E 的方程为 $x^2+4y^2-4b^2=0$.

因为圆 $O_1:(x+2)^2+(y-1)^2=\dfrac{5}{2}$，而 MN 是直径，所以

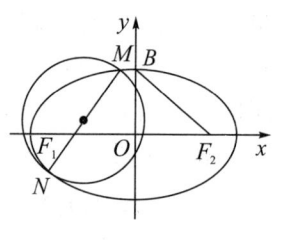

图 3.19

124

$|AB|=\sqrt{10}$,$O_1(-2,0)$.

又由 $\begin{cases} x^2+4y^2-4b^2=0 \\ y=k(x+2)+1 \end{cases}$,得到 $(1+4k^2)x^2+8k(k+1)x+4(2k+1)^2-4b^2=0$.

由韦达定理,可得 $x_1+x_2=\dfrac{-8k(k+1)}{1+4k^2}$,$x_1x_2=\dfrac{4(2k+1)^2-4b^2}{1+4k^2}$.

又因为 $x_1+x_2=-4$,所以 $k=\dfrac{1}{2}$,$x_1x_2=8-2b^2$. 由弦长公式,可得 $|MN|=\sqrt{1+k^2}\cdot|x_1-x_2|=\sqrt{10b^2-20}=\sqrt{10}$,解得 $b^2=3$,$a^2=12$.

故椭圆 E 的方程为 $\dfrac{x^2}{12}+\dfrac{y^2}{3}=1$.

评注:本例根据教材中的相关教学内容加工而成,注重考查学生对解决圆锥曲线综合问题的一般方法的掌握情况,考查数学运算能力. 本例以圆与椭圆的交互问题展开,旨在使考生掌握一般解题思路.

例 12 (2018 年全国卷 Ⅱ 文科第 19 题改编)已知抛物线 C:$y^2=8x$ 的焦点为 $F(2,0)$,斜率为 k 的直线 l 恰好经过点 F,并与抛物线 C 交于 A,B 两点,$|AB|=16$.

(1) 求直线 l 的方程;

(2) 若圆 O 过 A,B 两点并与抛物线 C 的准线相切,求圆 O 的方程.

分析:(1) 问可按一般代数法的解题思路:设点(直线),列方程,找关系,建立等式求解问题. 还可利用焦半径公式 $|AB|=|AF|+|BF|$,建立等式,减少计算量,更简单方便. (2) 问在 (1) 问的铺垫下,主要是利用平面几何知识,比如勾股定理,求出相切圆的圆心坐标.

解:(1) 设 $A(x_1,y_1)$,$B(x_2,y_2)$,l_{AB}:$y=k(x-2)$.

由抛物线 C:$y^2=8x$,可得 $p=4$.

又由 $\begin{cases} y^2=8x \\ y=k(x-2) \end{cases}$,得到 $k^2x^2-(4k^2+8)x+4k^2=0$.

由韦达定理,可得 $x_1+x_2=\dfrac{4k^2+8}{k^2}$.

由焦半径公式,可得 $|AB|=|AF|+|BF|=\left(x_1+\dfrac{p}{2}\right)+\left(x_2+\dfrac{p}{2}\right)=(x_1+x_2)+4$

$=\dfrac{4k^2+8+4k^2}{k^2}=16$,得到 $k=1$ 或 $k=-1$(舍去).

故直线 l 的方程为 $y=x-2$.

(2) 如图 3.20 所示,由 (1) 问,可得 AB 的中点 $M(6,4)$,AB 的垂直平分线为 $y=-x+10$.

设圆心 $O(x_0,y_0)$,有半径 $r=\dfrac{p}{2}+x_0=2+x_0$. 在 $\triangle OMA$ 中,由勾股定理,可得 $|OM|^2=(6-x_0)^2+(4-y_0)^2$,且 $MA=\dfrac{1}{2}AB=8$.

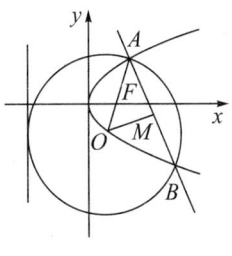

图 3.20

又因为 $x_0^2-28x_0+132=(x_0-6)(x_0-22)=0$，解得 $\begin{cases}x_0=6\\y_0=4\end{cases}$ 或 $\begin{cases}x_0=22\\y_0=-12\end{cases}$.

所以圆 O 的方程为 $(x-6)^2+(y-4)^2=64$ 或 $(x-22)^2+(y+12)^2=576$.

评注：本例注重考查学生简化思路及解决问题的能力．在掌握一般解题思路的条件下，容易发现抛物线中的焦半径公式比中点弦公式更为简单方便．本例作为大题，难度适中，解法多样，较好地考查了考生的发散思维以及解决问题的能力．

4. 相关点法

例 13 已知圆 $O: x^2+y^2=4$ 上有一点 P，垂直于 x 轴的直线 l 恰好经过点 P，并与 x 轴交于点 D，l 上存在一点 M，满足 $|DM|=t|DP|(t>0, t\neq 1)$，问：当点 P 在圆上运动时，设点 M 的轨迹为曲线 C，试判断 C 为何种圆锥曲线，并写出其焦点坐标．

分析：本例比较简单，发现题目中有主动点和从动点，考虑用相关点法求解该问题，设出两个动点坐标，利用 $|DM|=t|DP|(t>0, t\neq 1)$ 得到两个动点坐标之间的关系，再代入圆 $x^2+y^2=4$ 中，分类讨论即可．

解：设 $P(x_0, y_0)$，$M(x, y)$.

由 $|DM|=t|DP|$，可得 $x_0=x$，$ty_0=y(t>0, t\neq 1)$.

因为点 P 在圆 $x^2+y^2=4$ 上，所以 $\dfrac{x^2}{4}+\dfrac{y^2}{4t^2}=1(t>0, t\neq 1)$，$a=2$，$b=2t$.

①当 $0<t<1$ 时，因为 $a>b$，所以曲线 C 为焦点在 x 轴上的椭圆，从而曲线 C 的方程为 $\dfrac{x^2}{4}+\dfrac{y^2}{4t^2}=1$，焦点坐标为 $F_1(-\sqrt{4-4t^2}, 0)$，$F_2(\sqrt{4-4t^2}, 0)$.

②当 $t>2$ 时，因为 $a<b$，所以曲线 C 为焦点在 y 轴上的椭圆，从而曲线 C 的方程为 $\dfrac{y^2}{4t^2}+\dfrac{x^2}{4}=1$，焦点坐标为 $F_1(0, -\sqrt{4t^2-4})$，$F_2(0, \sqrt{4t^2-4})$.

评注：本例主要考查转换思想与分类讨论思想，有利于引导考生在学习过程中对双动点问题的掌握和应用，符合知识教学的要求，注重学以致用，对学生有较好的指导意义，符合课程改革的思想．

例 14 （2018 年云南曲靖适应性考试第 15 题改编）已知椭圆 $C: \dfrac{x^2}{12}+\dfrac{y^2}{8}=1$ 的右焦点为 $F(2, 0)$，离心率为 $\dfrac{\sqrt{3}}{3}$，点 G 是直线 $l: x=6$ 上的一点，射线 OG 与椭圆交于点 B，点 A 在直线 OG 上，满足 $|OB|^2=|OA|\cdot|OG|$，当点 G 在直线 l 上移动时，求点 A 的轨迹方程．

分析：本例涉及双动点 (A, G) 问题，主动点为 G，从动点为 A，首先考虑运用相关点法，关键在于找到动点和它的相关点之间的等量关系．分别设出点 A，B，G 的坐标，两次利用三点共线，把点 B 和点 G 的横、纵坐标都用点 A 的坐标进行表示，再代入题目中给出的等式 $|OA|\cdot|OG|=|OB|^2$ 中，化简可得点 A 的轨迹．

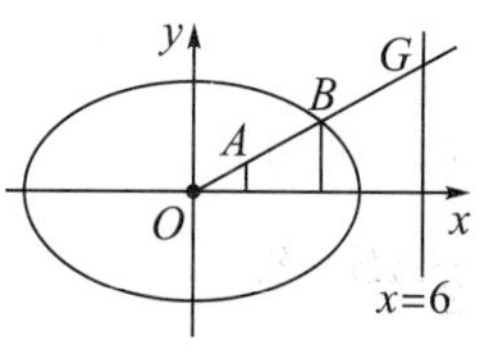

解：如图 3.21 所示，设 $G(2, y_1)$，$A(x_2, y_2)$，$B(x_3, y_3)$.

因为点 G 在 l 上移动，所以 $x_2>0$，$x_3>0$.

图 3.21

由 A，B，G 三点共线，可得 $\dfrac{y_1}{6}=\dfrac{y_2}{x_2}$，解得 $y_1=\dfrac{6y_2}{x_2}$.

同理，由 O，A，B 三点共线，可得 $\begin{cases}\dfrac{x^2}{12}+\dfrac{y^2}{8}=1\\ \dfrac{y_3}{y_2}=\dfrac{x_3}{x_2}\end{cases}\Rightarrow\begin{cases}x_3^2=\dfrac{24x_2^2}{2x_2^2+3y_2^2}\\ y_3^2=\dfrac{24y_2^2}{2x_2^2+3y_2^2}\end{cases}.$

又由 $|OA|\cdot|OG|=|OB|^2$，可得 $\sqrt{x_2^2+y_2^2}\times\sqrt{36+y_1^2}=x_3^2+y_3^2$，整理可得到 $2\left(x_2-\dfrac{3}{4}\right)^2+3y_2^2=\dfrac{9}{8}$.

故点 A 的轨迹方程为 $2\left(x-\dfrac{3}{4}\right)^2+3y^2=\dfrac{9}{8}$.

评注：本例除了用相关点法，还可用参数法，主要考查考生对圆锥曲线中双动点问题的掌握和应用．解题的关键在于利用三点共线找出等量关系．题目简单易懂，设问合理，思路清晰，解法多样，方便考生根据自己的能力选择不同的解法．同时本例还考查考生的转换能力和基本运算能力．

5．参数法

例 15 已知矩形 $OABC$ 的边长 $|OA|=m$，$|OC|=n$，直线 AO 上有一点 D，$|OD|=m$，设点 E，F 分别为 OC，BC 上的动点，且 $\dfrac{OE}{EC}=\dfrac{BF}{FC}\neq 0$，直线 DE 与 AF 的交点为 P，求点 P 的轨迹方程．

分析：本例问题简捷明了，即求交点 P 的轨迹，需要将直线 DE 与直线 AF 分别表示出来．首先考虑引入参数，设 $\dfrac{OE}{EC}=\dfrac{BF}{FC}=t$（$t\neq 0$），用参数将点 E，F 分别表示出来，进而可求得 DE 与 AF 交点的方程，即点 P 的轨迹方程．

解：如图 3.22 所示，建立直角坐标系，设 $A(m,0)$，$B(m,n)$，$C(0,n)$，$D(-m,0)$，$P(x,y)$，令 $\dfrac{OE}{EC}=\dfrac{BF}{FC}=t$（$t\neq 0$）.

由 $\dfrac{OE}{EC}=t$（$t\neq 0$），$EO+EC=OC=n$，$\dfrac{BF}{FC}=t$，$BF+FC=m$，得 $F\left(\dfrac{m}{1+t},n\right)$，$E\left(0,\dfrac{nt}{1+t}\right)$.

因此 l_{DE}：$y=\dfrac{nt}{m(1+t)}(x+m)$，$l_{AF}$：$y=\dfrac{n(1+t)}{-mt}(x-m)$.

又由 $\begin{cases}y=\dfrac{nt}{m(1+t)}(x+m)\\ y=\dfrac{n(1+t)}{-mt}(x-m)\end{cases}$，得到 $y^2=\dfrac{n^2(x^2-m^2)}{-m^2}$，从而 $\dfrac{x^2}{m^2}+\dfrac{y^2}{n^2}=1$（$0<x<m$，$0<y<n$）.

故交点 P 的轨迹方程为 $\dfrac{x^2}{m^2}+\dfrac{y^2}{n^2}=1$ 在第一象限中的部分.

评注：本例涉及边的长度以及比值问题，考虑引用参数，减小复杂程度. 以考生熟悉的矩形为背景，要求考生勇于探究. 解答过程看起来较为复杂，实际上思路清晰，目标明确，将平面几何与解析几何知识相结合，寻找最恰当的解题路径，最终解决问题.

例 16 （2019 年成都市高二期末考试第 22 题改编）如图 3.23 所示，半径为 m 的圆 O 与 x 轴的正半轴交于点 A，BC 平行于 OA，当点 B 在圆内且在 y 轴上运动时，求 AB，OC 的交点 G 的轨迹方程.

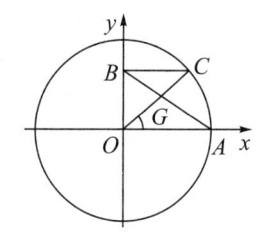

分析：选定 $\angle AOC$ 为参数，将点 G 用参数表示出来，再利用平面几何知识，比如相似三角形的性质，建立等式，代值化简进行求解.

解：取 $\angle AOC = \theta\left(0 \leqslant \theta \leqslant \dfrac{\pi}{2}\right)$ 为参数，设点 $G(x, y)$，则有 $x = OG\cos\theta$，$y = OG\sin\theta$.

因为 $OA // BC$，所以 $\triangle OAG \sim \triangle CBG$，从而 $\dfrac{OG}{GC} = \dfrac{OA}{BC}$.

又由 $\dfrac{OG}{m-OG} = \dfrac{m}{m\cos\theta}$，得到 $OG = \dfrac{m}{1+\cos\theta}$，即 $x = \dfrac{m\cos\theta}{1+\cos\theta}$，$y = \dfrac{m\sin\theta}{1+\cos\theta}$.

又因为 $\sin^2\theta = 1 - \cos^2\theta = 1 - \dfrac{x^2}{(m-x)^2} = \dfrac{m(m-2x)}{(m-x)^2}$，而 $\dfrac{m}{1+\cos\theta} = \dfrac{x}{\cos\theta} = m - x$，

所以 $y^2 = \left(\dfrac{m}{1+\cos\theta}\right)^2 \sin^2\theta = \dfrac{m(m-2x)(m-x)^2}{(m-x)^2}$.

故点 G 的轨迹方程为 $y^2 = m^2 - 2mx$，其中 $0 \leqslant x \leqslant \dfrac{m}{2}$，$0 \leqslant y \leqslant m$.

评注：本例的呈现方式简捷明了，利用平面几何知识与参数法解决圆锥曲线中动点的轨迹问题，注意通性通法，为不同能力的考生搭建平台，使得参数法在解决问题的过程中发挥良好的作用，对考生的逻辑思维能力和推理能力提出了较高的要求.

三、面积问题

1. 几何法

例 17 （2008 年全国卷 Ⅱ 理科第 21 题改编）已知椭圆 $\dfrac{x^2}{a^2}+\dfrac{y^2}{b^2}=1 \ (a>b>0)$ 的焦距为 $2\sqrt{3}$，O 为坐标原点，两顶点分别为 $A(a, 0)$，$B(0, b)$，且 $S_{\triangle AOB}=1$，直线 $y = kx \ (k>0)$ 与椭圆相交于 E，F 两点，与 AB 相交于点 D，求四边形 $AEBF$ 的面积的最大值.

分析：题目中要求四边形 $AEBF$ 的面积，观察图形发现四边形 $AEBF$ 的面积恰好等于四边形 $AOBF$ 的面积的 2 倍，而四边形 $AOBF$ 的面积又等于两个同底三角形面积之和，从而将问题转化为点 F 到直线 AB 的距离的最大值. 当点 F 为直线 $y = kx$ 与椭圆的

切点时，距离最大．联立两个方程，得到一元二次方程，取 $\Delta=0$，得到此时参数 b 的值，再利用高等数学中矩阵求三角形面积的方法求解问题．该方法如下：

设 $\triangle ABC$ 三点的坐标分别为 $A(x_1,y_1)$，$B(x_2,y_2)$，$C(x_3,y_3)$，那么有 $S_{\triangle ABC}=\dfrac{1}{2}\begin{vmatrix} x_1 & y_1 & 1 \\ x_2 & y_2 & 1 \\ x_3 & y_3 & 1 \end{vmatrix}$ 的绝对值，当 A，B，C 三点共线时，$S_{\triangle ABC}=0$．

解：由题意，得 $c=\sqrt{3}$，$\dfrac{1}{2}ab=1$，因此椭圆方程为 $\dfrac{x^2}{4}+y^2=1$．又因为 $S_{\triangle OEB}=S_{\triangle OBF}$ 且 $S_{\triangle AOE}=E_{\triangle OFA}$，所以 $S_{四边形AEBF}=2S_{四边形AOBF}$，l_{AB}：$y=-\dfrac{1}{2}x+1$．而 $S_{四边形AOBF}=1+\dfrac{1}{2}|AB|\cdot d_F$，其中 d_F 为点 F 到直线 AB 的距离．

当过点 F 的切线恰好平行于 AB 时，d_F 最大．设过点 $F(x_1,y_1)$ 的切线方程为 $y=-\dfrac{1}{2}x+b$，由 $\begin{cases} y=-\dfrac{1}{2}x+b \\ \dfrac{x^2}{4}+y^2=1 \end{cases}$，可得 $2x^2-4bx+4b^2-4=0$．

当 $\Delta=0$ 时，解得 $b=\sqrt{2}$，而 $S_{\triangle ABF}=\dfrac{1}{2}\begin{vmatrix} x_1 & y_1 & 1 \\ 2 & 0 & 1 \\ 0 & 1 & 1 \end{vmatrix}=\dfrac{1}{2}|-(x_1+2y_1)+2|=\dfrac{1}{2}|-2b+2|=\sqrt{2}-1$．

因此 $S_{四边形AEBF}=2S_{四边形AOBF}=2(S_{\triangle AOB}+S_{\triangle ABF})=2+2\sqrt{2}-2=2\sqrt{2}$，故四边形 $AEBF$ 的面积的最大值为 $2\sqrt{2}$．

评注：本例的关键在于利用椭圆的对称性，发现四边形 $AEBF$ 的面积与四边形 $AOBF$ 的面积存在 2 倍关系，再利用几何性质，将四边形 $AOBF$ 的面积问题转化为两个三角形面积之和的问题，又发现 $S_{\triangle AOB}$ 为恒定值，则将问题转化为 $\triangle ABF$ 面积的最值问题，即点 F 到直线 AB 的距离的最值问题．利用高等数学求三角形面积，既能缩减运算量，化繁为简，达到事半功倍的效果，又能让学生初步了解高等数学，领会矩阵解决问题的优美和简捷，提高解题能力．

例 18 （2009 年湖北卷文科试题改编）如图 3.24 所示，已知抛物线 C：$y^2=2px$（$p>0$）的准线为 m，过焦点 F 的直线 l 与抛物线相交于相异的 A，B 两点，过 A，B 两点分别作准线 m 的垂线，垂足分别为点 A_1，B_1．

(1) 求证：$FA_1\perp FB_1$；

(2) 记 $\triangle FAA_1$，$\triangle FA_1B_1$，$\triangle FBB_1$ 的面积分别为 S_1，S_2，S_3，试判断 $S_2^2=4S_1S_3$ 是否成立，并说明理由．

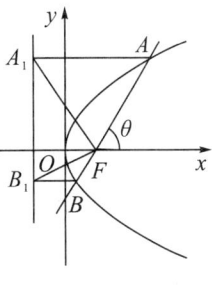

图 3.24

分析：题目中要求 S_1，S_2，S_3 之间的关系，考虑设直线 AB 的倾斜角为 θ，将 θ 作为媒介，将 S_1，S_2，S_3 联系起来，利用三角形面积公式，分别表示出 S_1，S_3，借助余弦定理将 S_2 中所涉及的边用其他涉及 S_1，S_3 中的量进行表示，代入化简，即可证明此结论．

解：(1) 略．

(2) 设直线 AB 的倾斜角为 θ，则 $k_{MN} = \tan \theta$．

由抛物线的定义，可知 $|AF| = |AA_1|$，$|BF| = |BB_1|$．因为 $AA_1 \parallel BB_1$，所以 $\angle AA_1F = \theta$，$\angle FBB_1 = \pi - \theta$．

由三角形面积公式，可得 $S_1 = \frac{1}{2}|AA_1|^2 \cdot \sin \theta$，$S_3 = \frac{1}{2}|BB_1|^2 \cdot \sin(\pi - \theta) = \frac{1}{2}|BB_1|^2 \cdot \sin \theta$．

在 $\triangle AA_1F$ 中，由余弦定理，可得 $\cos \theta = \dfrac{2|A_1A|^2 - |A_1F|^2}{2|A_1A|^2}$，即 $|A_1F|^2 = 2|A_1A|^2(1 - \cos \theta)$．

同理，在 $\triangle BB_1F$ 中，有 $|B_1F|^2 = 2|B_1B|^2(1 + \cos \theta)$．

由(1)问，可得 $FA_1 \perp FB_1$．

又 $S_2^2 = \frac{1}{4}|A_1F|^2 \cdot |B_1F|^2 = |A_1A|^2(1 - \cos \theta) \cdot |B_1B|^2(1 + \cos \theta) = |A_1A|^2 \cdot |B_1B|^2 \sin^2 \theta$，而 $4S_1S_3 = 4 \times \frac{1}{4}|AA_1|^2 \cdot |BB_1|^2 \sin^2 \theta = |AA_1|^2 \cdot |BB_1|^2 \sin^2 \theta$，因此有 $S_2^2 = 4S_1S_3$．

故 $S_2^2 = 4S_1S_3$ 成立．

评注：本例以三个三角形构成的直角梯形、焦点弦、抛物线为背景，求证三角形面积之间的比例关系．利用题目中已知的抛物线的焦半径和几何元素——倾斜角 θ、余弦定理，将三角形的面积巧妙地转化为公共边（A_1F，B_1F）和角 θ 的乘积，进而证明等式，化繁为简，问题迎刃而解．

2. 不等式法

例 19 题目同例 17．

解：如图 3.25 所示，由题意，设 $F(x_1, kx_1)$，$E(-x_1, -kx_1)$．

由 $c = \sqrt{3}$，$\frac{1}{2}ab = 1$，可得椭圆的方程为 $\dfrac{x^2}{4} + y^2 = 1$．

又由 $\begin{cases} y = kx \\ \dfrac{x^2}{4} + y^2 = 1 \end{cases} \Rightarrow \left(\dfrac{1}{4} + k^2\right)x^2 - 1 = 0$，可得 $x_1^2 = \dfrac{4}{1 + 4k^2}$．

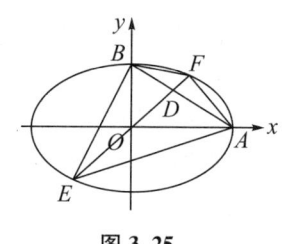

图 3.25

由 $B(0, 1)$，$x_1 > 0$，可得 $x_1 = \dfrac{2}{\sqrt{1 + 4k^2}}$，从而 $S_{\triangle AEF} = \dfrac{1}{2} \begin{Vmatrix} 2 & 0 & 1 \\ x_1 & kx_1 & 1 \\ -x_1 & -kx_1 & 1 \end{Vmatrix} = 2kx_1$，$S_{\triangle BEF} = \dfrac{1}{2} \begin{Vmatrix} 0 & 1 & 1 \\ x_1 & kx_1 & 1 \\ -x_1 & -kx_1 & 1 \end{Vmatrix} = x_1$．

因此 $S_{四边形AEBF}=S_{\triangle BEF}+S_{\triangle AEF}=(2k+1)x_1=\dfrac{2(2k+1)}{\sqrt{1+4k^2}}=2\sqrt{1+\dfrac{1}{\dfrac{1}{4k}+k}}\leqslant 2\sqrt{2}$，当且仅当 $\dfrac{1}{4k}=k$，即 $k=\dfrac{1}{2}$ 或 $k=-\dfrac{1}{2}$ 时，等号成立.

故四边形 $AEBF$ 的面积的最大值为 $2\sqrt{2}$.

评注：四边形面积问题往往要将其分割成三角形面积问题来求解，本例的解法是将四边形 $AEBF$ 的面积转化为以 EF 为底，分别以 A，B 为顶点的两个三角形的面积之和，借助参数 k 和矩阵，构造不等式求解面积的最值，体现学生学习该知识点的广度和深度. 巧妙地将问题简化，进一步考查学生学习的潜能，大大减少了计算量，渗透了转换思想.

例20 已知椭圆 C：$\dfrac{x^2}{a^2}+\dfrac{y^2}{b^2}=1(a>b>0)$ 的长半轴是短半轴的 $\sqrt{3}$ 倍，右焦点为 $F(c,0)$，上顶点为 $B(0,b)$，$\triangle OBF$ 的面积为 $\dfrac{\sqrt{2}}{2}$.

（1）求椭圆 C 的方程；

（2）设直线 l 的斜率为 k，与椭圆 C 交于 M，N 两点，坐标原点 O 到直线 l 的距离为 $\dfrac{\sqrt{3}}{2}$，求 $S_{\triangle MON}$ 的最大值.

分析：（2）问提问明确，首先考虑直线 l 与 x 轴的位置关系，即直线 l 与 x 轴是否垂直. 由于 $\triangle MON$ 的高为固定值 $\dfrac{\sqrt{3}}{2}$，所以将问题转化为求 $\triangle MON$ 的底 MN 的最大值，用参数 k 表示出线段 MN 的长度，再构造不等式，即可求得 $S_{\triangle MON}$ 的最大值.

解：（1）椭圆 C 的方程为：$\dfrac{x^2}{3}+y^2=1$.

（2）设 $M(x_1,y_1)$，$N(x_2,y_2)$.

①当 MN 垂直于 x 轴时，由 $d=\dfrac{\sqrt{3}}{2}$，可得 $|MN|=\sqrt{3}$.

②当 MN 不垂直于 x 轴时，设 $l：y=kx+m$.

由 $d=\dfrac{|m|}{\sqrt{1+k^2}}=\dfrac{\sqrt{3}}{2}$，得 $m^2=\dfrac{3}{4}(k^2+1)$，而 $\begin{cases}y=kx+m\\\dfrac{x^2}{3}+y^2=1\end{cases}\Rightarrow \dfrac{3k^2+1}{3}x^2+2mkx+m^2-1=0$.

由韦达定理，可得 $x_1+x_2=\dfrac{-6mk}{3k^2+1}$，$x_1x_2=\dfrac{3(m^2-1)}{3k^2+1}$.

由弦长公式，可得 $|AB|^2=(k^2+1)(x_1-x_2)^2=(k^2+1)[(x_1+x_2)^2-4x_1x_2]=\dfrac{12(k^2+1)(3k^2+1-m^2)}{(3k^2+1)^2}$，$\dfrac{12}{9k^2+\dfrac{1}{k^2}+6}+3\leqslant \dfrac{12}{2\times 3+6}+3=4(k\neq 0)$，当且仅当 $9k^2=\dfrac{1}{k^2}$，即 $k=\dfrac{\sqrt{3}}{3}$ 或 $k=-\dfrac{\sqrt{3}}{3}$ 时等号成立，解得 $|MN|=2$，因此 $|MN|_{max}=2$.

故 $[S_{\triangle MON}]_{max}=\dfrac{1}{2}\times\dfrac{\sqrt{3}}{2}|MN|_{max}=\dfrac{\sqrt{3}}{2}$.

评注：本例将圆锥曲线与平面几何知识综合在一起，解题的关键在于将圆锥曲线的最值问题转化为平面几何中的最值问题. 根据圆锥曲线的几何性质建立关系式，努力构造不等式，将不等式知识渗透其中，使数与形紧密结合，提高考生的逻辑推理能力、计算能力以及目标意识，符合新课程标准对该知识点的要求.

3. 导数法

例 21 已知椭圆 $\frac{y^2}{a^2}+\frac{x^2}{b^2}=1(a>b>0)$ 的长半轴是短半轴的 $\frac{2\sqrt{3}}{3}$ 倍，离心率为 $\frac{1}{2}$，斜率为 k 的直线 l 恰好经过上焦点并与椭圆交于 A，B 两点，作线段 AB 的中垂线与 y 轴交于点 $M(0, m)$.

(1) 求 m 的取值范围；
(2) 用 m 表示出 $S_{\triangle MAB}$，并求其最大值.

分析：试题共有两问，(1)问为(2)问做铺垫，一般思路是：先设点，再联立方程，利用韦达定理以及两斜率相乘为 -1，用参数 k 将 m 表示出来，进而求得 m 的取值范围. 在(2)问中，考虑应用矩阵的方式表示出 $\triangle MAB$ 的面积(含有 m 的表达式)，因为要求其面积的最大值，关键在于将上述求得的 $\triangle MAB$ 的面积看成关于 m 的函数，对该函数进行求导，发现在 $m=\frac{1}{4}$ 时取得最大值，即可求得 $\triangle MAB$ 面积的最大值.

解：(1) 由题意得 $\frac{c}{a}=\frac{1}{2}$，$a=\frac{2\sqrt{3}}{3}b$，可得 $a=2$，$b=\sqrt{3}$，椭圆方程为 $\frac{y^2}{4}+\frac{x^2}{3}=1$.

设 l_{AB}：$y=kx+1$，$A(x_1, y_1)$，$B(x_2, y_2)$，而 $\begin{cases} y=kx+1 \\ \frac{y^2}{4}+\frac{x^2}{3}=1 \end{cases} \Rightarrow (3+4k^2)x^2+6kx-9=0$.

由韦达定理，可得 $x_1+x_2=\frac{-6k}{3+4k^2}$，$x_1 x_2=\frac{-9}{3+4k^2}$，因此 $y_1+y_2=k(x_1+x_2)+2=\frac{8}{3+4k^2}$.

又因为线段 AB 的中点 $N\left(\frac{-3k}{3+4k^2}, \frac{4}{3+4k^2}\right)$，$k_{MN} \cdot k = -1$，可得 $m=\frac{1}{3+4k^2}$.

故 m 的取值范围为 $0 < m \leqslant \frac{1}{4}$.

(2) 由(1)问，可得 $|x_1-x_2|=\sqrt{(x_1+x_2)^2-4x_1 x_2}=\sqrt{\frac{36k^2+36(3+4k^2)}{(3+4k^2)^2}}=\sqrt{48m(1-m)}$，从而 $S_{\triangle AMB}=\frac{1}{2}\left\|\begin{matrix} x_1 & y_1 & 1 \\ x_2 & y_2 & 1 \\ 0 & m & 1 \end{matrix}\right\|=\frac{1}{2}|(1-m)(x_1-x_2)|=2\sqrt{3}\cdot\sqrt{m(1-m)^3}$.

令 $f(m)=m(1-m)^3$，有 $f'(m)=(1-m)^2(1-4m)=0$，解得 $m=\frac{1}{4}$，易知当 $m \in$

$\left(0, \frac{1}{4}\right]$ 时，$f'(m) \geqslant 0$，$f(m) = m(1-m)^3$ 单调递增.

因此 $[f(m)]_{max} = f\left(\frac{1}{4}\right) = \frac{27}{64}$，从而 $[S_{\triangle AMB}]_{max} = 2\sqrt{3} \cdot \sqrt{m(1-m)^3} = \frac{9}{4}$.

故当 $m = \frac{1}{4}$ 时，$\triangle MAB$ 的面积取得最大值 $\frac{9}{4}$.

评注：导数法或函数法是解决面积最值问题的有力工具，考生不仅能够学会解答该类型的题目，而且能够了解导数法在解决函数最值问题时的优越性和局限性. 本例问题明确，要求考生根据题设问题选择不同的解题思路求解问题，这也是优化问题解决的重要题型，使不同能力和基础的考生都有施展才能的机会，符合新课改对该教学内容的要求. 导数法在该问题解决中快捷、有效，也是通性通法，学生易想到，也符合学生的认知习惯.

例22 （2014年浙江卷文科试题改编）如图3.26所示，已知 $\triangle APB$ 的顶点都在焦点为 F 的抛物线 $C: x^2 = 8y$ 上，点 M 为 AB 的中点，且 $\overrightarrow{PF} = 4\overrightarrow{FM}$. 求 $S_{\triangle APB}$ 的最大值.

分析：先用解决圆锥曲线综合问题的一般思路进行求解，得到根与系数的关系、判别式的取值范围以及中点坐标，进而表示出 $\triangle APB$ 的面积，整理过后发现其面积是关于参数 b 的一元三次函数，因而考虑用导数法求其最值.

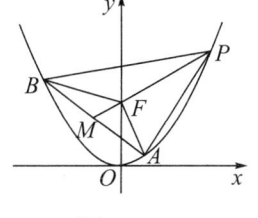

图 3.26

解：设 $l_{AB}: y = kx + b$，$P(x, y)$，$A(x_1, y_1)$，$B(x_2, y_2)$.

因为 $\begin{cases} y = kx + b \\ x^2 = 8y \end{cases} \Rightarrow x^2 - 8kx - 8b = 0$，所以 $\Delta = 64k^2 + 32b$.

又由韦达定理，可得 $x_1 + x_2 = 8k$，$x_1 x_2 = -8b$，从而 $y_1 + y_2 = 8k^2 + 2b$.

而 AB 的中点 $M(4k, 4k^2 + b)$，因此 $\overrightarrow{PF} = (-x, 2-y)$，$\overrightarrow{FM} = (4k, 4k^2 + b - 2)$.

又因为 $\overrightarrow{PF} = 4\overrightarrow{FM}$，所以 $x = -8k$，$y = 6 - 8k^2 - 2b$，即 $P(-8k, 6 - 8k^2 - 2b)$.

又由点 P 在抛物线上，代入可得 $k^2 = \frac{3}{8} - \frac{b}{8} > 0$，$\Delta = 24b + 24 > 0$，解得 $-1 < b < 3$.

由此可得 $S_{\triangle ABP} = 5S_{\triangle ABF}$，且 $|x_1 - x_2| = \sqrt{24 + 24b} = 2\sqrt{6} \cdot \sqrt{1+b}$，所以 $S_{\triangle ABP} = 5S_{\triangle ABF} = \frac{5}{2}|(b-2)(x_1-x_2)| = 5\sqrt{6} \cdot \sqrt{b^3 - 3b^2 + 4}$.

令 $f(b) = b^3 - 3b^2 + 4(-1 < b < 3)$，有 $f'(b) = 3b^2 - 6b = 0$，解得 $b = 0$ 或 $b = 2$.

易知，当 $b \in (-1, 0) \cup (2, 3)$ 时，$f'(b) > 0$，$f(b)$ 单调递增；当 $b \in (0, 2)$ 时，$f'(b) < 0$，$f(b)$ 单调递减. 而 $f(0) = 4 = f(3)$，所以当 $b = 0$ 或 $b = 3$ 时，$f(b)$ 取得最大值 4.

故 $[S_{\triangle ABP}]_{max} = 10\sqrt{6}$.

评注：解决圆锥曲线中的面积问题时，常规思路是：由 a, b, c 的关系得到圆锥曲线方程，联立曲线方程与直线方程，得到一个一元二次方程，利用方程的根与系数的关系，代入关系式中得到一个参数方程，最后巧妙地应用导数求得函数的单调性，进而求其最值. 但该思路运算量较大，在讨论参数的取值范围时容易出错，也是常见的易错点和盲点，因此需考虑优化解法.

四、对称问题

1. 代数法

例 23 （2015 年浙江卷文科第 19 题改编）已知双曲线 $\frac{x^2}{2}-y^2=1$ 上存在不同的点 A，B 关于直线 l：$y=mx+\frac{1}{2}$ 对称，求实数 m 的取值范围.

分析：因为题目要求是否存在不同的 A，B 两点，即求证直线 AB 与双曲线有不同的两个焦点（$\Delta>0$）. 这样就将问题转化为求证 $\Delta>0$，应联立直线 AB 的方程与双曲线方程，得到 Δ，判断 Δ 的正负，求得 m 的取值范围.

解：因为直线 AB 以直线 l 为对称轴，所以 $m\neq 0$.

设 l_{AB}：$y=\frac{1}{m}x+b$，$A(x_1,y_1)$，$B(x_2,y_2)$.

而 $\begin{cases}y=\frac{1}{m}x+b\\\frac{x^2}{2}-y^2=1\end{cases}\Rightarrow\left(\frac{1}{2}-\frac{1}{m^2}\right)x^2+\frac{2b}{m}x-b^2-1=0.$

又由韦达定理，可得 $x_1+x_2=\frac{-4mb}{m^2-2}$，$x_1 x_2=\frac{-2m^2(b^2+1)}{m^2-2}$，从而 $y_1+y_2=\frac{2bm^2}{m^2-2}.$ 因此，线段 AB 的中点 $M\left(\frac{-2mb}{m^2-2},\frac{bm^2}{m^2-2}\right).$

因为有不同的 A，B 两点，所以 $\Delta=2b^2+2-\frac{4}{m^2}>0$，又因为中点 M 在直线 l：$y=mx+\frac{1}{2}$ 上，则有 $b=\frac{m^2-2}{6m^2}$，代入 $\Delta=2b^2+2-\frac{4}{m^2}$，可得 $\Delta=14m^2-28>0$.

故实数 m 的取值范围为 $(-\infty,-\sqrt{2})\cup(\sqrt{2},+\infty)$.

评注：本例面向全体考生，设问明确，考查考生对圆锥曲线中关于直线的对称问题的掌握情况，考生能够根据已知条件和根与系数的关系判断出 Δ 的取值范围. 因为在圆锥曲线中考生容易忽略 $\Delta>0$ 这个限定条件，通过该试题，引起考生在计算过程中对细节的关注，从而提高正确率.

例 24 已知椭圆的焦点 F_1，F_2 在 x 轴上，经过右焦点 F_2 的直线 l 与椭圆交于 M，N 两点，当 $l\perp x$ 轴时，有 $|MN|=6$，点 B 为椭圆的上顶点，$\triangle BF_1F_2$ 内切圆的半径为 $\frac{\sqrt{3}c}{3}$.

（1）求椭圆的方程；

（2）若点 P 是 x 轴上一点，无论直线 l 如何变化，总有直线 PN 与 PM 关于 x 轴对称，求点 P 的坐标.

分析：按照一般思路将根与系数之间的关系表示出来，分别表示出直线 PN 与 PM 的斜率，然后关键在于利用 $k_{PN}+k_{PM}=0$ 这个条件构造等式. 又因为无论直线 l 如何变化，总有直线 PN 与 PM 关于 x 轴对称，所以其取值与斜率 k 无关，故可求得点 P 的坐标.

解：(1) 椭圆的方程为 $\dfrac{x^2}{16}+\dfrac{y^2}{4}=1$.

(2) 如图 3.27 所示，由题意，得直线 l 与 x 轴不垂直.

设 $M(x_1,y_1)$，$N(x_2,y_2)$，$P(n,0)$，l：$y=k(x-2)$.

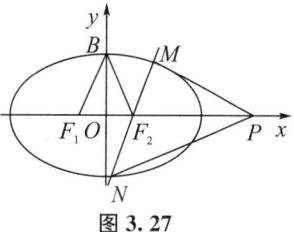

又由 $\begin{cases} y=k(x-2) \\ \dfrac{x^2}{16}+\dfrac{y^2}{4}=1 \end{cases}$，可得 $(1+4k^2)x^2-16k^2x+16(k^2-1)=0$.

图 3.27

由韦达定理，可得 $x_1+x_2=\dfrac{16k^2}{1+4k^2}$，$x_1x_2=\dfrac{16(k^2-1)}{1+4k^2}$，从而 $k_{PM}=\dfrac{y_1}{x_1-n}$，$k_{PN}=\dfrac{y_2}{x_2-n}$.

又因为 $k_{PM}+k_{PN}=0$，代入可得 $\dfrac{k(x_1-2)}{x_1-n}+\dfrac{k(x_2-2)}{x_2-n}=\dfrac{2kx_1x_2-k(n+2)(x_1+x_2)}{(x_1-n)(x_2-n)}=0$，

解得 $2kx_1x_2-k(n+2)(x_1+x_2)=0$，将 x_1+x_2 和 x_1x_2 代入化简，可得 $\dfrac{4n-32}{1+4k^2}=0$.

又因为无论直线 l 如何变化，总有直线 PN 与 PM 关于 x 轴对称，得知取值与 k 值无关. 所以 $4n-32=0$，解得 $n=8$.

故存在点 P，且点 P 的坐标为 $(8,0)$.

评注：本例的命制方式体现了"起点恰当，由浅入深"的特点，符合对考生的能力要求. (2) 问考查常规的解题思路，提问简单，鼓舞考生信心，使得解圆锥曲线的一般思路得以完整展示，有利于考生掌握相关知识.

2. 点差法

例 25 （2010 年浙江卷理数第 19 题改编）已知椭圆 C 的左、右焦点 F_1，F_2 在 x 轴上，点 $E(2,3)$ 在椭圆上，过点 E 作 y 轴的平行线恰好经过点 F_2.

(1) 求椭圆 C 的方程.

(2) 设 $\angle F_1EF_2$ 的角平分线为 l，问：椭圆 C 上是否存在以直线 l 为对称轴的 M，N 两点，若存在，写出 M，N 的坐标；若不存在，请阐述理由.

分析：在（2）问中，我们可以考虑反过来进行求解，即假设存在这样的两点关于直线 $y=2x+m$ 对称，求得参数 m 的取值范围，再判断 m 是否能取 -1，进而得到是否存在这样的两点，由角平分线的性质得到直线 l 的方程. 因为该问题还涉及斜率以及中点弦，除了用一般的代数法，还可以考虑应用点差法，便可以得到中点坐标和参数 m 的取值范围，即可判断这样的直线是否存在.

解：(1) 椭圆 C 的方程为 $\dfrac{x^2}{16}+\dfrac{y^2}{12}=1$.

(2) 如图 3.28 所示，由(1)可得 $F_1(-2,0)$，$F_2(2,0)$.

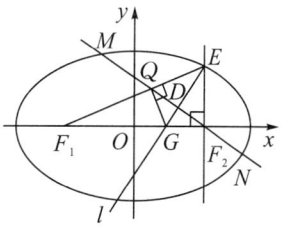

图 3.28

设 $G(x, y)$ 为 l 上的任意一点, 两对称点分别为 $M(x_1, y_1)$, $N(x_2, y_2)$, $D(x_0, y_0)$ 为线段 MN 的中点.

又因为 $d_{GF_2} = |x-2|$, $l_{EF_1}: y = \dfrac{3}{4}x + \dfrac{3}{2}$, $d_{QG} = \dfrac{5}{4} \cdot \left|\dfrac{3}{4}x + \dfrac{3}{2} - y\right|$, 由角平分线的性质, 可得 $d_{QG} = d_{GF_2}$, 因此有 $|3x-4y+6| = |5x-10|$, 解得 $l: x+2y-8=0$ (舍去) 或 $l: 2x-y-1=0$.

假设点 M, N 关于 $l: y=2x+m$ 对称, 联立方程 $\begin{cases} y=2x+m \\ \dfrac{x^2}{16}+\dfrac{y^2}{12}=1 \end{cases}$, 化简可得 $19x^2 + 16mx + 4m^2 - 48 = 0$, 则易知 $\Delta = -48m^2 + 3648 > 0$, 解得 $m^2 < 76$.

而 $k_{MN} = \dfrac{y_2-y_1}{x_2-x_1} = -\dfrac{1}{2}$, 设 $l_{MN}: y = -\dfrac{1}{2}x + b$.

由 $\begin{cases} \dfrac{x_1^2}{16}+\dfrac{y_1^2}{12}=1 \\ \dfrac{x_2^2}{16}+\dfrac{y_2^2}{12}=1 \end{cases} \Rightarrow \dfrac{y_2+y_1}{x_2+x_1} = \dfrac{3}{2} = \dfrac{y_0}{x_0}$, 则有 $y_0 = \dfrac{3}{2}x_0$.

又因为中点 D 在直线 l 和 l_{MN} 上, 代入可得 $x_0 = -2m$, $y_0 = -3m$, $b = -4m$.

所以有 $l_{MN}: y = -\dfrac{1}{2}x - 4m$, 将其代入椭圆方程, 可得 $4x^2 + 64m^2 - 16mx - 48 = 0$, 由 $\Delta = -48m^2 + 48 > 0$, 可得 $m^2 < 1$. 而 $-1 \notin (-1, 1)$, 故不存在这样的两点.

评注: 本例以两点关于直线对称为背景, 插入角平分线的应用, 将圆锥曲线与平面几何知识有机结合起来, 从多角度考查考生对基本的平面几何知识以及点差法在圆锥曲线中的理解和应用. 本例除了用点差法进行求解, 还可用一般的代数法进行求解, 解法灵活, 为不同层次的考生提供了展示其能力的平台.

例 26 在平面直角坐标系中有 $E(-\sqrt{6}, 0)$, $F(\sqrt{6}, 0)$ 两点, 点 A, N 满足 $\overrightarrow{AE} = 4\sqrt{2}$ 且 $\overrightarrow{ON} = \dfrac{1}{2}(\overrightarrow{OA} + \overrightarrow{OF})$, 经过点 N 且垂直于 AF 的直线交线段 AE 于点 M, 设点 M 的轨迹为 C, 若在 C 上存在不同的 P, Q 两点关于直线 $y = 2x+b$ 对称, 求 b 的取值范围.

分析: 由题中所给出的几何条件, 可得直线 MN 垂直平分直线 AF, 即可求得点 M 的轨迹方程. 采用点差法将中点 G 的坐标用含有参数 b 的式子表示出来, 而点 G 为 PQ 的中点, 又点 G 在椭圆内部, 从而可得到 b 的取值范围.

解: 因为 $\overrightarrow{ON} = \dfrac{1}{2}(\overrightarrow{OA}+\overrightarrow{OF})$ 且 $MN \perp AF$, 所以 $\overrightarrow{MA} = \overrightarrow{MF}$.

又由 $|\overrightarrow{ME}| + |\overrightarrow{MF}| = |\overrightarrow{AE}| = 4\sqrt{2} > |EF| = 2\sqrt{6}$, 得到 $a = 2\sqrt{2}$, $b = \sqrt{2}$. 从而点 M 的轨迹 C 的方程为 $\dfrac{x^2}{8} + \dfrac{y^2}{2} = 1$.

设对称点 $P(x_1, y_1)$, $Q(x_2, y_2)$, 线段 PQ 的中点 $G(x_0, y_0)$.

因为 $\begin{cases} \dfrac{x_1^2}{8}+\dfrac{y_1^2}{2}=1 \\ \dfrac{x_2^2}{8}+\dfrac{y_2^2}{2}=1 \end{cases} \Rightarrow \dfrac{x_1+x_2}{y_1+y_2} = \dfrac{x_0}{y_0} = -4k$, 而 $k = -\dfrac{1}{2}$, 所以 $x_0 = 2y_0$.

又由 $G(x_0, y_0)$ 在直线 $y=2x+b$ 上，可得 $x_0 = -\dfrac{2b}{3}$，$y_0 = -\dfrac{b}{3}$，因此 $G\left(-\dfrac{2b}{3}, -\dfrac{b}{3}\right)$. 而点 G 为线段 PQ 的中点，P，Q 两点在椭圆上，则点 G 一定在椭圆内部. 将点 G 的坐标代入椭圆方程，可得 $b^2 < 9$，故 b 的取值范围为 $(-3, 3)$.

评注：用点差法求解直线与圆锥曲线的位置关系问题，是中学数学教学中不可缺少的重要内容之一. 本例以考查点差法的应用为目标，以考生熟知的平面几何内容为背景构造命题，根植于课本，又超越课本，考生容易入手，提高其自信心，解题方法又不单一，符合课程标准的要求.

五、最值与范围问题

1. 定义法

例 27（2009 年四川卷试题改编）已知斜率为 $\dfrac{7}{4}$ 的直线 l_1 经过点 $(0, 2)$，l_2 与 x 轴负半轴垂直，原点到直线 l_2 的距离为 $\dfrac{1}{2}$，抛物线 $y^2 = 2x$ 上有一动点 P，设点 P 到 l_1 和 l_2 的距离分别为 d_1，d_2，求 $d_1 + d_2$ 的最小值.

分析：解决这道题的关键在于运用抛物线的定义，而且我们发现抛物线的准线恰好是 $l_2: x = -\dfrac{1}{2}$，则将问题转化为求 $PE + PF$ 的最小值. 易发现，$PE + PF$ 要取得最小值，则有 F，P，E 三点共线.

解：如图 3.29 所示，过点 P 作 l_1 的垂线交于点 E.

由题意得 $l_1: 7x - 4y + 8 = 0$，$l_2: x = -\dfrac{1}{2}$，直线 l_2 恰好为抛物线 $y^2 = 2x$ 的准线.

由抛物线的定义，可知点 P 到直线 l_2 的距离等于点 P 到焦点 $F\left(\dfrac{1}{2}, 0\right)$ 的距离.

又因为若 d 要取得最小值，则有 F，P，E 三点共线. 其中 d 为点 F 到直线 l_1 的距离，所以 $d_{\min} = \dfrac{\left|7 \times \dfrac{1}{2} + 8 - 0\right|}{\sqrt{7^2 + 16}} = \dfrac{33\sqrt{65}}{65}$.

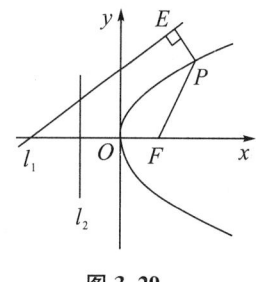

图 3.29

故动点 P 到 l_1 与 l_2 距离之和的最小值为 $\dfrac{33\sqrt{65}}{65}$.

评注：在解决圆锥曲线中的一类最值问题时，按照一般思路进行求解，可能会造成计算量偏大、求解过程过于复杂等问题. 利用圆锥曲线的定义求解选择题或填空题更加简单方便，可取得事半功倍的效果. 尤其是利用曲线上一点到准线的距离等于其到焦点的距离，减少计算量，问题迎刃而解.

例 28 已知直角坐标系上有一定点 $A(0, 4)$，离心率为 $\sqrt{3}$ 的双曲线 C 恰好经过点

$(3, 2\sqrt{3})$，动点 P 是双曲线 C 右支上的一点，F，E 分别为 C 的左、右焦点，求 $PF + PA$ 的最小值.

分析：由点 P 在双曲线的右支上可得到 PF 的值，即 $PE + 2a$，则将问题转换为求 $PE + PA$ 的最小值，易知当 A，P，E 三点共线时，$PE + PA$ 取得最小值，又将问题转化为求 AE 的值.

解：由双曲线 C 恰好经过点 $(3, 2\sqrt{3})$，$e = \sqrt{3}$，得 C：$\dfrac{x^2}{3} - \dfrac{y^2}{6} = 1$.

由双曲线的定义，可知 $|PF| - |PE| = 2a = 2\sqrt{3}$，从而 $|PF| = 2\sqrt{3} + |PE|$. 因此 $PF + PA = PE + PA + 2\sqrt{3}$.

经观察发现，$PE + PA$ 要取得最小值，则 A，P，E 三点共线. 而由勾股定理，可得 $AE = 5$，所以 $PF + PA = AE + 2\sqrt{3} = 5 + 2\sqrt{3}$.

故 $PF + PA$ 的最小值为 $5 + 2\sqrt{3}$.

评注：本例以双曲线的定义为着力点，运用三点共线，结合双曲线的定义可以构建一个距离的最小值问题. 考生在解决此问题的过程中要联想到双曲线的定义，从而选择解题思路，大大减少运算量. 在现阶段的高中课程中，要求考生学会掌握和运用双曲线的定义，考生不仅需要掌握解决圆锥曲线问题的一般方法，更需要优化解法，才能更好地解决圆锥曲线问题. 本例难度较低，有利于考生正常发挥.

2. 几何法

例29 （2017 年全国卷 I 第 10 题改编）已知点 F 为抛物线 C：$y^2 = 2px (p > 0)$ 的焦点，经过该焦点的直线 l_1，l_2 分别与抛物线 C 交于 A，B 和 D，E 两点，若 $l_1 \perp l_2$，求 $|AB| + |DE|$ 的最小值.

分析：本例主要是运用平面几何知识，比如三角形中的正余弦值，转化问题所涉及的边. 适当引入参数，尽可能地减少未知量，增强目标意识. 考虑将解析几何中的最值问题转换为函数型的最值问题，利用正弦和余弦取值的有界性，简化问题，得出结果.

解：如图 3.30 所示，设直线 AB 的倾斜角为 θ，过 A，B 两点作准线 $x = -p$ 的垂线交于点 A_1，B_1. 过点 F 作 y 轴的平行线，分别交 AA_1，BB_1 于点 M，N.

由抛物线的性质，可知 $|AF| = |AA_1|$，$|BF| = |BB_1|$.

由 $\cos \theta = \dfrac{|AM|}{|AF|} = \dfrac{|AA_1| - p}{|AF|} = \dfrac{|AF| - p}{|AF|}$，解得 $|AF| = \dfrac{p}{1 - \cos \theta}$.

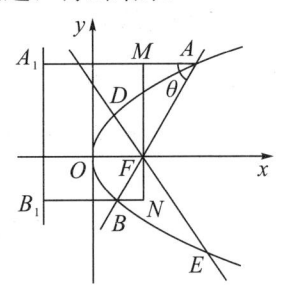

图 3.30

又由 $\cos \theta = \dfrac{|BN|}{|BF|} = \dfrac{|BF| - p}{|BF|}$，解得 $|BF| = \dfrac{p}{1 + \cos \theta}$.

从而 $|AB| = |AF| + |BF| = \dfrac{p}{1 - \cos \theta} + \dfrac{p}{1 + \cos \theta} = \dfrac{2p}{\sin^2 \theta}$.

因为 $l_1 \perp l_2$，所以 l_2 的倾斜角为 $\theta + \dfrac{\pi}{2}$ 或 $\theta - \dfrac{\pi}{2}$.

同理可得 $|DE|=\dfrac{2p}{\cos^2\theta}$，所以 $|AB|+|DE|=\dfrac{2p}{\sin^2\theta}+\dfrac{2p}{\cos^2\theta}=\dfrac{8p}{\sin^22\theta}\geqslant 8p$.

故 $|AB|+|DE|$ 的最小值为 $8p$.

评注：本例以考生熟知的距离问题为背景，设计了运用抛物线定义解题的最值问题，以学生熟知的题型为基础，稳定考生心态．通过本例的求解，使考生体会抛物线的定义在解题中的优势，从而引起考生重视．

例 30　（2018 年南宁二中月考试题改编）已知点 O 为坐标原点，以点 O 为中心的椭圆 C_1 与双曲线 C_2 恰好有公共焦点 F_1，F_2，点 P 为两曲线在第一象限的交点，其中 $|PF_2|=|F_1F_2|$，$|PF_1|=12$．若 C_1 和 C_2 的离心率分别记为 e_1 和 e_2，求 e_1e_2 的取值范围．

分析：本例的关键在于运用椭圆和双曲线的定义得到 a，c 之间的关系，再利用简单的平面几何知识作为限定条件，缩小范围，求解问题．

解：由题意得 $|PF_2|=|F_1F_2|=2c$.

由椭圆和双曲线的定义，可得 $|PF_1|+|PF_2|=2a_1=12+2c$，解得 $a_1=6+c$.

由 $|PF_1|-|PF_2|=2a_2=12-2c$，解得 $a_2=6-c$.

由三角形的性质，可得 $3<c<6$，从而 $1<\dfrac{36}{c^2}<4$.

又因为 $e_1e_2=\dfrac{c^2}{36-c^2}=\dfrac{1}{\dfrac{36}{c^2}-1}$，而 $0<\dfrac{36}{c^2}-1<3$.

所以 e_1e_2 的取值范围为 $\left(\dfrac{1}{3},+\infty\right)$.

评注：本例从平面几何知识出发，以椭圆和双曲线的定义为载体构造命题，强调定义法对解决圆锥曲线问题的帮助，引起学生重视，体现了新课程标准对考生基础知识和基本技能的要求．

3．不等式法

例 31　（2019 年遂宁一诊第 12 题改编）若抛物线 $y^2=2px\,(p>0)$ 的焦点为 F，其准线与坐标轴交于点 $A(-1,0)$，抛物线上有一动点 P，求 $\left|\dfrac{PF}{PA}\right|$ 的最小值．

分析：构造直角三角形 APP_1，由抛物线的定义以及勾股定理表示出 $\left|\dfrac{PF}{PA}\right|$ 的值，构造不等式，即可求其最值．

解：设 $P(x,2\sqrt{x})$．因为抛物线为 $y^2=4x$，则 $F(1,0)$．过点 P 作 PP_1 垂直于准线于点 P_1，由抛物线的定义，可知 $|PF|=|PP_1|=x+1$.

在 $\text{Rt}\triangle APP_1$ 中，由勾股定理，可得 $|PA|=\sqrt{(x+1)^2+4x}$.

因而 $\left|\dfrac{PF}{PA}\right|=\dfrac{x+1}{\sqrt{(x+1)^2+4x}}=\dfrac{1}{\sqrt{1+\dfrac{4}{x+\dfrac{1}{x}+2}}}\geqslant\dfrac{\sqrt{2}}{2}$，当且仅当 $x=\dfrac{1}{x}$，即 $x=1$ 时，取等号．

故 $\left|\dfrac{PF}{PA}\right|$ 的最小值为 $\dfrac{\sqrt{2}}{2}$.

评注：本例考查不等式在圆锥曲线中的应用，为考生综合应用所学的数学知识提供了条件，拓宽了解题思路，提高了分析问题和解决问题的能力.

4. 函数法

例32 （2019年成都一诊试题第12题改编）设椭圆 C：$\dfrac{x^2}{a^2}+\dfrac{y^2}{b^2}=1(a>b>0)$ 的左、右顶点为 E，F，椭圆上有异于 E，F 的一点 M，连接 EM，FM，两直线的斜率分别为 m，n，当 $\dfrac{a}{b}+\ln|m|+\ln|n|$ 取最小值时，求椭圆 C 的离心率.

分析：观察 $\dfrac{a}{b}+\ln|m|+\ln|n|$ 发现，可变形为 $\dfrac{a}{b}+\ln|mn|$，而 m，n 分别为直线 EM，FM 的斜率，设点代值恰好可求得 mn 与 a，b 之间的关系，再利用换元法，得到关于参数 t 的函数，对该函数进行求导，取其最小值，得到关于 a，b 的等式，化简即可求得离心率.

解：设 $M(x_0,y_0)$，$E(-a,0)$，$F(a,0)$.

由点 M 在椭圆上，可得 $\dfrac{x_0^2}{a^2}+\dfrac{y_0^2}{b^2}=1$，解得 $y_0^2=1-\dfrac{b^2 x_0^2}{a^2}$.

又因为 $m=k_{EM}=\dfrac{y_0-0}{x_0+a}=\dfrac{y_0}{x_0+a}$，而 $n=k_{FM}=\dfrac{y_0-0}{x_0-a}=\dfrac{y_0}{x_0-a}$，所以 $mn=k_{BM}=\dfrac{y_0^2}{x_0^2-a^2}=\dfrac{b^2}{a^2}$，而 $\dfrac{a}{b}+\ln|m|+\ln|n|=\dfrac{a}{b}+\ln|mn|=\dfrac{a}{b}+\ln\dfrac{b^2}{a^2}$.

令 $\dfrac{a}{b}=t(t>1)$，有 $g(t)=t+\ln\dfrac{1}{t^2}=t-2\ln t$. 由 $g'(t)=1-\dfrac{2}{t}=0$，解得 $t=2$.

因此，当 $1<t<2$ 时，$g'(t)<0$，$g(t)$ 单调递减；当 $t>2$ 时，$g'(t)>0$，$g(t)$ 单调递增. 所以当 $t=2$ 时，$g(t)$ 取得最小值，故 $[g(t)]_{\min}=g(2)=1$.

由 $t=2=\dfrac{a}{b}$，得 $e=\dfrac{\sqrt{3}}{2}$.

评注：本例的解题思路很好地体现了解析几何中求最值的典型方法——函数法，较好地体现了本例注重考查基础知识和基本技能的特征，考生主动探究的能力得到展示，既体现了重视知识的理解和应用，又体现了课程标准的基本理念.

5. 参数法

例33 （2015年秋克拉玛依期末考试试题改编）设点 M 在曲线 C：$x^2+\dfrac{y^2}{3}=1$ 上，点 N 在直线 l：$x+y-6=0$ 上，求 $|MN|$ 的最小值及此时点 M 的坐标.

分析：解决本例的关键是运用该曲线的参数方程，设出目标点的坐标，又由题目要求 $|MN|$ 的最小值，首先考虑利用点到直线的距离，得到关于三角函数的方程，然后利用函数的有界性转化问题，得出答案.

解：设曲线 C 的参数方程为 $\begin{cases} x = \cos\theta \\ y = \sqrt{3}\sin\theta \end{cases}$，则有 $M(\cos\theta, \sqrt{3}\sin\theta)$.

设 d 为椭圆上一点 M 到直线 l 的距离，有 $d = \dfrac{|\cos\theta + \sqrt{3}\sin\theta - 6|}{\sqrt{2}} = \sqrt{2}\left|\sin\left(\theta + \dfrac{\pi}{6}\right) - 3\right|$.

当 $\sin\left(\theta + \dfrac{\pi}{6}\right) = 1$ 时，$\theta = 2k\pi + \dfrac{\pi}{3}(k \in \mathbf{Z})$，$d$ 取得最小值 $2\sqrt{2}$.

从而 $x = \cos\left(2k\pi + \dfrac{\pi}{3}\right) = \dfrac{1}{2}$，$y = \sqrt{3}\sin\theta = \sqrt{3}\sin\left(2k\pi + \dfrac{\pi}{3}\right) = \dfrac{\sqrt{3}}{2}$.

故点 M 的坐标为 $\left(\dfrac{1}{2}, \dfrac{\sqrt{3}}{2}\right)$.

评注：与常规的解题思路不同的是，本例应用圆锥曲线 C 的参数方程，可将曲线 C 上任意一点的坐标快速表示出来，问题设计巧妙，解法独特，考查考生对问题的转化能力，联想到三角函数，有较好的选拔功能.

六、切线问题

1. 代数法

例 34（2015 年四川卷第 10 题改编）设直线 l 与圆 $C：(x-6)^2 + y^2 = r^2$ $(r > 0)$ 只有一个交点 M，又与抛物线 $y^2 = 8x$ 交于 A，B 两点，点 M 恰好为线段 AB 的中点，假如这样的直线 l 有 4 条，求 r 的取值范围.

分析：首先考虑特殊情况，当 l 的斜率不存在时，根据图形，可快速求解问题；然后考虑 l 的斜率存在时，由圆 C 与直线 l 只有一个交点 M，即点 M 为切点，可得 $k_{AB} \cdot k_{MC} = -1$，从而得到点 M 的横坐标. 经观察发现，A，M 两点和点 B 之间存在一定的关系，考虑用 A，M 两点表示点 B 的坐标，从而降低问题的复杂程度，将 A，B 两点代入抛物线，可得到 y_0^2 的取值范围，进而求得 r 的取值范围.

解：①当直线 l 的斜率不存在时，可得 $0 < r < 6$，这样的直线 l 有左、右两条.

②当 l 的斜率存在时，设 $A(x_1, y_1)$，$B(x_2, y_2)$，$M(x_0, y_0)$，则有 $k_{AB} = \dfrac{y_2 - y_1}{x_2 - x_1} = \dfrac{y_2 - y_1}{\dfrac{y_2^2}{8} - \dfrac{y_1^2}{8}} = \dfrac{8}{y_1 + y_2} = \dfrac{4}{y_0}$.

又因为圆心为 $C(6, 0)$，所以 $k_{MC} = \dfrac{y_0}{x_0 - 6}$. 而 $k_{AB} \cdot k_{MC} = -1$，代入可得 $x_0 = 2$.

由 $M(x_0, y_0)$，$A(x_1, y_1)$，可得 $x_2 = 4 - x_1$，$y_2 = 2y_0 - y_1$，从而 $B(4 - x_1, 2y_0 - y_1)$.

将 $x_0 = 2$ 代入圆 C 的方程中，可得 $r^2 = 16 + y_0^2 > 16$，因此 $r > 4$. 又由 A，B 均在抛

物线上，得到 $\begin{cases} y_1^2 = 8x_1 \\ (2y_0-y_1)^2 = 8(4-x_1) \end{cases} \Rightarrow y_1^2 - 2y_0 y_1 + 2y_0^2 + 16 = 0.$

由 $\Delta = -4y_0^2 + 64 > 0$，解得 $y_0^2 > 16$，又因为 $r^2 = 16 + y_0^2 < 32$，所以 $r < 4\sqrt{2}$.

综上所述，r 的取值范围为 $(4, 4\sqrt{2})$.

评注：考生在解决本例时，首先想到分类讨论思想，即对 l 的斜率进行分类，而当 l 的斜率存在时，只需要按照解圆锥曲线问题的一般思路进行求解，便可解决该问题.

2. 几何法

例35 （2018年贵州遵义一中月考试题改编）已知焦点为 F 的抛物线 C：$x^2 = 2py$ （$p > 0$）上有一点 B，$|BF| = 5$，圆 O_1 以 BF 为直径，并与 x 轴相切，切点为 $A(2, 0)$，求抛物线 C 的方程.

分析：本例的关键在于发现 $\angle OAF = \angle ABF$，可得两角的正弦值相等，又由勾股定理，可得 AF 与 p 的关系，代入即可求得 p 的值.

解：如图 3.31 所示，连接 AF，AB，$O_1 A$，设 $F\left(0, \dfrac{p}{2}\right)$，有 $|OF| = \dfrac{p}{2}$.

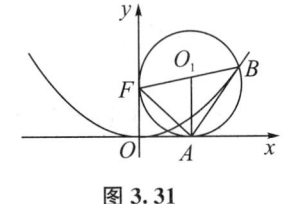

在 Rt $\triangle OAF$ 中，由勾股定理，可得 $|AF| = \sqrt{|OF|^2 + |OA|^2} = \sqrt{4 + \dfrac{p^2}{4}}.$

又因为以 BF 为直径的圆与 x 轴相切于 $A(2, 0)$，且 $\angle OAF = \angle ABF$，所以 $\sin\angle OAF = \sin\angle ABF = \dfrac{|AF|}{|BF|} = \dfrac{\sqrt{4+\dfrac{p^2}{4}}}{5}$，化简得 $p^2 - 10p + 16 = 0$，解得 $p = 8$ 或 $p = 2$.

故抛物线 C 的方程为 $x^2 = 16y$ 或 $x^2 = 4y$.

评注：本例以抛物线的焦点弦为背景，主要是利用圆与 x 轴相切，有弦切角等于内对角，再利用正弦值相等构造等式，将平面几何知识与圆锥曲线紧密结合，主要考查考生探索问题和解决问题的能力.

3. 导数法

例36 （2007年全国高中数学联赛试题改编）已知过点 $(0, 2)$ 的直线 l 与曲线 C：$y = x + \dfrac{4}{x}$ （$x > 0$）交于 M，N 两点，求曲线 C 在 M，N 两点处的切线的交点 P 的轨迹方程.

分析：因为直线 l 未知，引入参数 k，联立直线和曲线的方程，由题意得 $\Delta > 0$，即可解得参数 k 的取值范围. 对曲线 C 求导，可得到曲线上过任意一点直线的斜率，即在 M，N 两点处的斜率，由两个方程可以得到点 P 的坐标，即得到其轨迹方程.

解：设 $M(x_1, y_1)$，$N(x_2, y_2)$，$P(x_0, y_0)$，l：$y = kx + 2$.

因为点 M，N 是相异的两点，所以 $x_1 \neq x_2$，即 $k \neq 2$.

由 $\begin{cases} y = kx + 2 \\ y = x + \dfrac{4}{x} \end{cases} \Rightarrow (1+k)x^2 + 2x - 4 = 0$，可得 $\Delta = 4 - 8(k-1) > 0$，解得 $k > \dfrac{1}{2}$.

由韦达定理，可得 $x_1 + x_2 = \dfrac{-2}{k-1} > 0$，$x_1 x_2 = \dfrac{-4}{k-1} > 0$，解得 $\dfrac{1}{2} < k < 1$.

对曲线 C：$y = x + \dfrac{4}{x}$ 进行求导，可得 $y' = 1 - \dfrac{4}{x^2}$.

因此有 l_{PM}：$y - y_1 = \left(1 - \dfrac{4}{x_1^2}\right)(x - x_1) \Rightarrow y = \left(1 - \dfrac{4}{x_1^2}\right)x + \dfrac{8}{x_1}$.

同理可得 l_{PN}：$y = \left(1 - \dfrac{4}{x_2^2}\right)x + \dfrac{8}{x_2}$.

联立两个直线方程，得到 $x_0 = \dfrac{2x_1 x_2}{x_1 + x_2} = 4$，$y_0 = \left(\dfrac{3-2k}{2}\right)x_0 + 2 = 8 - 2k$. 由于 $\dfrac{1}{2} < k < 1$，则 $4 < y_0 < 6$.

故交点 P 的轨迹方程为 $(4, 4)$ 和 $(4, 6)$ 之间的线段.

评注：本例将导数与圆锥曲线综合问题相结合，优化解题方法，让考生对导数在解切线问题中的应用有较为完整的把握.

七、定点与定值问题

1. 代数法

例 37 （2017 年高考数学全国卷 Ⅰ 理数第 20 题改编）已知椭圆 C：$\dfrac{x^2}{a^2} + \dfrac{y^2}{b^2} = 1$ $(a > b > 0)$，四点 $P_1\left(1, \dfrac{1}{2}\right)$，$P_2(0, 1)$，$P_3\left(1, \dfrac{\sqrt{2}}{2}\right)$，$P_4\left(-1, \dfrac{\sqrt{2}}{2}\right)$ 恰有三点在椭圆上.

（1）求椭圆 C 的方程；

（2）若不经过点 P_2 的直线 l 与椭圆 C 相交于 A，B 两点，当 $k_{P_2A} + k_{P_2B} = -1$ 时，求证：l 过定点.

分析：定点问题通常是要建立含有参数的方程，运用已知条件，得到关于参数的关系式，主要说明该坐标与参数的方程无关. 本例可以先利用 l 的参数方程以及椭圆方程，由韦达定理得到根与其系数间的关系，再利用条件 $k_{P_2A} + k_{P_2B} = -1$ 表示出参数 k，代入直线方程，发现 $(2, -1)$ 与参数 m 的取值无关.

解：（1）椭圆 C 的方程为：$\dfrac{x^2}{2} + y^2 = 1$.

（2）①当直线 l 的斜率不存在时，设 l：$x = n$，直线 P_2A 的斜率为 k_1，直线 P_2B 的斜率为 k_2. 由于直线 l 不经过点 P_2，则 $n \neq 0$ 且 $|n| < \sqrt{2}$.

又因为 $A\left(n, \sqrt{1 - \dfrac{n^2}{2}}\right)$，$B\left(n, -\sqrt{1 - \dfrac{n^2}{2}}\right)$，$P_2(0, 1)$，所以 $k_1 = \dfrac{\sqrt{1 - \dfrac{n^2}{2}} - 1}{n}$.

而 $k_1+k_2=-1$，求得 $n=2$，不符合本题题意．

②当直线 l 的斜率存在时，设 $l：y=kx+m$，$A(x_1,y_1)$，$B(x_2,y_2)$．

由 $\begin{cases} y=kx+m \\ \dfrac{x^2}{2}+y^2=1 \end{cases} \Rightarrow (1+2k^2)x^2+4mkx+2(m^2-1)=0$，可得 $\Delta=2k^2-m^2+1>0$．由韦达定理，可得 $x_1+x_2=\dfrac{-4mk}{1+2k^2}$，$x_1x_2=\dfrac{2(m^2-1)}{1+2k^2}$．

又因为 $k_1+k_2=\dfrac{y_1-1}{x_1}+\dfrac{y_2-1}{x_2}=-1$，所以 $(m-1)(x_1+x_2)+(2k+1)x_1x_2=0$．代入解得 $k=-\dfrac{1+m}{2}$，因此 $l：y=-\dfrac{1+m}{2}x+m$，即 $y+1=-\dfrac{1+m}{2}(x-2)$．

故直线 l 过定点 $(2,-1)$．

评注：本例从多个角度考查了考生对代数法的掌握情况，能够反映考生的能力．从本例出发，将分类讨论思想贯穿其中，选点切入，融会贯通，帮助学生认识并理解该思想的重要性．本例突出重点，目标明确，能较好地达到考查目标，进一步引导考生总结解题方法和技巧．

2. 点差法

例38 （2015年高考数学全国卷Ⅱ第20题改编）设点 O 为坐标原点，椭圆方程为 $C：\dfrac{x^2}{a^2}+\dfrac{y^2}{b^2}=1$ $(a>b>0)$，直线 l 的斜率为 k，与椭圆交于 A，B 两点，线段 AB 的中点为点 M，求证：$k \cdot k_{OM}$ 为定值．

分析：本例涉及直线的斜率以及中点弦问题，首先考虑应用点差法，利用中点坐标表示出斜率 k，则可证明 $k \cdot k_{OM}$ 为定值，从而求解问题．

证明：设 $A(x_1,y_1)$，$B(x_2,y_2)$ $(x_1 \neq x_2)$，AB 的中点为 $M(x_0,y_0)$．

因为点 A，B 均在椭圆上，所以 $\begin{cases} \dfrac{x_1^2}{a^2}+\dfrac{y_1^2}{b^2}=1 \\ \dfrac{x_2^2}{a^2}+\dfrac{y_2^2}{b^2}=1 \end{cases} \Rightarrow -\dfrac{b^2}{a^2} \cdot \dfrac{x_1+x_2}{y_1+y_2}=k$，解得 $k=-\dfrac{b^2}{a^2} \cdot \dfrac{x_0}{y_0}$．

又因为 $k_{OM}=\dfrac{y_0}{x_0}$，故 $k \cdot k_{OM}=-\dfrac{b^2}{a^2}$．

评注：在处理直线与圆锥曲线的综合问题，特别是涉及弦中点的相关问题时，经常会用到点差法．本例的关键在于用点差法表示出 k，可以大大地减少运算量．

3. 几何法

例39 如图 3.32 所示，已知椭圆 E 的右焦点 F 在 x 轴上，焦距为 2，上顶点为 D，$|FD|=2$，直线 l 与圆 $x^2+y^2=3$ 只有一个交点 Q，点 Q 的横坐标为正，设直线 l 与椭圆 E 交于

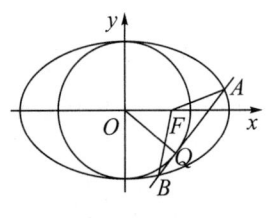

图 3.32

$A(x_1, y_1)$，$B(x_2, y_2)$两点，证明：$\dfrac{|AF|+|AQ|}{|BF|+|BQ|}=1$.

分析：由于直线l与圆$x^2+y^2=3$存在切点，即有直角，联想到勾股定理，将椭圆方程代入可得到$|BF|$，进而求得$|BF|+|BQ|$. 同理可表示出$|AF|+|AQ|$，则可以证明$\dfrac{|AF|+|AQ|}{|BF|+|BQ|}=1$.

证明：设$A(x_1, y_1)$，$B(x_2, y_2)$. 由题意得$a=2$，$b=\sqrt{3}$，椭圆E的方程为$\dfrac{x^2}{4}+\dfrac{y^2}{3}=1$.

因为直线l与圆$x^2+y^2=3$相切于点Q，所以$\angle OQB=90°$. 又由勾股定理，可得$BQ=\sqrt{OB^2-OQ^2}=\sqrt{x_2^2+y_2^2-3}$. 而$y_2^2=3-\dfrac{3}{4}x_2^2$，得到$|BQ|=\dfrac{1}{2}x_2$.

又由$BQ=\sqrt{(x_2-1)^2+y_2^2}=2-\dfrac{x_1}{2}$，得到$|BF|+|BQ|=2$. 同理可得$|AQ|=\sqrt{OA^2-OQ^2}=\dfrac{1}{2}x_1$，$|AF|=2-\dfrac{1}{2}x_1$，所以$|AF|+|AQ|=2$.

故$\dfrac{|AF|+|AQ|}{|BF|+|BQ|}=1$.

评注：本例贴近教材，将椭圆问题与直角三角形的知识有机结合. 本例侧重考查基础知识以及知识点的综合应用，注重考查学生的发散思维以及知识的跨度，运算量较小，考查内容比较丰富，突出几何法在解决问题中的作用.

4．参数法

例40 （2014年高考数学北京卷第19题改编）设点O为坐标原点，椭圆C的方程为$\dfrac{x^2}{a^2}+\dfrac{y^2}{b^2}=1$ $(a>b>0)$，其离心率为$\dfrac{1}{2}$，左、右顶点为$A(a, 0)$，$B(0, b)$，点O到直线AB的距离为$\dfrac{2\sqrt{21}}{7}$.

（1）求椭圆C的方程；

（2）若椭圆C上有一点P，连接AP，BP，使得直线AP与y轴交于点M，BP与x轴交于点N，求证：$|AN|\cdot|BM|$为定值.

分析：根据圆锥曲线的特点，选择合适的参数表示圆锥曲线上的点，将需要证明的问题中的相关量用参数进行表达，最后化简、约分即可证明. 本例利用椭圆的参数方程表示动点P，将问题涉及的$|AN|$和$|BM|$用参数表达，将问题转化为三角函数问题. 此时需要对参数方程中的θ进行讨论，以便解答思路清晰，过程比较完整.

解：（1）椭圆C的方程为$\dfrac{x^2}{4}+\dfrac{y^2}{3}=1$.

（2）由（1）得椭圆C的参数方程为$\begin{cases}x=2\cos\theta\\y=\sqrt{3}\sin\theta\end{cases}$，则点$P(2\cos\theta, \sqrt{3}\sin\theta)$.

①当$\theta=k\pi$或$\theta=k\pi+\dfrac{\pi}{2}$ $(k\in\mathbf{Z})$时，得到点P在x轴或y轴上.

当 $\theta=k\pi$ 时，$P(-2,0)$，易得 $|AN|\cdot|BM|=4\sqrt{3}$.

同理可得当 $\theta=k\pi+\dfrac{\pi}{2}$ ($k\in\mathbf{Z}$) 时，$P(0,-\sqrt{3})$，则有 $|AN|\cdot|BM|=4\sqrt{3}$.

②当 $\theta\neq k\pi$ 且 $\theta\neq k\pi+\dfrac{\pi}{2}$ ($k\in\mathbf{Z}$) 时，有 $k_{AP}=\dfrac{\sqrt{3}\sin\theta}{2\cos\theta-2}$，从而 l_{AP}：$y=\dfrac{\sqrt{3}\sin\theta}{2\cos\theta-2}\cdot(x-2)$.

令 $x=0$，有 $y=y_M=\dfrac{\sqrt{3}\sin\theta}{1-\cos\theta}$.

同理有 $k_{BP}=\dfrac{\sqrt{3}\sin\theta-\sqrt{3}}{2\cos\theta}$，从而 l_{BP}：$y=\dfrac{\sqrt{3}\sin\theta-\sqrt{3}}{2\cos\theta}x+\sqrt{3}$.

令 $y=0$，有 $x=x_N=\dfrac{2\cos\theta}{1-\sin\theta}$.

又因为 $|AN|=|2-x_N|=2\left|1-\dfrac{\cos\theta}{1-\sin\theta}\right|$，$|BM|=|\sqrt{3}-y_M|=\sqrt{3}\left|1-\dfrac{\sin\theta}{1-\cos\theta}\right|$，所以 $|AN|\cdot|BM|=2\sqrt{3}\left|1-\dfrac{\cos\theta}{1-\sin\theta}\right|\cdot\left|1-\dfrac{\sin\theta}{1-\cos\theta}\right|=4\sqrt{3}$.

综上所述，$|AN|\cdot|BM|$ 为定值 $4\sqrt{3}$.

评注：本例面向全体考生，侧重于考查知识和方法的应用，能有效地检测考生对参数法在圆锥曲线中的应用是否灵活熟练．在解题过程中应注意对参数 θ 的取值进行讨论．本例难度适中，以便增强学生的自信心，提高学生的应用意识，让学生认识和理解分类讨论思想．

例 41 如图 3.33 所示，已知双曲线 C：$\dfrac{x^2}{4}-\dfrac{y^2}{4}=1$ 的右焦点为 F_1，其准线与 x 轴相交于点 A，直线 l 经过点 A 并与双曲线相交于 E，F 两点，连接 EF，过点 F_1 作 EF 的垂线与双曲线相交于 M，N 两点，求证：$\dfrac{|MF_1|\cdot|MN|}{|AE|\cdot|AF|}=2$.

分析：我们不仅可以通过曲线的参数方程表示出点的坐标，还可以表示出直线的方程．就本例而言，可表示出直线 EF 的方程，将其代入曲线 C 的方程，可得到 $|AE|\cdot|AF|$．同理可得到 $|MF_1|\cdot|MN|$ 的值．

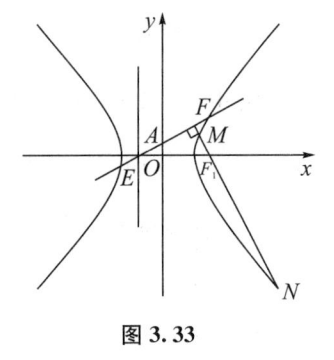

证明：由双曲线 C：$\dfrac{x^2}{4}-\dfrac{y^2}{4}=1$，得到左准线为 $x=-\sqrt{2}$.

设直线 EF 的参数方程为 $\begin{cases}x=-\sqrt{2}+t\cos\theta\\ y=t\sin\theta\end{cases}$，其中 θ 为倾斜角，t 为 E，F 两点到点 A 的距离．代入曲线方程，可得 $(\cos^2\theta-\sin^2\theta)t^2-2\sqrt{2}t\cos\theta-2=0$.

由韦达定理，可得 $t_1t_2=\left|\dfrac{2}{\cos^2\theta-\sin^2\theta}\right|$．因为 $EF\perp MN$，所以直线 MN 的倾斜角为 $\theta+\dfrac{\pi}{2}$.

图 3.33

146

设直线 MN 的参数方程为 $\begin{cases} x=2\sqrt{2}+t\cos\left(\theta+\dfrac{\pi}{2}\right) \\ y=t\sin\left(\theta+\dfrac{\pi}{2}\right) \end{cases}$，代入曲线方程，可得 $(\sin^2\theta-\cos^2\theta)t^2-2\sqrt{2}t\sin\theta+4=0$.

由韦达定理，可得 $t_3 t_4=|MF_1|\cdot|MN|=\left|\dfrac{4}{\cos^2\theta-\sin^2\theta}\right|$.

所以有 $\dfrac{|MF_1|\cdot|MN|}{|AE|\cdot|AF|}$ 为定值 2.

评注：本例的关键在于巧用直线的参数方程，将距离作为参数方程的根，设而不求，减少未知数，简化过程，极大地减少了运算量．本例侧重于考查考生的发散思维能力和逻辑推理能力，符合课程标准的教学要求．

5. 向量法

例 42 （2017 年全国卷 Ⅱ 第 20 题改编）已知椭圆 C：$\dfrac{x^2}{4}+\dfrac{y^2}{3}=1$ 上存在一动点 M，过点 M 作 y 轴的平行线，与 x 轴交于点 N，点 P 满足 $\overrightarrow{NP}=\dfrac{2\sqrt{3}}{3}\overrightarrow{NM}$，点 O 为坐标原点.

（1）求点 P 的轨迹方程；

（2）设直线 $x=-5$ 上有一点 Q，且 $\overrightarrow{OP}\cdot\overrightarrow{PQ}=1$，求证：垂直于 OQ 且过点 P 的直线 l 经过椭圆 C 的左焦点 F.

分析：要证明垂直于 OQ 的直线 l 过点 F，则需要证明 $PF\perp OQ$. 看到两直线垂直，立即联想到利用向量积等于零来证明.

解：（1）点 P 的轨迹方程为 $x^2+y^2=4$.

（2）如图 3.34 所示，连接 PF，设 $P(x_1,y_1)$，$Q(-5,m)$. 有 $\overrightarrow{OQ}=(-5,m)$，$\overrightarrow{PF}=(-1-x_1,-y_1)$，从而 $\overrightarrow{OQ}\cdot\overrightarrow{PF}=5(1+x_1)-my_1$.

又由 $\overrightarrow{OP}=(x_1,y_1)$，$\overrightarrow{PQ}=(-5-x_1,m-y_1)$，可得 $\overrightarrow{OP}\cdot\overrightarrow{PQ}=-x_1^2-5x_1-y_1^2+my_1=1$.

又 $P(x_1,y_1)$ 在 $x^2+y^2=4$ 上，所以 $x_1^2+y_1^2=4$，因此 $\overrightarrow{OP}\cdot\overrightarrow{PQ}=-5x_1+my_1-4=1$.

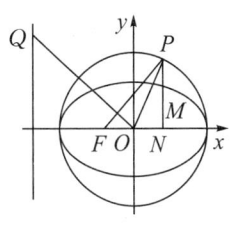

而 $-5x_1+my_1-5=0$，$\overrightarrow{OQ}\cdot\overrightarrow{PF}=0$，所以 $PF\perp OQ$.

故直线 l 过椭圆 C 的左焦点 F.

图 3.34

评注：圆锥曲线作为高中数学的主要内容之一，与高中其他知识紧密联系．本例以向量法求解直线与圆锥曲线的位置关系问题，一方面让考生清晰感知向量法求解圆锥曲线问题的简便性，另一方面让考生认识到知识之间的相互关联，以便达到举一反三的效果．

八、存在性问题

1. 顺推法

例 43 （2010 年山东卷理数第 21 题改编）如图 3.35 所示，设椭圆 C_1 的方程为 $\dfrac{x^2}{a^2}+\dfrac{y^2}{b^2}=1$ $(a>b>0)$，离心率为 $\dfrac{\sqrt{2}}{2}$，左、右焦点为 F_1，F_2，点 A 在椭圆上，且与点 F_1，F_2 围成三角形，其周长为 $8+4\sqrt{2}$，等轴双曲线 C_2 的顶点是 C_1 的焦点，双曲线上存在异于顶点的一点 P，连接 PF_1，PF_2，使得 PF_1 和 PF_2 与椭圆分别交于 A，B 和 C，D 两点。

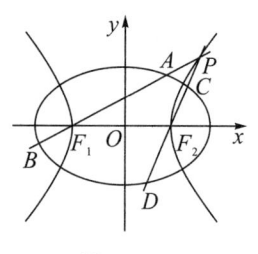

图 3.35

(1) 求 C_1 和 C_2 的方程；

(2) 设直线 PF_1 和 PF_2 的斜率分别为 k_1，k_2，证明：$k_1 \cdot k_2 = 1$；

(3) 试问是否存在 λ（λ 为常数），使得 $|AB|+|CD|=\lambda|AB||CD|$ 恒成立？若存在，求出 λ 的值；若不存在，请阐述理由。

分析：经观察发现，要证明 $|AB|+|CD|=\lambda|AB||CD|$，则需要证明 $\dfrac{1}{|AB|}+\dfrac{1}{|CD|}=\lambda$，考虑联立方程，运用韦达定理以及弦长公式求得 $|AB|$ 与 $|CD|$ 的值。

解：(1) 椭圆 C_1 的方程为 $\dfrac{x^2}{16}+\dfrac{y^2}{8}=1$，双曲线 C_2 的方程为 $\dfrac{x^2}{8}-\dfrac{y^2}{8}=1$.

(2) 略。

(3) 由 (1) 可得 $F_1(-2\sqrt{2},0)$，$F_2(2\sqrt{2},0)$. 设 $A(x_1,y_1)$，$B(x_2,y_2)$，$C(x_3,y_3)$，$D(x_4,y_4)$，$l_{PF_1}: y=k_1(x+2\sqrt{2})$，$l_{PF_2}: y=k_2(x-2\sqrt{2})$.

由 $\begin{cases} y=k_2(x+2\sqrt{2}) \\ \dfrac{x^2}{16}+\dfrac{y^2}{8}=1 \end{cases} \Rightarrow (1+2k_1^2)x^2+8\sqrt{2}k_1^2 x+16(k_1^2-1)=0$，可得 $1+2k_1^2 \neq 0$ 且 $\Delta>0$.

由韦达定理，可得 $x_1+x_2=\dfrac{-8\sqrt{2}k_1^2}{1+2k_1^2}$，$x_1 x_2=\dfrac{16(k_1^2-1)}{1+2k_1^2}$.

又由弦长公式，可得 $|AB|=\sqrt{1+k_1^2}\,|x_1-x_2|=\dfrac{8(1+k_1^2)}{1+2k_1^2}$.

同理可得 $x_3+x_4=\dfrac{8\sqrt{2}k_2^2}{1+2k_2^2}$，$x_3 x_4=\dfrac{16(k_2^2-1)}{1+2k_2^2}$，$|CD|=\dfrac{8(k_2^2+1)}{1+2k_2^2}$.

又因为 $k_1 \cdot k_2=1$，所以 $k_2=\dfrac{1}{k_1}$.

从而 $\dfrac{1}{|AB|}+\dfrac{1}{|CD|}=\dfrac{|AB|+|CD|}{|AB||CD|}=\dfrac{1}{8}\left(\dfrac{1+2k_1^2}{1+k_1^2}+\dfrac{1+2k_2^2}{1+k_2^2}\right)=\dfrac{3(k_1^2+1)}{8(k_1^2+1)}=\dfrac{3}{8}$.

故存在常数 $\lambda = \dfrac{3}{8}$，使得 $|AB| + |CD| = \dfrac{3}{8}|AB||CD|$.

评注：本例面向全体考生，侧重于考查方法和知识的应用，妙用参数，将问题转化为直线与圆锥曲线的位置关系问题，能有效地检测考生对圆锥曲线问题的理解和应用.

2. 验证法

例 44 （2017年四川资阳质检第20题改编）已知焦点为点 F_1，F_2 的等轴双曲线的焦距为 8，直线 l 经过点 F_2 并与双曲线交于 M，N 两点，试问：在 x 轴上是否存在点 C，满足 $\overrightarrow{CM} \cdot \overrightarrow{CN}$ 为常数？若存在，求出点 C；若不存在，请阐述理由.

分析：本例采用"验证法"，首先容易求得双曲线的方程，假设点 C 存在，借助待定系数法表示出点 C，建立方程（组）. 而题目中要求的是 $\overrightarrow{CM} \cdot \overrightarrow{CN}$，考虑用韦达定理将其分别表示出来，题目中要求 $\overrightarrow{CM} \cdot \overrightarrow{CN}$ 为常数？说明它的值与参数无关，这时可求得常数，进而得到满足条件的点.

解：设 $M(x_1, y_1)$，$N(x_2, y_2)$，$C(t, 0)$，MN 的斜率为 k.

因为曲线为等轴双曲线且 $2c = 8$，所以 $a = b = 2\sqrt{2}$，从而双曲线的方程为 $\dfrac{x^2}{8} - \dfrac{y^2}{8} = 1$.

① 当 k 存在时，设直线 l 为 $y = k(x - 4)$.

由 $\begin{cases} y = k(x-4) \\ \dfrac{x^2}{8} - \dfrac{y^2}{8} = 1 \end{cases} \Rightarrow (1 - k^2)x^2 + 8k^2 x - 8(2k^2 + 1) = 0$，可得 $x_1 + x_2 = \dfrac{8k^2}{k^2 - 1}$，$x_1 x_2 = \dfrac{8(2k^2 + 1)}{k^2 - 1}$.

又因为 $\overrightarrow{CM} = (x_1 - t, y_1)$，$\overrightarrow{CN} = (x_2 - t, y_2)$，所以 $\overrightarrow{CM} \cdot \overrightarrow{CN} = (x_1 - t)(x_2 - t) + y_1 y_2$，代入化简，可得 $\overrightarrow{CM} \cdot \overrightarrow{CN} = \dfrac{8k^2 - 8tk^2 + 8}{k^2 - 1} + t^2 = 8(1 - t) + \dfrac{8(2 - t)}{k^2 - 1} + t^2$.

又因为 $\overrightarrow{CM} \cdot \overrightarrow{CN}$ 为常数，所以 $\overrightarrow{CM} \cdot \overrightarrow{CN}$ 的值与 k 的值无关，则有 $8(2 - t) = 0$，解得 $t = 2$. 此时 $\overrightarrow{CM} \cdot \overrightarrow{CN} = -4$，故点 C 的坐标为 $(2, 0)$.

② 当 k 不存在时，$M(4, 2\sqrt{2})$，$N(4, -2\sqrt{2})$.

将 $C(2, 0)$ 代入验证，可得 $\overrightarrow{CM} = (2, 2\sqrt{2})$，$\overrightarrow{CN} = (2, -2\sqrt{2})$.

此时 $\overrightarrow{CM} \cdot \overrightarrow{CN} = 4 - 8 = -4$，满足所有条件.

综上所述，在 x 轴上存在点 $C(2, 0)$，使得 $\overrightarrow{CM} \cdot \overrightarrow{CN}$ 为常数 4.

评注：本例主要考查考生对圆锥曲线中的"点"的存在性问题的掌握和应用，考查内容属于高中数学的必要知识与技能. 本例题干简捷明了，设问合理，条件恰当，解答思路明确清晰，试题的设计突出了应用性和实践性，符合新课标的考查要求.

3. 反证法

例 45 （2010年陕西卷理数第20题改编）椭圆 $C：\dfrac{x^2}{a^2} + \dfrac{y^2}{b^2} = 1$ 的四个顶点围成的四边形的面积为 $16\sqrt{3}$，短半轴为 $2\sqrt{3}$.

(1) 求椭圆 C 的方程；

(2) 过原点的直线 m 与 n 互相垂直并相交于点 P，m 与椭圆 C 交于 A，B 两点，若 $|\overrightarrow{OP}|=2$，问：是否存在这样的直线 n，使得 $\overrightarrow{AP}\cdot\overrightarrow{BP}=2$？若存在，求出 n 的方程；若不存在，请阐述理由.

分析：观察发现题目中含有条件 $\overrightarrow{AP}\cdot\overrightarrow{BP}=2$，则考虑先设点，将 $\overrightarrow{AP}$ 和 $\overrightarrow{BP}$ 分别表示出来. 发现题目中还有线线垂直，需对直线的存在性进行分类，再根据常规解题思路来判断直线 n 是否存在.

解：(1) 椭圆 C 的方程为 $\dfrac{x^2}{16}+\dfrac{y^2}{12}=1$.

①当直线 n 垂直于 x 轴时，由 $|\overrightarrow{OP}|=2$，可得直线 n 的方程为 $x=2$ 或 $x=-2$.

当 $x=2$ 时，有 $P(2,0)$，代入椭圆方程，可得 $\overrightarrow{AP}=(0,-3)$，$\overrightarrow{BP}=(0,-3)$.

所以 $\overrightarrow{AP}\cdot\overrightarrow{BP}=9\neq 2$.

同理可得当 $x=-2$ 时，有 $\overrightarrow{AP}\cdot\overrightarrow{BP}=9\neq 2$.

因此，这样的直线 n 不存在.

②当直线 n 不垂直于 x 轴时，设直线 n 为 $y=kx+b$，$A(x_1,y_1)$，$B(x_2,y_2)$.

由 $|\overrightarrow{OP}|=\dfrac{|b|}{\sqrt{1+k^2}}=2$，可得 $b^2=4+4k^2$. 又因为 $\overrightarrow{AP}\cdot\overrightarrow{BP}=2$，$m\perp n$，所以 $\overrightarrow{OA}\cdot\overrightarrow{OB}=x_1x_2+y_1y_2=(\overrightarrow{OP}+\overrightarrow{PA})\cdot(\overrightarrow{OP}+\overrightarrow{PB})=2$.

又由 $\begin{cases}y=kx+b\\\dfrac{x^2}{16}+\dfrac{y^2}{12}=1\end{cases}\Rightarrow(3+4k^2)x^2+8kbx+4(b^2-12)=0$，可得 $x_1+x_2=\dfrac{-8kb}{3+4k^2}$，$x_1x_2=\dfrac{4(b^2-12)}{3+4k^2}$. 而 $x_1x_2+y_1y_2=(1+k^2)x_1x_2+kb(x_1+x_2)+b^2=\dfrac{-20(1+k^2)}{3+4k^2}=2$，解得 $\dfrac{-2\times(13+14k^2)}{3+4k^2}=0$，而 $-2\times(13+14k^2)=0$，所以与假设矛盾，故这样的直线 n 不存在.

综上所述，使得 $\overrightarrow{AP}\cdot\overrightarrow{BP}=2$ 的直线 n 不存在.

评注：在圆锥曲线中，当涉及点或直线的存在性时，先假设满足所有条件的点或直线存在，再用待定系数法设出该点或直线方程，联立方程求解，若满足已知条件，则存在；若不满足，则不存在. 本例的关键在于应用 $\overrightarrow{AP}\cdot\overrightarrow{BP}=2$ 来加以证明.

通过对直线与圆锥曲线综合问题的归纳与研究，不仅能够凸显新课标与高考数学对圆锥曲线等知识的要求，让教师认识到课堂教学中圆锥曲线的重要性，而且能够使学生在头脑中形成圆锥曲线题型及其解法的系统框架. 因此，在"框架教学"的背景下，通过提升课堂教学的效率和质量，使得知识融会贯通，达到事半功倍的效果. 同时，在教学中还贯穿了因材施教的原则，以圆锥曲线的高考试题题型为着眼点，对试题进行系统的分类，并探究多种解题策略，为不同能力的学生提供了展示自己的平台.

第六节　高考解析几何涉角问题的解题策略

解析几何既是沟通代数与几何的桥梁,也是初等数学过渡到高等数学的桥梁[1],常常需要将几何问题转化为代数运算,从而获得答案. 解析几何的核心思想是数形结合,同时对学生的运算求解能力、推理论证能力、应用意识和创新意识的考查也有重要体现. 解析几何中的涉角问题屡见不鲜,与角(度)有关的内容自然会想到三角形、正(余)弦定理、向量(夹角)、角平分线、倾斜角、相似等. 下面将以近年高考涉角试题为例,对涉角问题进行深入研究.

一、利用三角形内角和性质

例 1　(2012年全国卷理科第20题)设抛物线 $C：x^2=2py$ ($p>0$) 的焦点为 F,准线为 l,点 $A\in C$,已知以点 F 为圆心,FA 为半径的圆 F 交 l 于 B,D 两点.

(1) 若 $\angle BFD=90°$,$\triangle ABD$ 的面积为 $4\sqrt{2}$,求 p 的值及圆 F 的方程;

(2) 若 A,B,F 三点在同一直线 m 上,直线 n 与 m 平行,且 n 与 C 只有一个公共点,求坐标原点到 m,n 距离的比值.

解:(1) 如图 3.36 所示,由已知可得 $\triangle BFD$ 是等腰直角三角形,斜边 $|BD|=2p$,圆 F 的半径 $|FA|=\sqrt{2}p$.

由抛物线的定义知,点 A 到准线 l 的距离 $d=|FA|=|FB|=\sqrt{2}p$.

因为 $S_{\triangle ABD}=4\sqrt{2} \Leftrightarrow \frac{1}{2}\times|BD|\times d=4\sqrt{2} \Leftrightarrow p=2$,所以圆 F 的方程为 $x^2+(y-1)^2=8$.

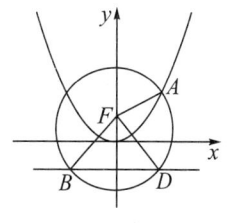

图 3.36

(2)略.

评注:本例已知三角形的一个角为特殊的直角,并且以圆的性质为背景,于是得到三角形为等腰直角三角形,进而得到 $|BD|=2p$,再根据抛物线的第二定义得到 $\triangle ABD$ 的面积,最终得解. 解决此类问题的关键是挖掘题目信息中的特殊边角关系,以及圆锥曲线定义所揭示的长度关系.

二、利用正(余)弦定理

例 2　(2013年湖南卷理科第14题)设点 F_1,F_2 是双曲线 $C：\dfrac{x^2}{a^2}-\dfrac{y^2}{b^2}=1$ ($a>0$,$b>0$)的两个焦点,点 P 是 C 上一点. 若 $|PF_1|+|PF_2|=6a$,且 $\triangle PF_1F_2$ 的最小内角

---

[1] 章建跃. 中学解析几何的核心结构——"中学数学中的解析几何"之三[J]. 中学数学教学参考(高中版), 2007(9):4-5,9.

为 $30°$，则 C 的离心率为_____.

解：设点 P 在双曲线 C 的右支上，由双曲线的定义可知 $|PF_1|-|PF_2|=2a$. 又因为 $|PF_1|+|PF_2|=6a$，所以 $|PF_1|=4a$，$|PF_2|=2a$，且 $|PF_1|>|PF_2|$，所以 $\angle PF_1F_2=30°$.

由余弦定理，得 $\cos 30°=\dfrac{16a^2+4c^2-4a^2}{2\times 8ac}=\dfrac{1}{4}\left(\dfrac{3a}{c}+\dfrac{c}{a}\right)=\dfrac{\sqrt{3}}{2}$，解得 $e=\dfrac{c}{a}=\sqrt{3}$.

评注：正（余）弦定理是刻画边角关系中最常用的方法，也是求解圆锥曲线有关角的问题的基本策略之一. 特别是余弦定理 $\cos\theta=\dfrac{a^2+b^2-c^2}{2ab}$（$\theta$ 为 a，b 的夹角）是解析几何中常用的工具. 本例根据双曲线的定义得到三角形两边的两个等式，利用方程思想求得两条边的长度，借助余弦定理，最终求得离心率.

三、利用向量夹角公式

例 3 （2011 年全国卷理科第 10 题）已知抛物线 C：$y^2=4x$ 的焦点为 F，直线 $y=2x-4$ 与 C 相交于 A，B 两点，则 $\cos\angle AFB=(\quad)$.

A. $\dfrac{4}{5}$ B. $\dfrac{3}{5}$ C. $-\dfrac{3}{5}$ D. $-\dfrac{4}{5}$

解：联立方程 $\begin{cases}y^2=4x\\y=2x-4\end{cases}$，得 $x^2-5x+4=0$，所以 $x=1$ 或 $x=4$. 设 $A(4,4)$，$B(1,-2)$，则 $|\overrightarrow{FA}|=5$，$|\overrightarrow{FB}|=2$，$\overrightarrow{FA}\cdot\overrightarrow{FB}=-8$，所以 $\cos\angle AFB=\dfrac{\overrightarrow{FA}\cdot\overrightarrow{FB}}{|\overrightarrow{FA}|\cdot|\overrightarrow{FB}|}=-\dfrac{4}{5}$. 故选 D.

评注：向量是解决平面几何与立体几何问题的重要工具，通过向量可以将几何代数化. 向量也是求解圆锥曲线有关角的问题的重要策略之一. 本例联立直线与抛物线方程，分别求出两交点的坐标，于是得到对应向量的坐标，借助向量的夹角公式 $\cos\langle a,b\rangle=\dfrac{a\cdot b}{|a|\cdot|b|}$，得解.

四、利用角平分线性质定理

例 4 （2011 年全国卷理科第 15 题）已知点 F_1，F_2 分别为双曲线 C：$\dfrac{x^2}{9}-\dfrac{y^2}{27}=1$ 的左、右焦点，点 $A\in C$，点 M 的坐标为 $(2,0)$，AM 为 $\angle F_1AF_2$ 的角平分线，则 $|AF_2|=$_____.

解：根据题意可知 $F_1(-6,0)$，$F_2(6,0)$，$|F_1M|=8>4=|F_2M|$. 由角平分线的性质得 $\dfrac{|F_1A|}{|F_2A|}=\dfrac{|F_1M|}{|F_2M|}=2$，可知点 A 在双曲线的右支上. 由双曲线的定义，得 $|F_1A|-|F_2A|=6$，所以 $|AF_2|=6$.

评注：由角平分线定理"三角形一个角的平分线分其对边所成的两条线段与这个角的

两条邻边对应成比例"，可得出对应线段之比，结合双曲线的定义，得解．

五、利用倾斜角（斜率）

例5 （2015年全国Ⅰ卷理科第20题）在直角坐标系 xOy 中，曲线 $C：y=\dfrac{x^2}{4}$ 与直线 $l：y=kx+a$ ($a>0$) 相交于 M，N 两点．

(1) 当 $k=0$ 时，分别求 C 在点 M 和 N 处的切线方程；

(2) y 轴上是否存在点 P，使得当 k 变动时，总有 $\angle OPM=\angle OPN$？说明理由．

解：(1) 略．

(2) 存在符合题意的点，证明如下：

设 $P(0,b)$ 为符合题意的点，$M(x_1,y_1)$，$N(x_2,y_2)$．直线 PM，PN 的斜率分别为 k_1，k_2．将 $y=kx+a$ 代入 C 的方程，得 $x^2-4kx-4a=0$．故 $x_1+x_2=4k$，$x_1x_2=-4a$，从而 $k_1+k_2=\dfrac{y_1-b}{x_1}+\dfrac{y_2-b}{x_2}=\dfrac{2kx_1x_2+(a-b)(x_1+x_2)}{x_1x_2}=\dfrac{k(a+b)}{a}$．

当 $b=-a$ 时，有 $k_1+k_2=0$，则直线 PM 的倾斜角与直线 PN 的倾斜角互补，故 $\angle OPM=\angle OPN$，所以点 $P(0,-a)$ 符合题意．

评注：问题的核心在于将对应角相等转化为斜率之和为定值 0，利用韦达定理巧妙化解．在平面解析几何中，角与斜率有天然的联系，因此，斜率是研究和处理角的问题的基本策略．

六、利用线段的比例关系（相似比）

例6 （2015年北京卷理科第19题）已知椭圆 $C：\dfrac{x^2}{a^2}+\dfrac{y^2}{b^2}=1$ ($a>b>0$) 的离心率为 $\dfrac{\sqrt{2}}{2}$，点 $P(0,1)$ 和点 $A(m,n)$ ($m\neq 0$) 都在椭圆 C 上，直线 PA 交 x 轴于点 M．

(1) 求椭圆 C 的方程，并求点 M 的坐标（用 m，n 表示）；

(2) 设点 O 为原点，点 B 与点 A 关于 x 轴对称，直线 PB 交 x 轴于点 N．问：y 轴上是否存在点 Q，使得 $\angle OQM=\angle ONQ$？若存在，求点 Q 的坐标；若不存在，说明理由．

解：(1) 椭圆 C 的方程为 $\dfrac{x^2}{2}+y^2=1$，点 M 的坐标为 $\left(\dfrac{m}{1-n},0\right)$．

(2) 如图 3.37 所示，因为点 B 与点 A 关于 x 轴对称，所以 $B(m,-n)$．设 $N(x_N,0)$，则 $x_N=\dfrac{m}{1+n}$．

若存在点 $Q(0,y_Q)$ 使得 $\angle OQM=\angle ONQ$，则存在点 $Q(0,y_Q)$ 使得 $\dfrac{|OM|}{|OQ|}=\dfrac{|OQ|}{|ON|}$，即 y_Q 满足 $y_Q^2=|x_M|\cdot|x_N|$．

因为 $x_M = \dfrac{m}{1-n}$，$x_N = \dfrac{m}{1+n}$，$\dfrac{m^2}{2} + n^2 = 1$，所以 $y_Q^2 = |x_M| \cdot |x_N| = \dfrac{m^2}{1-n^2} = 2$，所以 $y_Q = \sqrt{2}$ 或 $y_Q = -\sqrt{2}$.

故在 y 轴上存在点 Q，使得 $\angle OQM = \angle ONQ$. 点 Q 的坐标为 $(0, \sqrt{2})$ 或 $(0, -\sqrt{2})$.

评注：要使得两角相等，利用相似三角形的相似比，转化为对应线段成比例，再将其转化为对应点横（纵）坐标之比，进而得解.

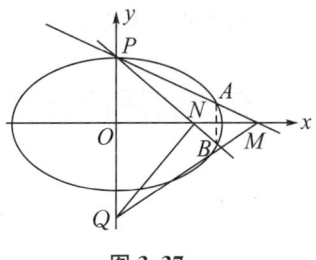

图 3.37

第七节　减少解析几何运算量的几种策略

解析几何既是沟通代数与几何的桥梁，也是初等数学过渡到高等数学的桥梁[1]. 在代数的"量"与几何的"形"之间搭建起沟通的媒介，解析几何通常需要通过烦琐的代数运算、严密的逻辑推理揭示图形规律和性质. 用代数方法研究几何问题，代数运算也就成了解决解析几何问题的关键. 已有调查显示，高中生解析几何解题能力较差，突出表现在运算能力普遍偏低[2]. 因此，简化运算步骤，减少运算量，成为攻克解析几何问题的难点.

减少解析几何运算量的策略主要包括巧用定义、设而不求、借助曲线系、巧设参数等. 下面结合近年高考典型试题，加以评析，以期帮助学生对解析几何运算有系统的认识.

一、巧用定义，揭示本质

数学定义是认识和理解数学概念的重要语言，往往具有揭示概念的本质属性的作用. 中国科学院院士李邦河认为："数学根本上是玩概念的，不是玩技巧."[3] 解析几何中椭圆、双曲线、抛物线等圆锥曲线的定义都直接揭示了数量关系，特别是第二定义中隐含的数量关系往往是简化运算的关键条件. 因此，巧用定义，揭示本质，可减少解析几何运算量.

例 1　（2015 年浙江卷理科第 5 题）如图 3.38 所示，设抛物线 $y^2 = 4x$ 的焦点为 F，不经过焦点的直线上有三个不同的点 A，B，C，其中点 A，B 在抛物线上，点 C 在 y 轴上，则 $\triangle BCF$ 与 $\triangle ACF$ 的面积之比是（　　）.

A. $\dfrac{|BF|-1}{|AF|-1}$　　　　B. $\dfrac{|BF|^2-1}{|AF|^2-1}$

C. $\dfrac{|BF|+1}{|AF|+1}$　　　　D. $\dfrac{|BF|^2+1}{|AF|^2+1}$

---

[1] 章建跃. 中学解析几何的核心结构——"中学数学中的解析几何"之三 [J]. 中学数学教学参考（高中版），2007（9）：4-5，9.

[2] 徐小琴. 高中生解析几何学习现状调查分析与教学建议 [D]. 成都：四川师范大学，2017.

[3] 李邦河. 数的概念的发展 [J]. 数学通报，2009，48（8）：1-3，9.

解：因为三角形 $\triangle BCF$ 与 $\triangle ACF$ 有公共的高，则两个三角形的面积之比就转化为 $\dfrac{|BC|}{|AC|}$. 由抛物线方程知焦点 $F(1, 0)$，则准线 l 的方程为 $x=-1$. 过点 A，B 分别作 AK，BH 与 l 垂直，垂足分别为点 K，H，且分别与 y 轴交于点 N，M. 由抛物线的定义，得 $\dfrac{|BC|}{|AC|}=\dfrac{|BM|}{|AN|}=\dfrac{|BF|-1}{|AF|-1}$，故选 A.

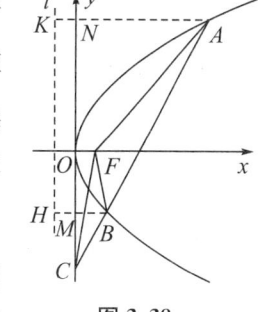

图 3.38

评注：利用抛物线的定义，抛物线上的点到焦点的距离等于到准线的距离. 利用三角形等高的性质，把两个三角形的面积之比转化为两线段之比，即 $\dfrac{|BC|}{|AC|}$，再利用抛物线的定义将面积之比转化为 $\dfrac{|BM|}{|AN|}=\dfrac{|BF|-1}{|AF|-1}$. 对抛物线上点与焦点距离的转化是借助定义转化的常规方案.

二、设而不求，依托关系

在求解解析几何问题时，常设弦的端点坐标而不求，结合根与系数的关系，利用已知等量关系求解问题. 这种设而不求的方法常用来简捷地处理解析几何中有关求斜率、中点等问题. 设而不求，依托已知与所求的关系建立等式，能减少大量的运算步骤.

例 2 若椭圆 $\dfrac{x^2}{36}+\dfrac{y^2}{9}=1$ 的弦被点 $(4, 2)$ 平分，则此弦所在直线的斜率是_____.

解：设弦的端点分别为 $A(x_1, y_1)$，$B(x_2, y_2)$，所以 $\begin{cases} x_1^2+4y_1^2=36 \\ x_2^2+4y_2^2=36 \end{cases}$，整理得 $x_1^2-x_2^2=-4(y_1^2-y_2^2)$，又 $\dfrac{x_1+x_2}{2}=4$，$\dfrac{y_1+y_2}{2}=2$，所以此弦的斜率为 $\dfrac{y_1-y_2}{x_1-x_2}=\dfrac{x_1+x_2}{-4(y_1+y_2)}=-\dfrac{1}{2}$.

评注：本例是求解中点弦的典型问题，巧设弦的端点坐标，看似烦琐，实则巧妙结合根与系数的关系，设值而不求值，仅依托端点值的关系得到斜率值. 此法比直接设直线方程，联立直线方程与曲线方程的求解过程简单得多，运算量大大降低.

三、借助曲线系，以静制动

曲线系方程是指能表示一类具有共同特征的曲线的集合. 巧设曲线方程有利于简化未知量，优化求解曲线方程. 例如，具有相同离心率的圆锥曲线系 $\dfrac{x^2}{a^2}\pm\dfrac{y^2}{b^2}=\lambda$（$\lambda>0$），具有相同渐近线的双曲线方程 $\dfrac{x^2}{a^2}-\dfrac{y^2}{b^2}=\lambda$（$\lambda\neq 0$）等.

例 3 （2014 年北京卷理科第 11 题）设双曲线 C 经过点 $(2, 2)$，且与 $\dfrac{y^2}{4}-x^2=1$ 具

有相同的渐近线，则 C 的方程为_____，渐近线方程为_____.

解：设与 $\dfrac{y^2}{4}-x^2=1$ 具有相同的渐近线的双曲线方程为 $\dfrac{y^2}{4}-x^2=\lambda$，$\lambda\neq 0$，将点（2，2）的坐标代入，得 $\lambda=-3$，所以双曲线的方程为 $\dfrac{x^2}{3}-\dfrac{y^2}{12}=1$，渐近线方程为 $y=\pm 2x$.

评注：与双曲线具有相同渐近线的曲线方程，可以先将曲线的渐近线方程表示出来，得出关系，再借助双曲线的定义将双曲线方程表示出来，此过程运算量较大. 而借助曲线系方程的表达，只有一个参数，再将点的坐标代入，解一元一次方程即得.

四、巧设参数，分解难点

巧妙地引入参数是简明快捷地解决解析几何问题的重要手段. 参数的引入包括巧设直线参数方程、引入三角函数、巧设极坐标参数方程等. 参数的引入往往能够简化直线方程、点的坐标、斜率、倾斜角、曲线的方程等，也是解决最值、不等式问题的重要方法.

例 4 （2016 年四川卷理科第 20 题）已知椭圆 E：$\dfrac{x^2}{a^2}+\dfrac{y^2}{b^2}=1\,(a>b>0)$ 的两个焦点与短轴的一个端点是直角三角形的 3 个顶点，直线 l：$y=-x+3$ 与椭圆 E 有且只有一个公共点 T.

（1）求椭圆 E 的方程及点 T 的坐标；

（2）设点 O 是坐标原点，直线 l' 平行于 OT，与椭圆 E 相交于不同的两点 A，B，且与直线 l 交于点 P. 求证：存在常数 λ，使得 $|PT|^2=\lambda|PA|\cdot|PB|$，并求 λ 的值.

解：略，详见相关文章[1].

评注：本例巧设直线参数方程，通过引入参数 t，将直线 l 及 l' 的方程借助倾斜角和参数表示，联立椭圆方程，借助参数 t 的几何意义及根与系数的关系，建立 $|PT|^2=\lambda|PA|\cdot|PB|$ 的关系式，最终获得 λ 的值. 此法比标准答案的运算量要小一些，算理简单，运算结果简捷，并且运用直线参数方程 t 的几何意义是解决解析几何有关距离问题的通性通法，值得重视.

五、数形结合，直观展示

数形结合是高中数学中的一种重要数学思想，也是应用最广泛的一种数学方法. 数学家华罗庚先生说过："数缺形时少直观，形少数时难入微. 数形结合百般好，隔离分家万事休."[2] 解析几何是运用代数方法解决几何问题，但是，如果充分结合"数"与"形"，则对解决解析几何问题能起到事半功倍的效果.

例 5 （2008 年辽宁卷理科第 10 题）已知点 P 是抛物线 $y^2=2x$ 上的一个动点，则点 P 到点（0，2）的距离与点 P 到该抛物线准线的距离之和的最小值为（　　）.

---

[1] 徐小琴，赵思林. 2016 年高考数学四川卷理科 20 题简解与推广 [J]. 数学通讯（教师阅读），2016（10）：51—53.

[2] 顾泠沅. 数学思想方法 [M]. 北京：中央广播电视大学出版社，2004.

A. $\dfrac{\sqrt{17}}{2}$　　　　B. 3　　　　C. $\sqrt{5}$　　　　D. $\dfrac{9}{2}$

解：如图 3.39 所示，根据抛物线的定义可知，点 P 到抛物线准线的距离等于 $|PF|$，于是问题转化为点 P 到点 $Q(0,2)$ 的距离 $|PQ|$ 与 $|PF|$ 的距离之和的最小值，由于点 P 在抛物线上，结合图形与三角形三边关系的性质可得，当点 P 在点 P' 的位置时，$|PQ|$ 与 $|PF|$ 的距离之和最小，且最小值为 $\dfrac{\sqrt{17}}{2}$.

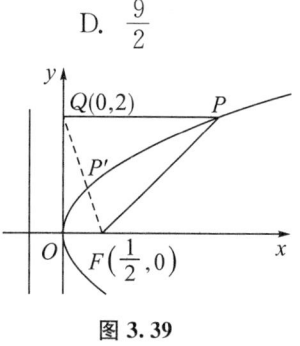

图 3.39

评注：题意求距离和的最小值，借助抛物线的定义，再利用数形结合的几何直观将点 P 到点 Q 的距离与到该抛物线准线的距离之和转化为线段 $|QF|$ 的长度. 数形结合能有效利用几何性质将代数问题借助几何直观快速解决，减少运算量.

六、借助平面几何，突破几何代换

解决解析几何问题除了运用相关概念定义，还应有效借助平面几何知识. 充分借助平面几何中的相关性质、相关定理，将解析几何问题转化为三角形、矩形等特殊图形，借助特殊图形的几何性质巧妙地解决问题，化繁为简，化一般为特殊，化未知为已知. 在解析几何中常常会涉及线段之比、等角、等边等关系，通过平面几何知识往往可以转化为其他等价关系，从而使问题获得解答.

例 6　（2015 年北京卷理科第 19 题）已知椭圆 $C：\dfrac{x^2}{a^2}+\dfrac{y^2}{b^2}=1$（$a>b>0$）的离心率为 $\dfrac{\sqrt{2}}{2}$，点 $P(0,1)$ 和点 $A(m,n)$（$m\neq0$）都在椭圆 C 上，直线 PA 交 x 轴于点 M.

(1) 求椭圆 C 的方程，并求点 M 的坐标(用 m，n 表示)；

(2) 设点 O 为原点，点 B 与点 A 关于 x 轴对称，直线 PB 交 x 轴于点 N. 问：y 轴上是否存在一点 Q，使得 $\angle OQM=\angle ONQ$？若存在，求点 Q 的坐标；若不存在，说明理由.

解：(1) 略.

(2) 因为点 B 与点 A 关于 x 轴对称，所以点 $B(m,-n)$. 设 $N(x_N,0)$，则 $x_N=\dfrac{m}{1+n}$. 若存在点 $Q(0,y_Q)$，使得 $\angle OQM=\angle ONQ$，根据平面几何知识可知，等价于 $\triangle MOQ\backsim\triangle QON$，也等价于 $\dfrac{|OM|}{|OQ|}=\dfrac{|OQ|}{|ON|}$，即存在 y_Q 满足 $y_Q^2=|x_M||x_N|$. 因为 $x_M=\dfrac{m}{1-n}$，$x_N=\dfrac{m}{1+n}$，$\dfrac{m^2}{2}+n^2=1$，所以 $y_Q^2=|x_M||x_N|=\dfrac{m^2}{1-n^2}=2$，所以 $y_Q=\sqrt{2}$ 或 $y_Q=-\sqrt{2}$. 故在 y 轴上存在一点 Q，使得 $\angle OQM=\angle ONQ$，且点 Q 的坐标为 $(0,\sqrt{2})$ 或 $(0,-\sqrt{2})$.

评注：本例的关键是将等角的关系通过平面几何中的相似三角形知识转化为线段(边)

之比. 借助相似比建立边之比的等量关系, 再将边的关系利用坐标表示出来, 同时转化为参数 m 的代数式, 从而求得点 Q 的坐标. 通过借助平面几何知识, 将问题巧妙地转化为线段之间的关系, 从而简化运算.

七、巧用圆方程, 借助圆性质

圆是解析几何中最特殊的一种曲线, 是学生认识几何图形中性质最多、应用最广的一种平面图形. 圆是学生最熟悉的几何图形, 具有较好的性质, 恰如其分地使用圆的方程, 借助圆的性质解决问题, 可以降低解析几何中的运算量.

例 7 (2015 年山东卷理科第 20 题) 平面直角坐标系 xOy 中, 已知椭圆 $C: \dfrac{x^2}{a^2} + \dfrac{y^2}{b^2} = 1$ ($a > b > 0$) 的离心率为 $\dfrac{\sqrt{3}}{2}$, 左、右焦点分别是 F_1, F_2, 以点 F_1 为圆心、3 为半径的圆与以点 F_2 为圆心、1 为半径的圆相交, 且交点在椭圆 C 上.

（Ⅰ）求椭圆 C 的方程;

（Ⅱ）设椭圆 $E: \dfrac{x^2}{4a^2} + \dfrac{y^2}{4b^2} = 1$, 点 P 为椭圆 C 上任意一点, 过点 P 的直线 $y = kx + m$ 交椭圆 E 于 A, B 两点, 射线 PO 交椭圆 E 于点 Q.

（ⅰ）求 $\left|\dfrac{OQ}{OP}\right|$ 的值;

（ⅱ）求 $\triangle ABQ$ 面积的最大值.

解: （Ⅰ）椭圆 C 的方程为 $\dfrac{x^2}{4} + y^2 = 1$.

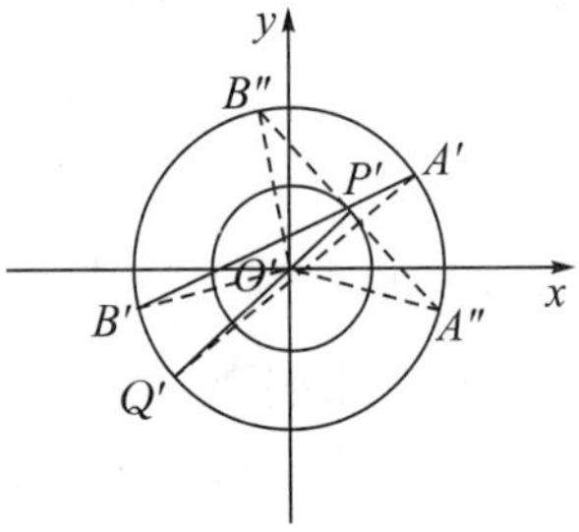

（Ⅱ）（ⅰ）令 $x' = \dfrac{x}{2}$, $y' = y$, 如图 3.40 所示, 椭圆 C: $\dfrac{x^2}{4} + y^2 = 1$ 变为圆 C': $x'^2 + y'^2 = 1$, 椭圆 E: $\dfrac{x^2}{16} + \dfrac{y^2}{4} = 1$ 变为圆 E': $x'^2 + y'^2 = 4$, 通过变换, 点 O, A, B, P, Q 分别为点 O', A', B', P', Q'. 又点 P', Q' 分别在以点 O' 为圆心的圆 C', E' 上, 则 $\left|\dfrac{O'Q'}{O'P'}\right| = 2$, 所以 $\left|\dfrac{OQ}{OP}\right| = 2$.

图 3.40

（ⅱ）在（ⅰ）的变换下, 易知 $S_{\triangle ABQ} = 2S_{\triangle A'B'Q'}$, 由 (ⅰ) 知 $\left|\dfrac{O'Q'}{O'P'}\right| = 2$, 故 $\left|\dfrac{Q'P'}{O'P'}\right| = 3$, $S_{\triangle A'B'Q'} = 3S_{\triangle A'B'O'}$, 从而 $S_{\triangle ABQ} = 6S_{\triangle A'B'O'}$. 要求 $\triangle ABQ$ 面积的最大值, 即求 $S_{\triangle A'B'O'}$ 的最大值. 又 $|O'P'| = 1$, 当 $A'B' \perp O'P'$ 时, 有 $S_{\triangle A'B'O'}$ 最大. 又点 A', B' 在圆 E': $x'^2 + y'^2 = 4$ 上, 故 $O'A' = O'B' = 2$, $S_{\triangle A'B'O'\max} = \sqrt{3}$, 所以 $\triangle ABQ$ 面积的最大值为 $6\sqrt{3}$.

评注: 椭圆可以看成是圆通过几何变换转化而来的, 反过来可以借助坐标变换将椭圆转化为圆的方程, 由于圆具有较好的性质, 对于线段与线段的关系问题可以有效转化为半径之间的关系问题来予以解决.

158

八、巧用对称性，降低运算难度

对称性是几何图形的一种重要性质，主要有点关于点的对称、点关于直线（x 轴、y 轴）的对称、直线关于点的对称等．对称性也是解析几何中常常涉及的问题，有些隐含在题目条件之中，需要通过等价转化．特别是已知条件难以得出解题方法时，常常需要通过对称性（对称点）的转化进而得到简解．巧妙使用图形的对称性对于减少运算量有重要帮助．

例 8 （2015 年四川卷理科第 20 题）如图 3.41 所示，椭圆 E：$\dfrac{x^2}{a^2}+\dfrac{y^2}{b^2}=1$（$a>b>0$）的离心率是 $\dfrac{\sqrt{2}}{2}$，过点 $P(0,1)$ 的动直线 l 与椭圆相交于 A，B 两点，当直线 l 平行于 x 轴时，直线 l 被椭圆 E 截得的线段长为 $2\sqrt{2}$．

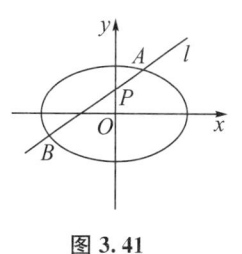

(1) 求椭圆 E 的方程；

图 3.41

(2) 在平面直角坐标系 xOy 中，是否存在与点 P 不同的定点 Q，使得 $\left|\dfrac{QA}{QB}\right|=\left|\dfrac{PA}{PB}\right|$ 恒成立？若存在，求出点 Q 的坐标；若不存在，请说明理由．

解：(1) 椭圆 E 的方程为 $\dfrac{x^2}{4}+\dfrac{y^2}{2}=1$．

(2) 分别考虑直线 l 与 x 轴平行和直线 l 与 x 轴垂直两种特殊情况，若存在不同于点 P 的定点 Q 满足条件，则点 Q 的坐标只可能为 $(0,2)$．

下面证明对任意直线 l，均有 $\left|\dfrac{QA}{QB}\right|=\left|\dfrac{PA}{PB}\right|$．

当直线 l 的斜率不存在时，结论成立；当直线 l 的斜率存在时，可设直线 l 的方程为 $y=kx+1$，点 A，B 的坐标分别为 (x_1,y_1)，(x_2,y_2)．联立 $\begin{cases}\dfrac{x^2}{4}+\dfrac{y^2}{2}=1\\ y=kx+1\end{cases}$，得 $(2k^2+1)x^2+4kx-2=0$，则有 $x_1+x_2=-\dfrac{4k}{2k^2+1}$，$x_1 x_2=-\dfrac{2}{2k^2+1}$．

因此 $\dfrac{1}{x_1}+\dfrac{1}{x_2}=\dfrac{x_1+x_2}{x_1 x_2}=2k$，易知点 B 关于 y 轴对称的点 B' 的坐标为 $(-x_2,y_2)$．

又 $k_{QA}=k-\dfrac{1}{x_1}$，$k_{QB'}=k-\dfrac{1}{x_1}$，所以 $k_{QA}=k_{QB'}$，即 Q，A，B' 三点共线，所以 $\left|\dfrac{QA}{QB}\right|=\left|\dfrac{QA}{QB'}\right|=\left|\dfrac{x_1}{x_2}\right|=\left|\dfrac{PA}{PB}\right|$．故存在与点 P 不同的定点 $Q(0,2)$，使得 $\left|\dfrac{QA}{QB}\right|=\left|\dfrac{PA}{PB}\right|$ 恒成立．

评注：本例是当年高考试题的一匹黑马，四川省的平均得分约为 5 分，第二问的解答中存在大量的数学运算，这也是造成失分的主要因素．一般考生会直接设点 Q 的坐标，进而得到一个六元恒等式，根据已知条件进行消元让多数考生望而却步．首先，通过特殊化将点 Q 找出来，再证明其一般性，是本例解决的重要手段．其次，认识到点 B 关于 y 轴对称的点的作用对于化简和消元起到了至关重要的作用．

九、善用点差法，整体消元

点差法是解析几何中用来解决中点弦问题、曲线的方程、点的轨迹、定点定值、存在性问题的重要工具，通过将已知曲线上的点的坐标代入椭圆方程，再作差，达到整体消元的目的，通过化简进而求得直线的方程，大大地减少了运算量．

例 9 已知椭圆 $\dfrac{x^2}{16}+\dfrac{y^2}{4}=1$ 的弦 AB 的中点 M 的坐标为 $(2,1)$，求直线 AB 的方程．

解：因为弦 AB 的中点为 M，利用中点公式，故设 $A(x_1,y_1)$，$B(4-x_1,2-y_1)$，即

$$\dfrac{x_1^2}{16}+\dfrac{y_1^2}{4}=1,\quad ①$$

$$\dfrac{(4-x_1)^2}{16}+\dfrac{(2-y_1)^2}{4}=1,\quad ②$$

由 ① $-$ ②，得 $\dfrac{8x_1-16}{16}+\dfrac{4y_1-4}{4}=0$，化简得 $\dfrac{x_1-2}{2}+\dfrac{y_1-1}{1}=0$．经验算，直线 AB 的方程为 $\dfrac{x-2}{2}+\dfrac{y-1}{1}=0$．

评注：本例利用了点差法求解，通过将点 A，B 的坐标分别代入椭圆方程，又利用两点的中点坐标方程，得到两式作差，进而得到直线方程，大大地减少了运算量．本例若采用设直线的点斜式、斜截式等方法，在联立直线方程与椭圆方程时需要采用判别式讨论直线斜率的存在性．

十、整体代换，删繁就简

整体思想是指思考问题时把注意力和着眼点放在问题的整体上，注意对问题的整体结构进行分析和改造，由此达到解题的目的[①]．"整体"与"局部"是相对概念，充分利用题设的整体结构是简化运算的有效策略．

例 10（2014 年辽宁卷理科第 15 题）已知椭圆 C：$\dfrac{x^2}{9}+\dfrac{y^2}{4}=1$，点 M 与 C 的焦点不重合．若点 M 关于 C 的焦点的对称点分别为点 A，B，线段 MN 的中点在 C 上，则 $|AN|+|BN|=$ _____．

解：设 MN 交椭圆于点 P，设椭圆的左、右焦点分别为 F_1，F_2，且点 M 关于点 F_1，F_2 的对称点分别为点 A，B，连接 F_1P，F_2P，利用中位线定理，可得 $|AN|+|BN|=2|F_1P|+2|F_2P|=2(|PF_1|+|PF_2|)=2\cdot 2a=4a=12$．

评注：本例主要将问题转化为椭圆上的点到两焦点的距离和，也就是充分利用椭圆定义中线段和的整体概念．

除了上述十种降低解析几何运算量的策略，还可以巧用根与系数的关系、灵活构造方

[①] 周万林. 用整体思想探求解题思路 [J]. 数学通报，1993（9）：17—19.

程组、借助重要定理(推论、公式)、借用向量等策略,灵活运用巧解、简解是突破解析几何繁难运算步骤的重要思路.

第八节　向量法在解析几何中的应用[①]

　　向量以其鲜明的工具性特点在数学教学中占有重要的地位. 本节在对向量的研究背景、现状及研究的目的与意义进行介绍后,总结了(平面)向量的相关知识点,并通过分析向量法在解析几何问题中的各种应用,包括求直线方程、判定线线垂直、共线(平行)问题、轨迹方程问题、夹角问题、关于点的问题、最值与范围问题、距离的最值与范围、角的最值与范围、面积的最值与范围、其他问题,以及向量法在空间解析几何中的应用,可以明确向量法在解决解析几何问题上的优势和不足,并归纳总结了向量法在解决解析几何问题上的模式化方法.

　　向量的概念起源于西方的物理学,数学教材中普遍是通过对速度和力的认识来学习向量的. 古希腊时期亚里士多德就发现可以用向量来表示力,且可以用平行四边形法则来表示两个力的组合作用. 16世纪,海伦在《力学》中对该法则进行了详细且明确的总结及证明[②]. 荷兰数学家史蒂文在静力学问题中应用了平行四边形法则之后,伽利略清晰地描述了这个法则[③]. 随后,牛顿在《自然哲学之数学原理》中把它作为运动定律的一个推论并且给出了证明[④]. 当时的科学家在力学问题中经常使用平行四边形法则,却并没有把这种具体的运算抽象成数学概念来研究. 1803年,潘索[⑤]提出力偶概念,并采用有向线段的几何合成的方法来解决静力学问题,且致力于使用向量语言来描述力学原则,但没有使用数学符号表述有关向量实体的运算. 直到19世纪上半叶,这一时期的向量理论主要是与力学应用相关联,且主要出现形式为笛卡尔坐标. 这个时期还没有出现现代意义下的向量表述形式,也没有将向量抽象出来单独作为数学的对象进行研究. 这一时期虽然孕育了丰富的向量思想,但没能直接产生向量理论. 另外,向量可以溯源于莱布尼茨的位置几何的概念. 莱布尼茨认为代数只能表达不确定的数或量值,不能直接表达位置、角度和运动,用代数运算分析一个图形的特点、寻找方便的几何证明和构造有时很困难. 因此,他提出一个全新代数,几何实体可以用符号来表示,并且这些符号可以直接运算. 但是莱布尼茨只提出了该新系统的一个理论上的构想,并没有为其创造出一种实际有效的能够相加、相减和相乘的几何系统. 一个半世纪以后,数学家格拉斯曼[⑥]在1840年的论文《潮汐理论》中充实并弥补了这个新系统的明显缺陷,这是历史上第一个重要的向量分析系统. 文中用一个向量方程替代了笛卡尔坐标系下的三个方程,给出了向量的加、减法,两种主要类型

[①] 作者:谢琴、赵思林(指导教师).
[②] 袁江洋. 科学文化研究刍议 [J]. 中国科技史杂志, 2007, 28 (4): 480-490.
[③] 孙庆华, 包芳勋. 向量理论的产生与发展 [J]. 自然辩证法通讯, 2011, 33 (1): 49-54.
[④] 伊萨克·牛顿. 自然哲学之数学原理·宇宙体系 [M]. 王克迪, 译. 武汉: 武汉出版社, 1992: 114-150.
[⑤] 老青. 提出力偶概念的人——路易·潘索 [J]. 湖南大学邵阳分校学报, 1989 (1): 65-66.
[⑥] 罗贤强. 从四元数到向量:向量概念演变的历史分析 [J]. 西北大学学报(自然科学版), 2005 (4): 492-496.

的向量乘法，向量微分以及线性向量函数等大量有关向量分析的内容. 1844 年，格拉斯曼出版了《扩张论》，拓展了他在 1840 年所提出的向量分析系统，这部经典著作包含了大量现代向量分析的内容. 1862 年，格拉斯曼在《扩张论（修订版）》中更详细地给出了内积以及内积和角的关系. 与其同时代的德国数学家麦比乌斯在《重心计算》中给出了一个与向量系统类似的空间分析系统，后来麦比乌斯又将向量的向量积、数量积和混合积的概念在其论文《几何加法和乘法》中进行了描述. 1835 年，意大利数学家拜耳拉维提斯以有向线段为基本研究对象，把等值方法大量应用于数学和物理问题. 位置几何这一线索孕育了丰富的向量思想，并且已经接近现代意义下的向量理论. 但是因为莱布尼茨的系统内容不足，麦比乌斯和拜尔拉维提斯的系统缺乏一般性，而格拉斯曼的系统又过于一般、抽象和偏离传统而不易被当时的人所理解，所以现代意义下的向量理论并没有产生. 另外，数学家又通过复数的几何表示认识到平面上的向量可以通过复数来表示和研究. 为了能够用代数的方法解决有关空间向量的问题，数学家哈密顿发现了复数高维类似物，并且发明了四元数. 虽然四元数系统并不是现代向量系统，但是哈密顿[1]在四元数上的研究产生了现在广泛使用的向量系统，为现代意义下的向量理论的诞生奠定了良好的基础. 吉布斯和亥维赛的现代向量理论也是从这个角度建立发展起来的. 哈密顿是第一个使用"向量"表示有向线段的数学家，并且四元数的许多内容都被后来的向量分析学家借鉴.

从 16 世纪到 19 世纪，随着对力学、位置几何及复数的几何表示等问题的研究的深入，向量理论得到进一步发展并日趋成熟. 20 世纪初向量被引入中学数学，1996 年我国高中数学教学大纲中引入向量，之后在课程标准中设置了向量内容. 随着向量进入数学课程，胡明健[2]阐明了向量进入课程的必要性. 吴洪生、徐一冰、黄宁生[3]从增加"向量"是为了适应现代科技发展的需要、实践证明中学生学习"向量"是可行的、"向量"有利于新教材的构建、"向量"能促进学生认识结构四个方面，分析了向量进入高中数学教材的必要性和可行性. 廖辉、梁文华[4]介绍了高中数学引入向量的作用. 王建明[5]详细阐述了向量进入中学数学的背景. 吕世虎[6]对高中数学新课程中向量内容的定位、向量的教育价值及向量教学中应注意的问题进行了探讨. 利用向量法解决各种数学问题方面的研究日益增多，例如，张景中、彭翕成[7][8]较为详细地探讨了向量法在解决几何问题上的基本思路；张丽娟、邢进喜[9]针对几例高考题说明了用向量法解决问题的巧妙性；朱晓锋[10]从代数和几何方面阐述了向量的工具性作用；胡贵平[11]从三角求值、函数的最值问题、不等式

---

[1] 程小红. 哈密顿与四元数 [J]. 数学通报，2006（6）：57—59.
[2] 胡明健. 普通高中新教材怎么编好——向量，应进入高中新教材 [J]. 课程·教材·教法，1996（7）：17—19.
[3] 吴洪生，徐一冰，黄宁生. 试论"向量"在中学数学教学中的必要性与可行性 [J]. 数学通报，1996（11）：16—19.
[4] 廖辉，梁文华. 高中数学引入向量的作用 [J]. 川北教育学院学报，1998（4）：78—80.
[5] 王建明. 数学课程改革中的向量背景和前景分析 [J]. 数学通报，2002（5）：23—25.
[6] 吕世虎. 高中数学新课程中的向量及其教学 [J]. 课程·教材·教法，2006（1）：47—50.
[7] 张景中，彭翕成. 论向量法解几何问题的基本思路 [J]. 数学通报，2008（2）：6—10.
[8] 张景中，彭翕成. 论向量法解几何问题的基本思路（续）[J]. 数学通报，2008（3）：31—36.
[9] 张丽娟，邢进喜. 例谈向量法巧解有关高考解析题 [J]. 数理化学习（高中版），2004（11）：23—24.
[10] 朱晓锋. 浅议向量的工具性作用 [J]. 高中数学教与学，2011（6X）：33—36.
[11] 胡贵平. 用向量解题九例 [J]. 数理天地（高中版），2018（5）：3—4.

的证明、三角形中的应用、线性规划、解析几何六个方面，通过用向量法解决九个人教 A 版教科书的习题，体现了用向量解题的优越性.

一、向量知识概述

1. 向量及有关概念

向量：既有大小又有方向的量（欧几里得向量、几何向量、矢量）.

向量的模：线段 AB 的长度，即向量 $\overrightarrow{AB}$ 的长度（或称模），记作 $|\overrightarrow{AB}|$（向量的大小）.

向量的要素：方向、长度.

向量的夹角：若有两个非零向量 a，b，作 $\overrightarrow{OA}=a$，$\overrightarrow{OB}=b$，则 $\angle AOB=\theta(0°\leqslant\theta\leqslant 180°)$ 叫作向量 a，b 的夹角. 若 a，b 的夹角为 $90°$，则 a 与 b 垂直，记作 $a\perp b$.

单位向量：长度为 1 个单位的向量. 其有无数个.

性质如下：

(1) 单位向量的长度为 1 个单位，方向不受限制.

(2) 起点为原点的单位向量，终点分布在单位圆上，常可设 $a=(\cos\theta,\sin\theta)$，反之亦然.

(3) 如果 $\overrightarrow{AB}$ 是非零向量，那么与 $\overrightarrow{AB}$ 共线的单位向量为 $\pm\dfrac{\overrightarrow{AB}}{|\overrightarrow{AB}|}$.

(4) 已知 $\angle BAC$，如果向量 $\overrightarrow{AP}=\dfrac{\overrightarrow{AB}}{|\overrightarrow{AB}|}+\dfrac{\overrightarrow{AC}}{|\overrightarrow{AC}|}$，那么 $\overrightarrow{AP}$ 是 $\angle BAC$ 平分线的方向向量.

零向量：长度为 0 的向量，记作 **0**. 零向量的方向是任意的，零向量与任意向量共线.

平行（共线）向量：方向相同或相反的向量.

相等向量：长度相等并且方向相同的向量，记作 $a=b$.

相反向量：长度相等、方向相反的向量互为相反向量，即 $-(-a)=a$.

规定：零向量的相反向量仍然是零向量.

2. 向量的表示

向量的表示可分为代数表示（如 a，b）、几何表示（$\overrightarrow{AB}$）以及坐标表示[如 $a=(x,y)$].

3. 向量的坐标运算

已知：$a=(x_1,y_1)$，$b=(x_2,y_2)$.

(1) $a\pm b=(x_1\pm x_2,y_1\pm y_2)$.

(2) $\lambda a=(\lambda x_1,\lambda y_1)$.

(3) $A=(x_1,y_1)$，$B=(x_2,y_2)$，则 $\overrightarrow{AB}=(x_2-x_1,y_2-y_1)$.

(4) 共线向量的坐标表示：$x_1y_2-x_2y_1=0\Leftrightarrow a$，$b$（$b\neq 0$）共线.

4. 向量的线性运算

(1)向量的加法.

① $a+b=b+a$.

② $(a+b)+c=a+(b+c)$.

③ $a+0=0+a=a$.

注：向量的加法遵循三角形法则和平行四边形法则.

(2) 向量的减法.

向量的减法可以看作向量的加法的逆运算：$a-b=a+(-b)$.

(3) 向量的数乘运算.

向量 a 与实数 λ 的乘积，记为 λa.

运算律(λ，μ 为实数)：

① $(\lambda+\mu)a=\lambda a+\mu a$；$\lambda(a+b)=\lambda a+\lambda b$.

② $\lambda(\mu a)=(\lambda\mu)a=\mu(\lambda a)$.

向量 $a(a\neq 0)$ 与 b 共线，当且仅当有唯一的实数 λ，使 $b=\lambda a$.

向量的加法、减法以及数乘的综合运算统称向量的线性运算.

5. 向量的数量积

向量 a 和 b 的模长 $|a|$，$|b|$ 及它们间的夹角 θ 的余弦的乘积称为向量 a 和 b 的数量积(点积、内积)，即 $a\cdot b=|a||b|\cos\theta$.

注：a 和 b 都是非零向量.

① $a\perp b\Leftrightarrow a\cdot b=0$.

注：向量的数量积是否为零，是判断相应的两条线段或直线是否垂直的重要方法之一.

② 当 a 和 b 方向相同时，$a\cdot b=|a||b|$；当 a 和 b 方向相反时，$a\cdot b=-|a||b|$.

③ $|a\cdot b|\leqslant |a||b|$.

④ $\cos\langle a,b\rangle=\dfrac{a\cdot b}{|a|\cdot|b|}$.

向量的数量积的运算律：

已知向量 a，b，c 和实数 λ，则：

① $a\cdot b=b\cdot a$.

② $\lambda(a\cdot b)=(\lambda a)\cdot b$.

③ $(a+b)\cdot c=a\cdot c+b\cdot c$.

向量的数量积的坐标表示：

若 $a=(x_1,y_1)$，$b=(x_2,y_2)$，则 $a\cdot b=x_1x_2+y_1y_2$.

二、向量法在解析几何中的应用

1. 求直线方程

在解决平面解析几何中的直线问题时，将向量与直线知识相结合，通过直线的方程得到直线的法向量和方向向量，或者根据法向量和方向向量写出直线方程的一次项系数，即利用向量所具有的方向性可以解决有关直线的方向问题，避免对直线的斜率是否存在的情况进行讨论，从而简化解答过程.

例1 已知直线 l 过点 $A(3,2)$，且被直线 l_1：$4x+3y-8=0$ 和直线 l_2：$4x+3y+7=0$ 截得的线段长为 5，求直线 l 的方程.

分析：从题干很容易看出直线 l_1 和 l_2 平行，易得这两条直线间的距离为 3，可知 $BC=5$，并求出 $\cos\angle BCD$ 的值. 而 $\cos\angle BCD$ 可看作直线 l 与直线 l_2 各自方向向量的夹角的余弦值. 设出直线 l 的方程，据此可求出直线斜率，即可得出答案.

解：设直线 l 的方程为 $Ax+By+C=0$（A，B 不同时为 0），若直线 l 与直线 l_1 和 l_2 分别交于点 M，N，过点 M 作 $MD\perp l_2$ 于点 D，所以 $MD=\dfrac{|-8-7|}{5}=3$.

又因为 $MN=5$，由勾股定理，可得 $ND=4$，所以 $\cos\angle MND=\dfrac{4}{5}$.

取直线 l_2 的方向向量为 $\boldsymbol{v}_2=(-3,4)$，直线 l 的方向向量为 $\boldsymbol{v}=(-B,A)$，则

$$\cos\langle \boldsymbol{v}_2,\boldsymbol{v}\rangle=\dfrac{\boldsymbol{v}_2\cdot\boldsymbol{v}}{|\boldsymbol{v}_2|\cdot|\boldsymbol{v}|}=\dfrac{3B+4A}{\sqrt{B^2+A^2}\cdot 5}=\pm\dfrac{4}{5}.$$ 整理可得 $7B^2-24AB=0$，解得 $B=0$ 或 $B=\dfrac{24}{7}A$. 所以直线 l 的斜率可能不存在或者为 $-\dfrac{7}{24}$.

当直线斜率不存在时，直线方程为 $x=3$.

当直线斜率为 $-\dfrac{7}{24}$ 时，设直线方程为 $y=-\dfrac{7}{24}x+b$.

将点 $A(3,2)$ 代入，可得 $b=\dfrac{23}{8}$，整理可得 $24x+7y-69=0$.

综上所述，所求直线 l 的方程为 $x=3$ 或 $24x+7y-69=0$.

评注：本例的解析法是先设出直线 l 的方程，再根据题意计算出直线 l 与另外两条直线的交点，通过两点间的距离公式解决问题，还要分情况讨论，解答过程较为烦琐，计算量比较大. 而利用向量解题，既可避免对直线的斜率是否存在进行讨论，又简化了解答过程. 需要注意的是，如何选取所设的直线 l 的方程，以及对于 $7B^2-24AB=0$，不能直接消去 B.

例2 等腰三角形一腰所在直线 l_1：$x-2y-2=0$，底边所在直线 l_2：$x+y-1=0$，点 $(-2,0)$ 在另一腰上，求这条腰所在直线的方程.

分析：因为该三角形为等腰三角形，所以两腰所在直线与底边所在直线的夹角相等，而直线可由其方向向量表示，由此可转化为两向量间夹角相等求解.

解：设所求直线为 l：$Ax+By+C=0$，取 l 的法向量为 $\boldsymbol{n}=(A,B)$. 由题可取 l_1 的

法向量为 $\boldsymbol{n}_1 = (1, -2)$，$l_2$ 的法向量为 $\boldsymbol{n}_2 = (1, 1)$.

因为该等腰三角形底边所在直线为直线 l_2，所以 l_1 与 l_2，l 与 l_2 的夹角相等.

所以有 $\dfrac{|1-2|}{\sqrt{1^2+2^2} \cdot \sqrt{1^2+1^2}} = \dfrac{|A+B|}{\sqrt{A^2+B^2} \cdot \sqrt{1^2+1^2}}$.

所以 $2A^2 + 2B^2 + 5AB = 0$，故 $\dfrac{B}{A} = -2$ 或 $-\dfrac{1}{2}$（舍）. 所以可得 l 的一法向量为 $\boldsymbol{n} = (-2, 1)$，直线 l：$-2x + y + C = 0$. 将点 $(-2, 0)$ 代入，可得 $C = -4$，所以直线 l：$-2x + y - 4 = 0$.

评注：利用向量法解决本题避免了烦琐的夹角公式，且过程简单明了，思路清晰.

2. 判定线线垂直

例3　（人教数学 A 版必修 2 第 144 页 B 组第二题）已知四边形一组对边的平方和等于另一组对边的平方和，那么它的对角线具有什么关系？为什么？

分析：可猜想关系为互相垂直，该题适合向量法、坐标法以及综合法. 向量法中，若 $\overrightarrow{BD} \perp \overrightarrow{AC}$，则有 $\overrightarrow{BD} \cdot \overrightarrow{AC} = 0$. 由题意可知 $AD^2 + CB^2 = AB^2 + CD^2$，转化为 $|\overrightarrow{AD}|^2 + |\overrightarrow{CB}|^2 = |\overrightarrow{AB}|^2 + |\overrightarrow{CD}|^2$，再根据向量的分解和合并表示出 $\overrightarrow{BD}$，$\overrightarrow{AC}$ 间的关系.

解：它的对角线互相垂直.

由题意得 $AD^2 + CB^2 = AB^2 + CD^2$，则有 $|\overrightarrow{AD}|^2 + |\overrightarrow{CB}|^2 = |\overrightarrow{AB}|^2 + |\overrightarrow{CD}|^2$，所以 $\overrightarrow{AD}^2 - \overrightarrow{AB}^2 = \overrightarrow{CD}^2 - \overrightarrow{CB}^2$，$(\overrightarrow{AD} + \overrightarrow{AB}) \cdot (\overrightarrow{AD} - \overrightarrow{AB}) = (\overrightarrow{CD} + \overrightarrow{CB}) \cdot (\overrightarrow{CD} - \overrightarrow{CB})$，$\overrightarrow{BD} \cdot (\overrightarrow{AD} + \overrightarrow{AB}) = \overrightarrow{BD} \cdot (\overrightarrow{CD} + \overrightarrow{CB})$，$\overrightarrow{BD} \cdot (\overrightarrow{AD} - \overrightarrow{CD} + \overrightarrow{AB} - \overrightarrow{CB}) = 0$，所以 $\overrightarrow{BD} \cdot 2\overrightarrow{AC} = 0$，所以 $\overrightarrow{BD} \perp \overrightarrow{AC}$，即对角线互相垂直.

评注：该解法利用了向量公式 $(\boldsymbol{a} + \boldsymbol{b}) \cdot (\boldsymbol{a} - \boldsymbol{b}) = \boldsymbol{a}^2 - \boldsymbol{b}^2$，根据向量的运算法则来解决问题，解答过程较为简捷，但该解法在分解、合并向量上要求较高. 若建立平面直角坐标系，将过程中的各向量用坐标表示出来（坐标法），也可解决问题，但要注意建系时为了计算简便，应将各点尽可能多地分布在坐标轴上. 该命题的逆命题也成立，且可以推广到空间四边形中.

推广：若空间四边形一组对边的平方和等于另一组对边的平方和，则它的两条对角线互相垂直[1].

设以空间中一点 O 为起点，以点 A，B，C，D 为终点的向量分别记为 $\boldsymbol{a}$，$\boldsymbol{b}$，$\boldsymbol{c}$，$\boldsymbol{d}$，则 $|\overrightarrow{AD}|^2 + |\overrightarrow{BC}|^2 = |\overrightarrow{AB}|^2 + |\overrightarrow{DC}|^2$，所以有 $(\boldsymbol{d} - \boldsymbol{a})^2 + (\boldsymbol{c} - \boldsymbol{d})^2 = (\boldsymbol{b} - \boldsymbol{a})^2 + (\boldsymbol{c} - \boldsymbol{d})^2$. 可得 $\boldsymbol{a} \cdot \boldsymbol{d} + \boldsymbol{b} \cdot \boldsymbol{c} = \boldsymbol{a} \cdot \boldsymbol{b} + \boldsymbol{c} \cdot \boldsymbol{d}$，即 $(\boldsymbol{c} - \boldsymbol{a}) \cdot (\boldsymbol{b} - \boldsymbol{d}) = 0$，所以 $AC \perp BD$.

评注：该解法也适用于平面四边形，简捷明快，而且由上述证明过程很明显可发现其逆命题也为真.

3. 共线（平行）问题

若有两个非零向量 $\boldsymbol{a}$，$\boldsymbol{b}$，当且仅有一个实数 λ，使得 $\boldsymbol{b} = \lambda \boldsymbol{a}$ 时，$\boldsymbol{a}$，$\boldsymbol{b}$ 共线. 当 $\boldsymbol{a}$，$\boldsymbol{b}$ 同向时，$\lambda = \left|\dfrac{\boldsymbol{b}}{\boldsymbol{a}}\right|$；当 $\boldsymbol{a}$，$\boldsymbol{b}$ 反向时，$\lambda = -\left|\dfrac{\boldsymbol{b}}{\boldsymbol{a}}\right|$. 该结论经常用来解决解析几何中的三点

---

[1]　王平定，王怀明. 一道课本习题的多解及在空间的推广 [J]. 中学数学教学，2014（3）：47-49.

共线问题.

例 4 （2001 年全国高考题改编）如图 3.42 所示，设抛物线 $y^2 = px$（$p>0$）的焦点为 F，点 C 在抛物线的准线上，经过焦点的直线交抛物线于 A，B 两点，且 $BC /\!/ x$ 轴，求证：点 A，O，C 在同一条直线上.

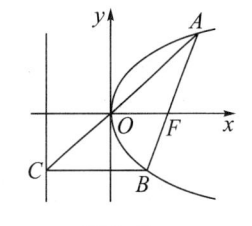

分析：证明 A，O，C 三点共线，即存在 $\lambda_1 \in \mathbf{R}$，使 $\overrightarrow{OC} = \lambda_1 \overrightarrow{OA}$. 再根据题干可知 A，F，B 三点共线，想到用坐标表示各点，存在 $\lambda \in \mathbf{R}$，使 $\overrightarrow{BF} = \lambda \overrightarrow{FA}$，看是否存在 $\lambda_1 \in \mathbf{R}$，使 $\overrightarrow{OC} = \lambda_1 \overrightarrow{OA}$ 即可.

图 3.42

证明：设 $C\left(-\dfrac{p}{4},\ y_1\right)$，$B\left(\dfrac{y_1^2}{p},\ y_1\right)$，$A\left(\dfrac{y_2^2}{p},\ y_2\right)$，由题意可知 $F\left(\dfrac{p}{4},\ 0\right)$.

若 A，O，C 三点共线，即存在 $\lambda_1 \in \mathbf{R}$，使 $\overrightarrow{OC} = \lambda_1 \overrightarrow{OA}$，即 $\left(-\dfrac{p}{4},\ y_1\right) = \lambda_1 \left(\dfrac{y_2^2}{p},\ y_2\right)$，故 $y_1 y_2 = -\dfrac{p^2}{4}$.

因为 A，F，B 三点共线，所以存在 $\lambda \in \mathbf{R}$，使 $\overrightarrow{BF} = \lambda \overrightarrow{FA}$，即 $\left(\dfrac{p}{4} - \dfrac{y_1^2}{p},\ -y_1\right) = \lambda \left(\dfrac{y_2^2}{p} - \dfrac{p}{4},\ y_2\right)$，所以 $y_1 y_2 = -\dfrac{p^2}{4}$.

所以 A，O，C 三点共线.

评注：解答该题时，普遍解法是借助直线的斜率求证，但这样还要考虑斜率的存在情况. 而用向量法解决该问题可以说是从另外的一个角度对斜率公式的应用进行了诠释，并且也简化了过程. 这里要注意该题的抛物线为 $y^2 = px$，所以准线为 $x = -\dfrac{p}{4}$，而不是 $x = -\dfrac{p}{2}$.

4．轨迹方程问题

例 5 过点 $A(4,0)$ 的直线与圆 $x^2 + y^2 = 4$ 相交于 A，B 两点，求直线被圆所截弦的中点的轨迹方程.

分析：若直线被圆截得的弦的中点为 P，则有 $OP \perp AP$，设出点 P 的坐标，将 AP，OP 用向量表示出来，则有 $\overrightarrow{OP} \cdot \overrightarrow{AP} = 0$，即可求解.

解：设直线被圆截得的弦的中点为 P，其坐标为 $(x,\ y)$，连接 OP，则 $OP \perp AP$.

因为 $\overrightarrow{OP} = (x,\ y)$，$\overrightarrow{AP} = (x-4,\ y)$，且 $\overrightarrow{OP} \perp \overrightarrow{AP}$，所以 $\overrightarrow{OP} \cdot \overrightarrow{AP} = 0$，即 $x(x-4) + y^2 = 0$，所以 $x^2 + y^2 - 4x = 0$.

由题可知中点 P 的轨迹并非整个圆，所以结果为 $x^2 + y^2 - 4x = 0$（$0 \leqslant x \leqslant 1$）.

评注：若直接用解析法，首先要设出割线的直线方程，再联立圆的方程表示出直线与圆的两个交点，由此表示出点 P，过程较为烦琐，对于一些不细心的同学更易出错. 而运用向量垂直的知识点，过程简捷明了，思路也很简单.

例 6 （1995 年全国理科高考题）已知椭圆：$\dfrac{x^2}{24} + \dfrac{y^2}{16} = 1$，直线 l：$\dfrac{x}{12} + \dfrac{y}{8} = 1$，点 P

是直线 l 上的一点，线段 OP 交椭圆于点 R，点 Q 在 OP 上且满足 $|OP| \cdot |OQ| = |OR|^2$，当点 P 在直线 l 上移动时，求点 Q 的轨迹方程，并说明轨迹是什么曲线.

分析：求点 Q 的轨迹方程就是求动点 Q 的横纵坐标之间的关系，由题可想到将 $|OP| \cdot |OQ| = |OR|^2$ 通过向量共线进行数量转化，根据点在曲线上（满足曲线方程）的条件建立方程，进而求解.

解：由题意可设 $\overrightarrow{OP} = \lambda_1 \overrightarrow{OQ}$ （$\lambda_1 > 0$），①

$\overrightarrow{OR} = \lambda_2 \overrightarrow{OQ}$ （$\lambda_2 > 0$）. ②

将①②式代入 $|\overrightarrow{OP}| \cdot |\overrightarrow{OQ}| = |\overrightarrow{OR}|^2$，可得 $\dfrac{1}{\lambda_1} = \dfrac{1}{\lambda_2^2}$. ③

设 $P(x_P, y_P)$，$Q(x, y)$，$R(x_R, y_R)$.

由①②式，可得 $\begin{cases} x_P = \lambda_1 x \\ y_P = \lambda_1 y \end{cases}$，$\begin{cases} x_R = \lambda_2 x \\ y_R = \lambda_2 y \end{cases}$

又因为点 P 在直线 l 上，点 R 在椭圆上，可得

$\dfrac{x}{12} + \dfrac{y}{8} = \dfrac{1}{\lambda_1}$，④

$\dfrac{x^2}{24} + \dfrac{y^2}{16} = \dfrac{1}{\lambda_2}$. ⑤

由③④⑤式，可得 $\dfrac{x^2}{24} + \dfrac{y^2}{16} = \dfrac{x}{12} + \dfrac{y}{8}$.

因此其轨迹方程为 $\dfrac{2(x-1)^2}{5} + \dfrac{3(y-1)^2}{5} = 1$（$x$，$y$ 不同时为 0），其轨迹为以（1，1）为中心，长半轴为 $\dfrac{\sqrt{10}}{2}$，短半轴为 $\dfrac{\sqrt{15}}{3}$，且长轴与 x 轴平行除去坐标原点的椭圆.

评注：本例是一道多动点轨迹问题，若运用解析法求解，首先要设出 $Q(x, y)$，再根据直线与直线、直线与椭圆的交点分别求出点 P 与点 R 的坐标，然后根据公式 $|\overrightarrow{OP}| \cdot |\overrightarrow{OQ}| = |\overrightarrow{OR}|^2$ 建立关系，从而求出点 Q 的轨迹方程. 思路简单，但运算量大，计算容易出错. 并且要考虑直线斜率的三种情况，容易只讨论直线斜率存在与不存在两种情况，甚至忽略求点 Q 坐标时的限制条件. 而运用向量法求解，不仅减少了计算量，而且在解题的过程中通过合理地构造向量，充分利用共线向量的性质，可以避开讨论直线的存在性，进而减少失误. 解析法要求学生熟练掌握分式的消参数、解二次方程，还需分类讨论，过程十分烦琐. 运用共线向量，仅需两个参数，消参数简单且解题思路直观，突出体现了运用向量思想方法解题的优越性.

例 7 （1999 年全国高考题）如图 3.43 所示，给出定点 $A(a, 0)$（$a > 0$，且 $a \neq 1$）和直线 l：$x = -1$，点 B 是 l 上的动点，$\angle BOA$ 的角平分线交 AB 于点 C，求点 C 的轨迹方程，并讨论方程表示的曲线类型与 a 值的关系.

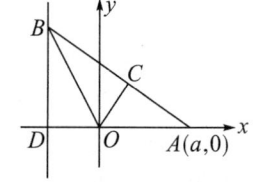

解：设 $B(-1, b)$，$C(x, y)$，其中 $b \in \mathbf{R}$，$0 \leqslant x \leqslant a$，则 $\overrightarrow{OA} = (a, 0)$，$\overrightarrow{OB} = (-1, b)$，$\overrightarrow{OC} = (x, y)$，$\overrightarrow{AC} = (x - a, y)$，$\overrightarrow{AB} = (-1 - a, b)$.

因为 $\angle BOA$ 的角平分线交 AB 于点 C，所以 $\angle AOC = \angle COB$，所以 $\cos \angle AOC =$

图 3.43

$\cos\angle COB$，即 $\dfrac{\overrightarrow{OA}\cdot\overrightarrow{OC}}{|\overrightarrow{OA}|\cdot|\overrightarrow{OC}|}=\dfrac{\overrightarrow{OC}\cdot\overrightarrow{OB}}{|\overrightarrow{OC}|\cdot|\overrightarrow{OB}|}$，所以 $(x^2+y^2)b^2-2xyb=0$. ①

又因为 A，B，C 三点共线，所以 $\overrightarrow{AB}$ 与 $\overrightarrow{AC}$ 共线. 所以存在 $\lambda\in\mathbf{R}$，使 $\overrightarrow{AC}=\lambda\overrightarrow{AB}$，即 $\begin{cases}x-a=\lambda(-1-a)\\ y=\lambda b\end{cases}$，所以 $b=\dfrac{y(a+1)}{a-x}$. ②

将②代入①，整理得 $y^2[(1-a)x^2-2ax+(a+1)y^2]=0$. ③

当 $y\neq 0$ 时，$(1-a)x^2+(a+1)y^2-2ax=0$.

当 $y=0$ 时，$b=0$，$\angle BOA=\pi$，$C(0,0)$ 也适合上式.

所以点 C 的轨迹方程为 $(1-a)x^2+(a+1)y^2-2ax=0(0\leqslant x<a)$. 若 $0<a<1$，则轨迹为椭圆弧段；若 $a>1$，则轨迹为双曲线右支的弧段.

评注：用解析法一般设出 $C(x,y)$，由角平分线的性质知点 C 到 OA，OB 的距离相等，得到一个关系式，化简即得点 C 的轨迹方程，最后对参数 a 进行讨论来判断轨迹是什么图形即可. 运用向量法，从另一角度解决此问题，体现了向量的工具性作用，是解决解析几何问题的一大"武器".

5. 夹角问题

若两个非零向量 $\boldsymbol{a}=(x_1,y_1)$，$\boldsymbol{b}=(x_2,y_2)$ 的夹角为 θ，则它们的数量积为 $\boldsymbol{a}\cdot\boldsymbol{b}=|\boldsymbol{a}|\cdot|\boldsymbol{b}|\cos\theta=x_1x_2+y_1y_2$. 根据向量的数量积，可较好地处理解析几何中的夹角问题(如果题目中出现线线夹角，可以尝试转化成向量间的夹角).

例 8 （2000 年全国高考题改编）已知点 P 为椭圆 $\dfrac{x^2}{16}+\dfrac{y^2}{9}=1$ 上一动点，点 F_1，F_2 为椭圆的焦点，当点 P 的横坐标取何值时，$\angle F_1PF_2$ 为锐角？

分析：$\angle F_1PF_2$ 可视为向量 $\overrightarrow{PF_1}$ 和 $\overrightarrow{PF_2}$ 的夹角，利用向量的数量积解决问题.

解：椭圆的焦点为 $F_1(-\sqrt{7},0)$，$F_2(\sqrt{7},0)$，设 $P(x_1,y_1)$.

由向量的夹角公式，可知 $\cos\angle F_1PF_2=\dfrac{\overrightarrow{PF_1}\cdot\overrightarrow{PF_2}}{|\overrightarrow{PF_1}|\cdot|\overrightarrow{PF_2}|}$.

当 $\angle F_1PF_2$ 为锐角时，$\overrightarrow{PF_1}\cdot\overrightarrow{PF_2}=|\overrightarrow{PF_1}|\cdot|\overrightarrow{PF_2}|\cos\angle F_1PF_2>0$. 所以 $(-\sqrt{7}-x_1)(\sqrt{7}-x_1)+y_1^2>0$，所以 $x_1^2+y_1^2-7>0$. ①

又因为点 P 在椭圆 $\dfrac{x^2}{16}+\dfrac{y^2}{9}=1$ 上，所以 $y_1^2=4-\dfrac{4}{9}x_1^2$. ②

由①②，可得 $\left\{x_1<-\dfrac{3\sqrt{15}}{5}\text{或}x_1>\dfrac{3\sqrt{15}}{5}\right\}$.

评注：解析几何中角的问题经常会采用余弦定理或直线斜率的方法来解决，但由于余弦定理涉及线段的长，直线斜率又涉及存在性等问题，因而比较烦琐. 现在利用向量夹角的取值范围来解决解析几何中有关角的问题，减少了计算量，提高了解题速度.

例 9 （2009 年北京高考卷）已知双曲线 C：$\dfrac{x^2}{a^2}-\dfrac{y^2}{b^2}=1$ $(a>0,b>0)$ 的离心率为 $\sqrt{3}$，右准线方程为 $x=\dfrac{\sqrt{3}}{3}$.

(1) 求双曲线 C 的方程；

(2) 设直线 l 是圆 O：$x^2+y^2=2$ 上动点 $P(x_0, y_0)(x_0 y_0 \neq 0)$ 处的切线，l 与双曲线 C 交于不同的两点 A，B，求证：$\angle AOB$ 的大小为定值.

解：(1) $x^2 - \dfrac{y^2}{2} = 1$.

(2) 方法 1　因为点 $P(x_0, y_0)$ $(x_0 y_0 \neq 0)$ 在圆 O：$x^2+y^2=2$ 上，可得圆 O 在点 $P(x_0, y_0)$ 处的切线方程为 $y - y_0 = -\dfrac{x_0}{y_0}(x - x_0)$，即 $x_0 x + y_0 y = 2$.

又由 $\begin{cases} x_0 x + y_0 y = 2 \\ x^2 - \dfrac{y^2}{2} = 1 \end{cases}$ 以及 $x_0^2 + y_0^2 = 2$，可得 $(3x_0^2 - 4)x^2 - 4x_0 x + 8 - 2x_0^2 = 0$.

因为直线 l 与双曲线 C 相交于不同的两点 A，B，且由题意可得 $0 < x_0^2 < 2$，所以 $3x_0^2 - 4 \neq 0$，且 $\Delta > 0$.

设 $A(x_1, y_1)$，$B(x_2, y_2)$，则 $x_1 + x_2 = \dfrac{4x_0}{3x_0^2 - 4}$，$x_1 x_2 = \dfrac{8 - 2x_0^2}{3x_0^2 - 4}$.

$\overrightarrow{OA} \cdot \overrightarrow{OB} = x_1 x_2 + y_1 y_2 = x_1 x_2 + \dfrac{1}{y_0^2}(2 - x_0 x_1)(2 - x_0 x_2)$，$x_1 x_2 + \dfrac{1}{2 - x_0^2}[4 - 2x_0(x_1 + x_2) + x_0^2 x_1 x_2] = \dfrac{8 - 2x_0^2}{3x_0^2 - 4} + \dfrac{1}{2 - x_0^2}\left[4 - \dfrac{8x_0^2}{3x_0^2 - 4} + \dfrac{x_0^2(8 - 2x_0^2)}{3x_0^2 - 4}\right] = 0$，所以 $\angle AOB = 90°$，为定值.

方法 2　因为点 $P(x_0, y_0)$ $(x_0 y_0 \neq 0)$ 在圆 O：$x^2+y^2=2$ 上，可得圆 O 在点 $P(x_0, y_0)$ 处的切线方程为 $y - y_0 = -\dfrac{x_0}{y_0}(x - x_0)$，即 $x_0 x + y_0 y = 2$.

又由 $\begin{cases} x_0 x + y_0 y = 2 \\ x^2 - \dfrac{y^2}{2} = 1 \end{cases}$ 以及 $x_0^2 + y_0^2 = 2$，可得

$(3x_0^2 - 4)x^2 - 4x_0 x + 8 - 2x_0^2 = 0.$　①　$(\Delta > 0)$

$(3x_0^2 - 4)x^2 - 4x_0 x - 8 + 2x_0^2 = 0.$　②　$(\Delta > 0)$

因为直线 l 与双曲线 C 相交于不同的两点 A，B，且由题意可得 $0 < x_0^2 < 2$，所以 $3x_0^2 - 4 \neq 0$，且 $\Delta > 0$.

设 $A(x_1, y_1)$，$B(x_2, y_2)$，则 $x_1 x_2 = \dfrac{8 - 2x_0^2}{3x_0^2 - 4}$，$y_1 y_2 = \dfrac{2x_0^2 - 8}{3x_0^2 - 4}$.

$\overrightarrow{OA} \cdot \overrightarrow{OB} = x_1 x_2 + y_1 y_2 = x_1 x_2 + \dfrac{1}{y_0^2}(2 - x_0 x_1)(2 - x_0 x_2)$，所以 $\angle AOB = 90°$，为定值.

6. 关于点的问题

例 10　(2008 年广东高考卷) 设 $b > 0$，椭圆方程为 $\dfrac{x^2}{2b^2} + \dfrac{y^2}{b^2} = 1$，抛物线方程为 $x^2 = 8(y - b)$. 过点 $F(0, b+2)$ 作 x 轴的平行线，与抛物线在第一象限的交点为 G，已知抛物线在点 G 的切线经过椭圆的右焦点 F_1.

（1）求满足条件的椭圆方程和抛物线方程；

（2）设点 A，B 分别是椭圆长轴的左、右端点，试探究在抛物线上是否存在点 P，使得 $\triangle ABP$ 为直角三角形？若存在，请指出共有几个这样的点，并说明理由（不必具体求出这些点的坐标）．

分析：易得出以 $\angle PAB$，$\angle PBA$ 为直角的 Rt$\triangle ABP$ 都只有一个．以 $\angle APB$ 为直角时，设出点 P 的坐标，由 $\overrightarrow{PA} \cdot \overrightarrow{PB} = 0$ 建立等式求解．

解：（1）椭圆方程：$\dfrac{x^2}{2} + y^2 = 1$；抛物线方程：$x^2 = 8(y-1)$．

（2）因为过点 A 作 x 轴的垂线与抛物线只有一个交点 P，所以以 $\angle PAB$ 为直角的 Rt$\triangle ABP$ 只有一个．同理，以 $\angle PBA$ 为直角的 Rt$\triangle ABP$ 只有一个．

若 $\angle APB$ 为直角时，可设点 P 的坐标为 $\left(x, \dfrac{1}{8}x^2+1\right)$，由题意可知 $A(-\sqrt{2}, 0)$，$B(\sqrt{2}, 0)$，所以 $\overrightarrow{PA} \cdot \overrightarrow{PB} = x^2 - 2 + \left(\dfrac{1}{8}x^2+1\right)^2 = \dfrac{1}{64}x^4 + \dfrac{5}{4}x^2 - 1 = 0$．

因为关于 x^2 的一元二次方程有一大于零的解，所以 x 有两个解，即以 $\angle APB$ 为直角的 Rt$\triangle ABP$ 有两个．

综上所述，在抛物线上存在四个这样的点，使得 $\triangle ABP$ 为直角三角形．

例 11 （2006 年湖北高考）设点 A，B 分别为椭圆 $\dfrac{x^2}{a^2} + \dfrac{y^2}{b^2} = 1$（$a$，$b > 0$）的左、右顶点，椭圆长半轴的长等于焦距，且 $x = 4$ 为它的右准线．

（1）求椭圆的方程；

（2）设点 P 为右准线上不同于点 $(4, 0)$ 的任意一点，若直线 AP，BP 分别与椭圆相交于异于 A，B 的点 M，N，求证：点 B 在以 MN 为直径的圆内．

分析：点 B 在以 MN 为直径的圆内，即点与圆的位置关系．点在圆内转化为 $\angle MBN$ 为钝角，即 $\angle MBP$ 为锐角，继而转化为向量问题 $\overrightarrow{BM} \cdot \overrightarrow{BP} > 0$ 来处理．

解：（1）$\dfrac{x^2}{4} + \dfrac{y^2}{3} = 1$．

（2）由（1）可得 $A(-2, 0)$，$B(2, 0)$．

设 $M(x_0, y_0)$．因为点 M 在椭圆上，所以 $y_0^2 = \dfrac{3}{4}(4 - x_0^2)$．

又因为点 M 异于顶点 A，B，所以 $-2 < x_0 < 2$．

由 P，A，M 三点共线，可得 $P\left(4, \dfrac{6y_0}{x_0+2}\right)$，所以 $\overrightarrow{BM} = (x_0 - 2, y_0)$，$\overrightarrow{BP} = \left(2, \dfrac{6y_0}{x_0+2}\right)$．

因此 $\overrightarrow{BM} \cdot \overrightarrow{BP} = 2x_0 - 4 + \dfrac{6y_0^2}{x_0+2} = \dfrac{2}{x_0+2}(x_0^2 - 4 + 3y_0^2) = \dfrac{5}{2}(2 - x_0)$．

因为 $2 - x_0 > 0$，所以 $\overrightarrow{BM} \cdot \overrightarrow{BP} > 0$，所以 $\angle MBP$ 为锐角，从而 $\angle MBN$ 为钝角，所以点 B 在以 MN 为直径的圆内．

评注：解析几何中求角问题转化为向量数量积运算．对于不共线的三点 A，B，C，若 $\overrightarrow{OA} \cdot \overrightarrow{OB} = 0$，则 $\angle AOB$ 为直角；若 $\overrightarrow{OA} \cdot \overrightarrow{OB} > 0$，则 $\angle AOB$ 为锐角；若 $\overrightarrow{OA} \cdot \overrightarrow{OB} < 0$，

则 $\angle AOB$ 为钝角.

7. 最值与范围问题

例12 已知圆 C：$x^2+y^2=4$ 和 2 个定点 $A(-1, 0)$，$B(1, 0)$，点 P 为圆 C 上的动点，过点 P 的圆 C 的切线为 l，点 A 关于 l 的对称点为 A'，求 $|A'B|$ 的最大值.

分析：用向量来表示动点的位置，求 $|A'B'|$ 的最大值可看作求 $\overrightarrow{A'B}$ 模的最大值，通过三角形中位线的性质转化成求 $\overrightarrow{OQ}$ 模的最大值，进而通过向量的加、减、数乘和数量积的运算求解.

解：设 AA' 与直线 l 交于点 Q，连接 OP，OQ.

因为点 O，Q 分别为 AB，AA' 的中点，所以 $OQ /\!/ \dfrac{1}{2} A'B$. 又因为 $AA' \perp l$，$OP \perp l$，所以 $OP /\!/ AA'$.

设 $\overrightarrow{AQ}=m\overrightarrow{OP}$ $(m>0)$，$|\overrightarrow{OP}|=2$，则 $\overrightarrow{OQ}=\overrightarrow{OA}+\overrightarrow{AQ}=\overrightarrow{OA}+m\overrightarrow{OP}$，$\overrightarrow{PQ}=\overrightarrow{OQ}-\overrightarrow{OP}=\overrightarrow{OA}+(m-1)\overrightarrow{OP}$.

由题意可知 $OP \perp QP$，则 $\overrightarrow{OP} \cdot \overrightarrow{QP}=0$，即 $\overrightarrow{OP} \cdot [\overrightarrow{OA}+(m-1)\overrightarrow{OP}]=0$，$\overrightarrow{OP} \cdot \overrightarrow{OA} + (m-1)\overrightarrow{OP}^2=0$，整理得 $\overrightarrow{OP} \cdot \overrightarrow{OA}=4(m-1)$.

又由 $|\overrightarrow{OQ}|^2=|\overrightarrow{OA}+m\overrightarrow{OP}|^2=|\overrightarrow{OA}|^2+2m\overrightarrow{OA} \cdot \overrightarrow{OP}+m^2 \overrightarrow{OP}^2=-4(m-1)^2+5$.
因为 $m>0$，当 $m=1$ 时，有 $|\overrightarrow{OQ}|_{max}=\sqrt{5}$，所以 $|\overrightarrow{AB}|_{max}=2|\overrightarrow{OQ}|_{max}=2\sqrt{5}$.

此时，$\overrightarrow{AQ}=\overrightarrow{OP}$，点 P 的坐标为 $(0, \pm 2)$，切线方程为 $y=\pm 2$，点 A' 的坐标为 $(-1, \pm 4)$.

评注：若采用解析法，首先要求出点 A' 的轨迹方程，再利用两点间距离公式求出 $|A'B|$ 的表达式，以此求出 $|A'B|$ 的最大值，思路直接，但求出点 A' 的轨迹方程较为困难，并且求 $|A'B'|$ 的一元表达式时很难求出其最大值. 而运用向量，由求 $|A'B|$ 的最大值转化为求 $|A'B|$ 的最大值，通过作辅助线、运用两线段平行和垂直的向量关系，灵活性较强. 相比来说，向量法更简捷，计算量更小，当然在此题中对于向量的应用要求比较高，有一定难度.

例13 已知圆 O：$x^2+y^2=8$，点 $A(2, 0)$，动点 M 在圆 O 上，求 $\angle OMA$ 的最大值.

分析：本例若利用直线 OM，MA 的斜率来求解，则需要对斜率存在与不存在进行分类讨论. 事实上，当 $\angle OMA=\dfrac{\pi}{4}$ 时，直线 MA 的斜率就不存在. 采用向量法可以避开分类讨论的麻烦，思路巧妙，过程简明，优越性明显.

解：设 $M(x_0, y_0)$，则 $x_0^2+y_0^2=8$，且 $\overrightarrow{MO}=(-x_0, -y_0)$，$\overrightarrow{MA}=(2-x_0, -y_0)$.

故 $\cos \angle OMA = \dfrac{\overrightarrow{MO} \cdot \overrightarrow{MA}}{|\overrightarrow{MO}||\overrightarrow{MA}|} = \dfrac{8-2x_0}{2\sqrt{2} \cdot \sqrt{12-4x_0}} = \dfrac{\sqrt{2}}{4}\left(\sqrt{3-x_0}+\dfrac{1}{\sqrt{3-x_0}}\right) \geq \dfrac{\sqrt{2}}{2}$.

因为 $\angle OMA \in \left[0, \dfrac{\pi}{2}\right)$，所以当且仅当 $\sqrt{3-x_0}=\dfrac{1}{\sqrt{3-x_0}}$，即 $x_0=2$ 时，$\angle OMA$ 取得最大值 $\dfrac{\pi}{4}$.

评注：应用向量来解决某些解析几何问题可以起到避免讨论、化繁为简、降低难度等效果，显示了其作为工具的强大作用．本例也可利用余弦定理求解．

例 14 已知点 $D(x_0, y_0)$ 是直线 $l: Ax+By+C=0$（$A^2+B^2\neq 0$）外一点．求证：点 D 到直线的距离为 $\dfrac{|Ax_0+By_0+C|}{\sqrt{A^2+B^2}}$．

分析：当 $A\neq 0$ 时，直线 l 与 x 轴必定有一个交点，假设该交点为 E，则问题可以转化成求 $\overrightarrow{DE}$ 在直线 l 的法向量上的投影的绝对值．

证明：当 $A\neq 0$ 时，设直线 l 与 x 轴的交点为 $E\left(-\dfrac{C}{A}, 0\right)$．

取直线 l 的法向量为 $\boldsymbol{n}=\left(1, \dfrac{B}{A}\right)$，则点 D 到直线 l 的距离为 $d=\left|\dfrac{\overrightarrow{DE}\cdot \boldsymbol{n}}{|\boldsymbol{n}|}\right|=\left|\dfrac{\left(-\dfrac{C}{A}-x_0, y_0\right)\cdot\left(1, \dfrac{B}{A}\right)}{\sqrt{A^2+B^2}}\right|=\dfrac{|Ax_0+By_0+C|}{\sqrt{A^2+B^2}}$．

当 $B\neq 0$ 时，同理可证 $d=\dfrac{|Ax_0+By_0+C|}{\sqrt{A^2+B^2}}$．

评注：在点到直线的距离公式的教学中，一直以来普遍采用构造直角三角形的方法进行对点到直线的距离公式的推导．但我们也可以利用向量求点到直线的距离，这种向量法体现了向量大小的作用．另外，这里的交点 E 可以为直线 l 上的任意一点．

例 15 如图 3.44 所示，在平面直角坐标系中，抛物线的顶点（$m>0$）在原点，经过点 $A(2, 2)$，其焦点 F 在 x 轴上，设过点 $M(m, 0)$（$m>0$）的直线交抛物线于 D，E 两点，$ME=2DM$，记 D 和 E 两点间的距离为 $f(m)$，求 $f(m)$ 关于 m 的表达式．

分析：注意到 $ME=2DM$，可转化为 $\overrightarrow{ME}=2\overrightarrow{DM}$．

解：易求得抛物线 C 的标准方程为 $y^2=2x$．

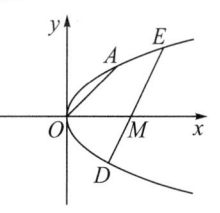

图 3.44

设 $D\left(\dfrac{s^2}{2}, s\right)$，$E\left(\dfrac{t^2}{2}, t\right)$，由点 $M(m, 0)$ 及 $\overrightarrow{ME}=2\overrightarrow{DM}$，可得 $\dfrac{t^2}{2}-m=2\left(m-\dfrac{s^2}{2}\right)$，$t-0=2(0-s)$．因此 $t=-2s$，$m=s^2$，所以 $\sqrt{\left(2s^2-\dfrac{s^2}{2}\right)^2+(-2s-s)^2}=\dfrac{3}{2}\sqrt{m^2+4m}$（$m>0$）．

评注：本例若用解析法要先判断直线 DE 是否垂直于 x 轴，再设直线方程，由 $ME=2DM$ 求解，计算较为烦琐．但用向量的坐标进行运算，不仅计算量减少，而且过程也比较简捷、流畅．

例 16 （高中数学必修 2 第 82 页习题第 7 题）已知一个圆的直径的端点是 $A(x_1, y_1)$，$B(x_2, y_2)$．求证：圆的方程是 $(x-x_1)(x-x_2)+(y-y_1)(y-y_2)=0$．

分析：若圆的方程是 $(x-x_1)(x-x_2)+(y-y_1)(y-y_2)=0$，则圆上的任意一点 M 都应满足该方程．由 A，B 两点为圆的直径的端点联系到圆的性质可知，如果点 M 为圆上不同于 A，B 的一点，则有 $AM\perp BM$，将其用坐标表示出来代入可发现符合题中方程．

证明：设 $M(x,y)$ 是圆上的任意一点，则由圆的性质可得 $\overrightarrow{AM} \perp \overrightarrow{BM}$.

由题意，$\overrightarrow{AM}=(x-x_1,y-y_1)$，$\overrightarrow{BM}=(x-x_2,y-y_2)$. 由 $\overrightarrow{AM} \perp \overrightarrow{BM}$ 的充要条件 $\overrightarrow{AM} \cdot \overrightarrow{BM}=0$，可得 $(x-x_1)(x-x_2)+(y-y_1)(y-y_2)=0$.

评注：在学习了圆的知识以后，学生对这道题的证明方法普遍都是先根据 A，B 两点的坐标，利用终点坐标公式求出圆心，再以此求出圆的半径的平方，然后代入圆的标准方程并化简．在这个过程中，步骤较多，特别是在最后的化简中，过程较为繁杂．但利用向量法证明，解答过程简捷明了，且不易出错．

三、向量法的优势

在解析几何问题中，惯性思维让学生解题时使用解析法，几乎考虑不到向量法．但从利用向量法解决解析几何问题的过程中可以看出，其优势就在于仅仅利用向量公式的简单变形或向量的一些性质定理，就可以解决一个要通过烦琐的几何分析才能解决的问题．这很好地体现了数与形的有机转化，在把几何关系转变为数量关系的同时，使解题思路更加清晰明确，解答过程更加简捷．运用向量法可以很方便地处理解析几何中的许多问题，学生应掌握并熟练运用向量法解答问题，提高分析问题和解决问题的能力，培养数学应用意识与创新意识．

四、向量法存在的问题

向量法虽然为解决解析几何上的许多问题带来了便利，但在解答过程中，习惯使用解析法的学生很难想到使用向量法．虽然某些题目的做法在运用向量法解题时很简单，但要让学生想到为什么、如何用向量法，演化过程却很困难．这不仅是因为在向量法的教学上，教师更多的是侧重利用向量法解决空间几何上的问题，忽视了解析几何中向量法的利用，更是因为大多数学生认为原有的利用解析法解题已经足够了，从而忽视了具有强大的工具作用的向量．这不仅体现了学生的应用意识不强，不能将新知识和以前的知识建立起很好的联系，也体现出教师对学生在创造力和分析力培养上的忽视．而教师对向量知识更加细致的教学，学生对向量知识更加通透的理解以及灵活运用，是解决这方面问题最基本也是最重要的方法．

五、用向量法解题的模式化方法

波利亚曾经说过，解数学题的关键在于转化．可以认为，数学的解题过程就是从已知到未知的转换过程．而在解析几何中，通过向量法解题充分体现了转化的思想．例如，证明 $\angle ABC$ 为直角，可以转化为证明 $\overrightarrow{BA} \cdot \overrightarrow{BC}=0$；证明点 A 在以 MN 为直径的圆内，只要证明 $\angle MAN$ 为钝角，转化为证明 $\overrightarrow{AM} \cdot \overrightarrow{AN}<0$；证明 A，B，C 三点共线，只要转化为证明 $\overrightarrow{AC} \parallel \overrightarrow{AB}$．而学生更容易理解和接受这种转化思想．

平面解析几何主要是通过坐标法研究曲线的几何性质，很明显向量也具有坐标形式，这就为以坐标为载体沟通向量与平面解析几何提供了理论依据，使得向量法几乎可以处理平面解析几何中的所有问题[①]. 解析几何问题一般都是关于直线间的夹角、共线（平行）、垂直、轨迹方程等问题的处理，而解决这些问题的基本思路就是通过将解析几何问题坐标化、向量化以及数量化，将其转化为向量问题，或者根据向量运算的几何意义解决有关问题. 具体方法如下：

（1）根据向量相等的性质，将几何问题代数化.

（2）通过向量共线（平行）的充要条件，解决解析几何中的共线（平行）问题.

（3）运用向量的数量积解决有关长度、角度、垂直等解析几何问题.

（4）灵活运用平面向量综合知识，研究动点的轨迹方程问题，还可再进一步讨论曲线的性质.

概括来说，就是从问题的已知条件出发，通过发现与向量知识的共通点，将问题的条件转化成向量条件，再根据向量的有关知识解决问题.

[①] 朱晓锋. 浅议向量的工具性作用 [J]. 高中数学教与学，2011（12）：33—36.

第四章　本科生发表的论文

第一节　高考圆锥曲线中定点与定值问题解析[①]

圆锥曲线中的定点与定值问题求解是重点内容，也是历年高考的高频考点．探究圆锥曲线定点与定值问题主要有三种方法：第一，先猜后证，即特殊化法，先根据特殊位置或特殊数值求出定点或定值，再证明这个点或值与变量无关；第二，直接推理计算，在推理计算过程中消去变量得到定点或定值，此法解题的关键在于找到问题中的结论与题设之间的关系，建立合理的方程或函数，利用等量关系统一变量，最后通过消元得到结果；第三，运用重要推论，即直接运用圆锥曲线重要推论，减少运算．

一、定点问题

定点问题主要有两种：一种是证明定点存在；另一种是探究定点存在性，使某条件或结论成立．由于在解题之前不知道定点是什么，因而这类题目对考生而言具有一定的难度．定点问题的解决主要有特殊化法、推理法及重要推论法三种．

1. 先猜再证（特殊化）

先猜再证是指利用特殊情形(特殊位置、特殊值等)猜出定点，然后证明定点适用于一般情形．该方法将求解问题转化为证明问题，不仅明确了证明的方向、目标，而且增加了解题的方法和手段，从而拓宽了学生的解题思路．

例1　（2015年全国Ⅰ卷理科第20题）在直角坐标系 xOy 中，曲线 $C：y=\dfrac{x^2}{4}$ 与直线 $l：y=kx+a(a>0)$ 交于 $M，N$ 两点．

（Ⅰ）当 $k=0$ 时，求曲线 C 在点 M 和 N 处的切线方程；

（Ⅱ）y 轴上是否存在一点 P，使得当 k 变动时，总有 $\angle OPM=\angle OPN$？请说明理由．

思路分析：（Ⅱ）问是探求定点的存在性，首先假设其存在，由 $\angle OPM=\angle OPN$ 即 PM 与 PN 两条直线的斜率互为相反数，两条直线的斜率的和为定值 0．令 $k=0$ 将题目特殊化，利用图像的对称性易得 y 轴上存在点 P 满足条件，最后证明 y 轴上存在点 P，

[①] 作者：张静、徐小琴．本节内容刊登在《理科考试研究》2020年第3期．

使得当 k 变动时，总有 $\angle OPM = \angle OPN$.

解：（Ⅰ）所求切线方程分别为 $\sqrt{a}\,x - y - a = 0$ 和 $\sqrt{a}\,x + y + a = 0$.

（Ⅱ）第一步：猜.（猜定点的坐标并不是毫无根据地乱猜，而是因特殊化处理的合情推理）由于题意与直线斜率 k 无关，因此选定一个特殊的 k 值得到一个特殊的定点值. 令 $k = 0$，则直线 l 与曲线 C 的交点分别为 $(2\sqrt{a}, a)$ 和 $(-2\sqrt{a}, a)$，即点 M，N 关于 y 轴对称，根据曲线 C 抛物线图像的对称性，得 $P(0, -a)$.

故猜 y 轴上存在点 $P(0, -a)$，使得当 k 变动时，总有 $\angle OPM = \angle OPN$.

第二步：证明. 当 k 变动时，y 轴上存在点 $P(0, -a)$，总有 $\angle OPM = \angle OPN$，即 PM 与 PN 两条直线的斜率的和为定值 0. 设 $M(x_1, y_1)$，$N(x_2, y_2)$，直线 PM，PN 的斜率分别为 k_1，k_2，又 $P(0, -a)$，故 $k_1 = \dfrac{y_1 + a}{x_1}$，$k_2 = \dfrac{y_2 + a}{x_2}$. 联立方程 $\begin{cases} y = kx + a \\ y = \dfrac{x^2}{4} \end{cases}$，化简整理得 $x^2 - 4kx - 4a = 0$，$\Delta > 0$，有 $x_1 + x_2 = 4k$，$x_1 x_2 = -4a$. 又点 M，N 在直线 l 上，故 $y_1 = kx_1 + a$，$y_2 = kx_2 + a$. 所以 $k_1 = \dfrac{kx_1 + 2a}{x_1}$，$k_2 = \dfrac{kx_2 + 2a}{x_2}$，则 $k_1 + k_2 = \dfrac{kx_1 + 2a}{x_1} + \dfrac{kx_2 + 2a}{x_2} = \dfrac{2kx_1 x_2 + 2a(x_1 + x_2)}{x_1 x_2}$，代入 $x_1 + x_2 = 4k$，$x_1 x_2 = -4a$，$k_1 + k_2 = \dfrac{2k \cdot (-4a) + 2a \cdot 4k}{-4a} = 0$.

所以无论 k 为何值，都有 $k_1 + k_2 = 0$，即 y 轴上存在一点 $P(0, -a)$，使得当 k 变动时，总有 $\angle OPM = \angle OPN$.

2. 直接推理计算

当题目不适用先猜后证，即根据已知条件难以确定一个特殊的位置关系时，只能采用更一般的通性通法即直接推理计算进行求解. 直接推理计算是指根据题目条件，通过几何关系或代数式的转化，直接得到定点或得到方程，通过方程求出定点.

例 2（2017 年全国Ⅰ卷理科第 20 题）已知椭圆 C：$\dfrac{x^2}{a^2} + \dfrac{y^2}{b^2} = 1 (a > b > 0)$，四点 $P_1(1, 1)$，$P_2(0, 1)$，$P_3\left(-1, \dfrac{\sqrt{3}}{2}\right)$，$P_4\left(1, \dfrac{\sqrt{3}}{2}\right)$ 中恰有三点在椭圆 C 上.

（Ⅰ）求 C 的方程；

（Ⅱ）设直线 l 不经过 P_2 点且与 C 相交于 A，B 两点，若直线 $P_2 A$ 与直线 $P_2 B$ 的斜率的和为 -1，求证：l 过定点.

思路分析：（Ⅱ）问属于证明直线过定点问题，即探求直线的点斜式方程 $y = kx + b$ 中 k，b 的关系，根据题目条件得到直线方程，从而求出定点. 题设中给出一定值条件（直线的斜率之和为 -1）是问题解决的核心要素，结合直线斜率的存在情况分类讨论，也是本题设置的易错难点. 该题从特殊情形入手不能得到定点，因此只能通过题目所给的条件直接推理计算得到结果.

解：（Ⅰ）椭圆 C 的方程为 $\dfrac{x^2}{4} + y^2 = 1$.

(Ⅱ) 设直线 P_2A 与直线 P_2B 的斜率分别为 k_1，k_2，则 $k_1+k_2=-1$.

① 当斜率不存在时，设直线 l 为 $x=m$，由题意 $m\neq 0$ 且 $|m|<2$，则 $A\left(m,\dfrac{\sqrt{4-m^2}}{2}\right)$，$B\left(m,-\dfrac{\sqrt{4-m^2}}{2}\right)$，故 $k_1+k_2=\dfrac{\sqrt{4-m^2}-2}{2m}-\dfrac{\sqrt{4-m^2}+2}{2m}=-1$，解得 $m=2$，不合题意.

② 当斜率存在时，设直线 l 为 $y=kx+t\,(t\neq 1)$. 设 $A(x_1,y_1)$，$B(x_2,y_2)$，联立 $\begin{cases} y=kx+t \\ \dfrac{x^2}{4}+y^2=1 \end{cases}$，化简整理得 $(4k^2+1)x^2+8ktx+4t^2-4=0$，有 $\Delta=16(4k^2-t^2+1)>0$，则 $x_1x_2=\dfrac{4t^2-4}{4k^2+1}$，$x_1+x_2=-\dfrac{8kt}{4k^2+1}$，所以 $k_1+k_2=\dfrac{2kx_1x_2+(t-1)(x_1+x_2)}{x_1x_2}=-1$，故 $(2k+1)\cdot\dfrac{4t^2-4}{4k^2+1}+(t-1)\cdot\dfrac{-8kt}{4k^2+1}=0$，解得 $k=-\dfrac{t+1}{2}$，当且仅当 $t>-1$ 时，$\Delta>0$，则直线 l 为 $y=-\dfrac{t+1}{2}x+t$，变形得到 $y+1=-\dfrac{t+1}{2}(x-2)$，所以直线 l 过定点 $(2,-1)$.

3. 运用重要推论

推论 1[①]：过圆锥曲线上的任意一点 $P(x_0,y_0)$ 作互相垂直的直线交圆锥曲线于点 A，B，则点 A，B 必过一定点(等轴双曲线除外).

表 4.1　圆锥曲线直线过定点坐标

圆锥曲线	方　程	直线 AB 必过点坐标
椭圆	$\dfrac{x^2}{a^2}+\dfrac{y^2}{b^2}=1\,(a>b>0)$	$\left(\dfrac{x_0(a^2-b^2)}{a^2+b^2},\dfrac{y_0(b^2-a^2)}{a^2+b^2}\right)$
双曲线	$\dfrac{x^2}{a^2}-\dfrac{y^2}{b^2}=1\,(a>0,b>0,a\neq b)$	$\left(\dfrac{x_0(a^2+b^2)}{b^2-a^2},\dfrac{y_0(b^2-a^2)}{a^2+b^2}\right)$
抛物线	$y^2=2px\,(p>0)$	$\left(2p+\dfrac{y_0^2}{2p},-y_0\right)$

推论 2[②]：过圆锥曲线的准线上任意一点 P 作圆锥曲线上的两条切线，切点分别为点 A，B，则直线 AB 必过焦点.

---

① 田彦武，徐艳芳. 圆锥曲线的弦对定点张直角的一组性质[J]. 中学数学杂志（高中版），2006（5）：31—32.

② 赵枫. 圆锥曲线中的切点弦相关定理[J]. 福建中学数学，2014（12）：4—5.

表 4.2　圆锥曲线切点弦性质

圆锥曲线	方　程	前提条件	等价条件	图形
椭圆	$\dfrac{x^2}{a^2}+\dfrac{y^2}{b^2}=1$ $(a>b>0)$	点 P 是准线上任意一点，点 A，B 在椭圆上	①直线 AB 过焦点 F_2 ②$AB \perp PF_2$ ③点 A，B 为切点 ④$k_{PB} \cdot k_{OB} = -\dfrac{b^2}{a^2}$	
双曲线	$\dfrac{x^2}{a^2}-\dfrac{y^2}{b^2}=1$ $(a>0,\ b>0,\ a \ne b)$	点 P 是准线上任意一点，点 A 在双曲线上	①直线 AB 过焦点 F_2 ②$PF_2 \perp BF_2$ ③点 B 为切点 ④$k_{PB} \cdot k_{OB} = \dfrac{b^2}{a^2}$	
抛物线	$y^2=2px$ $(p>0)$	点 P 是准线上任意一点，点 A，B 是抛物线的切点	①直线 AB 过焦点 F ②$PA \perp PB$ ③$AB \perp PF$	

推论 3：过圆锥曲线外一点 P 作圆锥曲线上的两条切线，切点分别为点 A，B，则直线 AB 已知且必过定点.

表 4.3　圆锥曲线切点弦过定点

圆锥曲线	方　程	直线 AB 的方程
椭圆	$\dfrac{x^2}{a^2}+\dfrac{y^2}{b^2}=1\ (a>b>0)$	$\dfrac{xx_0}{a^2}+\dfrac{yy_0}{b^2}=1$
双曲线	$\dfrac{x^2}{a^2}-\dfrac{y^2}{b^2}=1\ (a>0,\ b>0,\ a \ne b)$	$\dfrac{xx_0}{a^2}-\dfrac{yy_0}{b^2}=1$
抛物线	$y^2=2px\ (p>0)$	$yy_0 = p(x+x_0)$

例 3　（2019 年全国Ⅲ卷理科第 21 题）已知曲线 C：$y=\dfrac{x^2}{2}$，点 D 为直线 $y=-\dfrac{1}{2}$ 上的动点，过点 D 作 C 的两条切线，切点分别为点 A，B.

（Ⅰ）求证：直线 AB 过定点；

（Ⅱ）若以 $E\left(0,\dfrac{5}{2}\right)$ 为圆心的圆与直线 AB 相切，且切点为线段 AB 的中点，求四边形 $ADBE$ 的面积.

思路分析：（Ⅰ）问是探求直线过定点问题，由于直线 AD 和 BD 为曲线的两条切线，故可以直接利用推论 3 切点弦的性质写出切线 AD 和 BD 的方程，从而得出直线 AB 的方程，易知直线 AB 过定点.

解：（Ⅰ）设 $A(x_1,\ y_1)$，$B(x_2,\ y_2)$，$D\left(t,\ -\dfrac{1}{2}\right)$，又点 A，B 为曲线 C 的切点，

故切线 AD 的方程为 $y+y_1=xx_1$,切线 BD 的方程为 $y+y_2=xx_2$,代入 $D\left(t,-\frac{1}{2}\right)$,有 $-\frac{1}{2}+y_1=tx_1$,$-\frac{1}{2}+y_2=tx_2$,故直线 AB 的方程为 $-\frac{1}{2}+y=tx$,所以直线 AB 过定点 $\left(0,\frac{1}{2}\right)$.

（Ⅱ）略.

二、定值问题

定值问题[①]是指某些量的大小或某些表达式的值始终是一个定值,与题目中的参数无关的问题. 类比定点问题,这类题主要也有两种题型:一种是证明结论为定值,另一种是探究在某条件或结论下是否存在某定值. 由于定值问题需要在变中找不变,因而这类题目对考生而言具有一定的难度. 对于该类问题,可以从以下三个方面进行归纳总结.

1. 先猜后证（特殊化）

先猜后证是指从特殊情形入手,找到定值,再证明该值与变量无关. 该方法适用于求定值的问题,可将求解问题转化为证明问题,从而帮助学生求解此类问题.

例 4 （2016 年全国Ⅰ卷理科第 20 题）设圆 $x^2+y^2+2x-15=0$ 的圆心为点 A,直线 l 过点 $B(1,0)$ 且与 x 轴不重合,l 交圆 A 于 C,D 两点,过点 B 作 AC 的平行线交 AD 于点 E.

（Ⅰ）求证:$|EA|+|EB|$ 为定值,并写出点 E 的轨迹方程;

（Ⅱ）设点 E 的轨迹为曲线 C_1,直线 l 交 C_1 于 M,N 两点,过点 B 且与 l 垂直的直线与圆 A 交于 P,Q 两点,求四边形 $MPNQ$ 面积的取值范围.

思路分析：（Ⅰ）问是对定值问题进行探求,由题直线 l 与 x 轴不重合,故将题目特殊化,设直线过点 B 且与 x 轴垂直,利用数形结合及平面几何的知识易得该情形下 $|EA|+|EB|$ 的值,已知 $|EA|+|EB|$ 为定值,故猜得该值即为所求定值. 猜出定值后不仅为该题的证明提供了方向,同时也可以检验计算结果是否正确.

解：（Ⅰ）因为 $|AD|=|AC|$,$EB \parallel AC$,故 $\angle DBE=\angle ACD=\angle ADC$. 所以 $|EB|=|ED|$,故 $|EA|+|EB|=|EA|+|ED|=|AD|$. 又圆的标准方程为 $(x+1)^2+y^2=16$,从而 $|AD|=4$,所以 $|EA|+|EB|=4$. 由题设 $A(-1,0)$,$B(1,0)$,$|AB|=2$,并由椭圆的定义,可得点 E 的轨迹方程为 $\frac{x^2}{4}+\frac{y^2}{3}=1(y\neq 0)$.

（Ⅱ）略.

2. 直接推理计算

类比定点问题,当题目不适用先猜后证或其他方法时,我们使用一般方法对题目进行求解. 根据题目条件,通过几何关系或代数式的转化,在计算的过程中消去变量,直接得

---

① 谢锦辉. 解析几何中的定点与定值问题 [J]. 中学数学教学参考,2019 (Z1)：118−122.

到定值.

例 5 （2019 年全国 Ⅱ 卷理科第 21 题）已知点 $A(-2,0)$，$B(2,0)$，动点 $M(x,y)$ 满足直线 AM 与 BM 的斜率之积为 $-\dfrac{1}{2}$. 记点 M 的轨迹为曲线 C.

（Ⅰ）求 C 的方程，并说明 C 是什么曲线；

（Ⅱ）过坐标原点的直线交 C 于 P，Q 两点，点 P 在第一象限，$PE \perp x$ 轴，垂足为点 E，连接 QE 并延长交 C 于点 G.

（ⅰ）求证：$\triangle PQG$ 是直角三角形；

（ⅱ）求 $\triangle PQG$ 面积的最大值.

思路分析：（Ⅱ）问需证明 $\triangle PQG$ 是直角三角形，即将问题转化为定值证明问题，即证明 $k_{PQ} \cdot k_{PG}$ 为定值 -1，因此只能通过题目所给的条件，直接推理计算加以证明. 在证明 $\triangle PQG$ 是直角三角形的基础上，通过平面几何知识和代数知识易得 $\triangle PQG$ 面积的最大值.

解：（Ⅰ）C 的方程为 $\dfrac{x^2}{4} + \dfrac{y^2}{2} = 1 (|x| \neq 2)$，所以 C 是一个不含左、右顶点的椭圆.

（Ⅱ）（ⅰ）设直线 PQ 的方程为 $y = kx (k > 0)$，联立 $\begin{cases} y = kx \\ \dfrac{x^2}{4} + \dfrac{y^2}{2} = 1 \end{cases}$，解得 $x = \pm \dfrac{2}{\sqrt{2k^2+1}}$. 令 $u = \dfrac{2}{\sqrt{2k^2+1}}$，则 $P(u, uk)$，$Q(-u, -uk)$，$E(u, 0)$，故直线 GQ 的斜率为 $\dfrac{k}{2}$，方程为 $y = \dfrac{k}{2}(x - u)$. 联立 $\begin{cases} y = \dfrac{k}{2}(x-u) \\ \dfrac{x^2}{4} + \dfrac{y^2}{2} = 1 \end{cases}$，得 $(k^2+2)x^2 - 2uk^2 x + u^2 k^2 - 8 = 0$，$\Delta > 0$，$x_1 + x_2 = \dfrac{2uk^2}{k^2+2}$，又点 E，G 在直线上，设 $G(x_G, y_G)$，则 $x_G = \dfrac{u(3k^2+2)}{k^2+2}$，$y_G = \dfrac{uk^3}{k^2+2}$. 由点 P，G 可得直线 PG 的斜率为 $-\dfrac{1}{k}$，所以 $PQ \perp PG$，即证得 $\triangle PQG$ 是直角三角形.

（ⅱ）略.

3. 运用重要推论

推论 4[①]：过圆锥曲线上的任意一点 $P(x_0, y_0)$ 作斜率和为 0 的两条直线交圆锥曲线于点 A，B，则 k_{AB} 为定值.

---

① 姜文. 一类圆锥曲线定值和定点问题的研究与推广 [J]. 中学数学研究, 2016 (21): 25-28.

表 4.4　圆锥曲线斜率和为 0 的直线斜率

圆锥曲线	方　程	直线 AB 的斜率
椭圆	$\dfrac{x^2}{a^2}+\dfrac{y^2}{b^2}=1(a>b>0)$	$k_{AB}=\dfrac{x_0 b^2}{y_0 a^2}$
双曲线	$\dfrac{x^2}{a^2}-\dfrac{y^2}{b^2}=1(a>0,\ b>0,\ a\neq b)$	$k_{AB}=-\dfrac{x_0 b^2}{y_0 a^2}$
抛物线	$y^2=2px\ (p>0)$	$k_{AB}=-\dfrac{p}{y_0}$

推论 5：设点 A，B 是椭圆 $\dfrac{x^2}{a^2}+\dfrac{y^2}{b^2}=1(a>b>0)$ 上关于原点对称的两点，点 P 是该椭圆上不同于点 A，B 的任意一点，直线 PA，PB 的斜率分别是 k_1，k_2，则 $k_1\cdot k_2=-\dfrac{b^2}{a^2}$.

设 A，B 是双曲线 $\dfrac{x^2}{a^2}-\dfrac{y^2}{b^2}=1(a>0,\ b>0,\ a\neq b)$ 上关于原点对称的两点，点 P 是该双曲线上不同于点 A，B 的任意一点，直线 PA，PB 的斜率分别是 k_1，k_2，则 $k_1\cdot k_2=\dfrac{b^2}{a^2}$.

推论 6：过圆锥曲线的焦点 F 的直线（斜率存在）交圆锥曲线于 P，Q 两点，PQ 的中垂线交 x 轴于点 M，则 $\dfrac{|MF|}{|PQ|}=\dfrac{e}{2}$，$e$ 为圆锥曲线的离心率[①].

推论 7：过圆锥曲线的焦点 F 的直线交圆锥曲线于 A，B 两点，过点 A，B 分别作较近准线 l 的垂线 AA_1，BB_1，垂足分别为点 A_1，B_1，设准线 l 与焦点所在轴交于点 P，点 M 为 PF 的中点，则（1）AA_1 与 BB_1 过点 M；（2）$\dfrac{1}{|AF|}+\dfrac{1}{|BF|}$ 为定值[②].

表 4.5　圆锥曲线中的特殊定值关系

圆锥曲线	方　程	$\dfrac{1}{|AF|}+\dfrac{1}{|BF|}$ 的定值
椭圆	$\dfrac{x^2}{a^2}+\dfrac{y^2}{b^2}=1(a>b>0)$	$\dfrac{c}{b^2}$
双曲线	$\dfrac{x^2}{a^2}-\dfrac{y^2}{b^2}=1(a>0,\ b>0,\ a\neq b)$	$\dfrac{c}{b^2}$
抛物线	$y^2=2px\ (p>0)$	$\dfrac{2}{p}$

[①] 李新桥. 圆锥曲线中的几个定值定点问题 [J]. 中学数学，2018 (15)：59−60.
[②] 周浩. 浅谈一种模型在圆锥曲线定点定值问题中的应用 [J]. 中学数学，2011 (7)：29−30.

第二节　解析几何最值求解的几种转化策略[①]

解析几何是沟通代数与几何的桥梁[②]. 解析几何就是用代数方法来研究几何问题，主要有两大任务：一是根据曲线的几何条件，把它用方程的形式表示出来；二是通过曲线的方程来讨论它的几何性质[③]. 纵观历年高考试题，解析几何主要考查最值问题（范围问题）、恒等式问题和存在性问题，其中最值问题是典型的代表，也是历年考查的重要形式.

解析几何最值问题在历年高考中频频出现，倍受命题专家的青睐与厚爱. 以近年高考最值问题为线索，探讨几种最值问题求解的转化策略，供广大学习者借鉴.

一、转化为平面图形，数形结合

"数缺形时少直观，形少数时难入微"，华罗庚先生已经说明了数形结合思想的重要性. 平面解析几何是"代数化"了的平面几何，解决解析几何问题往往离不开图形的几何性质. 在求解解析几何的最值问题时，如果我们能充分利用曲线的几何意义，抓住图形的特征，将其转化为平面几何中的最值问题，往往能使复杂问题简单化.

例 1 （2008 年辽宁卷理科第 10 题）已知点 P 是抛物线 $y^2=2x$ 上的一个动点，则点 P 到点 $Q(0,2)$ 的距离与点 P 到该抛物线准线的距离之和的最小值为（　　）.

A. $\dfrac{\sqrt{17}}{2}$ 　　B. 3　　　　C. $\sqrt{5}$　　　　D. $\dfrac{9}{2}$

解：如图 4.1 所示，根据抛物线的定义可知，点 P 到抛物线准线的距离等于 $|PF|$，于是问题转化为点 P 到点 $Q(0,2)$ 的距离 $|PQ|$ 与 $|PF|$ 的距离之和的最小值，由于点 P 在抛物线上，结合图形与三角形三边关系的性质可得，当点 P 在点 P' 的位置时，$|PQ|$ 与 $|PF|$ 的距离之和最小，且最小值为 $\dfrac{\sqrt{17}}{2}$.

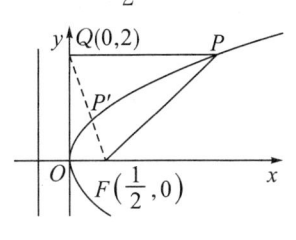

图 4.1

评注：本例欲求一动点到定点和抛物线准线的距离和的最小值. 根据题目画出图形，利用抛物线的第二定义，将问题转化成有关平面三角形的最值问题，结合图形与三角形三边关系的性质求出最值. 利用数形结合，简化问题，直观、简便.

二、转化为函数，代数计算

在解决解析几何最值问题时，函数法往往是首选方法，解决问题的关键是找到对应的

[①] 作者：张静、徐小琴. 本节内容刊登在《福建中学数学》.
[②] 章建跃. 中学解析几何的核心结构——"中学数学中的解析几何"之三 [J]. 中学数学教学参考（高中版），2007（9）：4—5，9.
[③] 裴光亚. 高考解析几何的难点与对策 [J]. 数学通报，1999（2）：35—38.

目标函数. 函数法解决问题是通过引入变量将解析几何最值问题转化为函数最值问题,其中常涉及的函数有二次函数、高次函数、三角函数等,最后考查利用函数的性质求出最值.

1. 导数法

解析几何最值问题遇到高次函数时,很多学生无从下手. 然而,导数法是求解高次函数、超越函数最值问题的通性通法. 也就是说,最值问题都可以利用求导解决,特别是复杂的最值问题.

例 2 (2014 年浙江卷文科第 21 题)已知 $\triangle ABP$ 的三个顶点都在抛物线 $C：x^2=4y$ 上,点 F 为抛物线 C 的焦点,点 M 为 AB 的中点,$\overrightarrow{PF}=3\overrightarrow{FM}$.

(1) 若 $|PF|=3$,求点 M 的坐标;

(2) 求 $\triangle ABP$ 面积的最大值.

解:(1) 略.

(2) 设直线 AB 的方程为 $y=kx+m$,点 $A(x_1,y_1)$,$B(x_2,y_2)$,$P(x_0,y_0)$. 联立方程 $\begin{cases} y=kx+m \\ x^2=4y \end{cases}$,得 $x^2-4kx-4m=0$. 于是 $\Delta>0$,$x_1+x_2=4k$,$x_1x_2=-4m$,所以 AB 的中点 M 的坐标为 $(2k,2k^2+m)$. 由 $\overrightarrow{PF}=3\overrightarrow{FM}$,得 $\begin{cases} x_0=-6k \\ y_0=4-6k^2-3m \end{cases}$,由 $x_0^2=4y_0$,得 $k^2=-\frac{1}{5}m+\frac{4}{15}$. 由 $\Delta>0$,$k^2\geq 0$,得 $-\frac{1}{3}<m\leq\frac{4}{3}$. 又因为 $|AB|=4\sqrt{1+k^2}\cdot\sqrt{k^2+m}$,点 $F(0,1)$ 到直线 AB 的距离为 $d=\frac{|m-1|}{\sqrt{1+k^2}}$,所以 $S_{\triangle ABP}=4S_{\triangle ABF}=8|m-1|\sqrt{k^2+m}=\frac{16}{\sqrt{15}}\sqrt{3m^3-5m^2+m+1}$. 令 $f(m)=3m^3-5m^2+m+1\left(-\frac{1}{3}<m\leq\frac{4}{3}\right)$,则 $f'(m)=9m^2-10m+1$,令 $f'(m)=0$,解得 $m_1=\frac{1}{9}$,$m_2=1$. 于是可知 $f(m)$ 在 $\left(-\frac{1}{3},\frac{1}{9}\right)$,$\left(1,\frac{4}{3}\right)$ 上单调递增,在 $\left(\frac{1}{9},1\right)$ 上单调递减. 又 $f\left(\frac{1}{9}\right)>f\left(\frac{4}{3}\right)$,所以当 $m=\frac{1}{9}$ 时,$f(m)$ 取最大值 $\frac{256}{243}$,此时 $k=\pm\frac{\sqrt{55}}{15}$. 所以 $\triangle ABP$ 面积的最大值为 $\frac{265\sqrt{5}}{135}$.

评注:本例欲求三角形面积的最大值,解决问题的关键在于将三角形的面积用函数正确表示. 对于解题过程中的三次函数求最值,利用导数法,通过求导,结合函数的单调性求最值,相对简单便捷.

2. 配方法

对于最值问题,常可以考虑配方法. 当求解解析几何最值问题遇到二次函数时,常常将二次函数 $y=ax^2+bx+c$ 变形为 $y=a\left(x+\frac{b}{2a}\right)^2+\frac{4ac-b^2}{4a}$,然后根据函数的定义域确定函数的最值.

例 3 （2013 年广东理科卷第 20 题）已知抛物线 C 的顶点为原点，其焦点 $F(0, c)$ ($c>0$) 到直线 $l: x-y-2=0$ 的距离为 $\frac{3\sqrt{2}}{2}$. 设点 P 为直线 l 上的点，过点 P 作抛物线 C 的两条切线 PA，PB，其中点 A，B 为切点.

（Ⅰ）求抛物线 C 的方程；

（Ⅱ）当点 $P(x_0, y_0)$ 为直线 l 上的定点时，求直线 AB 的方程；

（Ⅲ）当点 P 在直线 l 上移动时，求 $|AF| \cdot |BF|$ 的最小值.

解：（Ⅰ）抛物线 C 的方程为 $x^2 = 4y$.

（Ⅱ）直线 AB 的方程为 $x_0 x - 2y - 2y_0 = 0$.

（Ⅲ）由抛物线的定义可知 $|AF| = y_1 + 1$，$|BF| = y_2 + 1$，所以 $|AF| \cdot |BF| = y_1 y_2 + (y_1 + y_2) + 1$. 联立方程 $\begin{cases} x_0 x - 2y - 2y_0 = 0 \\ x^2 = 4y \end{cases}$，整理得 $y^2 + (2y_0 - x_0^2)y + y_0^2 = 0$. 由一元二次方程根与系数的关系，可得 $y_1 + y_2 = x_0^2 - 2y_0$，$y_1 y_2 = y_0^2$. 所以 $|AF| \cdot |BF| = y_0^2 + x_0^2 - 2y_0 + 1$. 又点 $P(x_0, y_0)$ 在直线 l 上，所以 $x_0 = y_0 + 2$，$y_0^2 + x_0^2 - 2y_0 + 1 = 2y_0^2 + 2y_0 + 5 = 2\left(y_0 + \frac{1}{2}\right)^2 + \frac{9}{2}$. 所以当 $y_0 = -\frac{1}{2}$ 时，$|AF| \cdot |BF|$ 取得最小值，且最小值为 $\frac{9}{2}$.

评注：本例欲求关于动点 P 的两距离之积的最小值. 根据条件和题目特征，首先利用抛物线的第二定义将 $|AF| \cdot |BF|$ 表示出来，然后联立方程，利用一元二次方程根与系数的关系将所求值转化为求二次函数的最值问题，最后通过配方求出最值. 对于此类二次函数的最值问题，采用配方法可简化计算过程，直接得出答案.

3. 单调性法

单调性法是求解最值问题的重要方法. 利用单调性法求解函数最值问题的关键在于找出函数在定义域上的单调情况，然后利用函数在定义域上的单调性可以确定函数的值域，从而求出函数的最值.

例 4 （2013 年全国Ⅱ理科卷第 20 题）平面直角坐标系 xOy 中，过椭圆 $M: \frac{x^2}{a^2} + \frac{y^2}{b^2} = 1$ ($a > b > 0$) 右焦点的直线 $x + y - \sqrt{3} = 0$ 交 M 于 A，B 两点，点 P 为 AB 的中点，且 OP 的斜率为 $\frac{1}{2}$.

（Ⅰ）求 M 的方程；

（Ⅱ）点 C，D 为 M 上的两点，若四边形 $ACBD$ 的对角线 $CD \perp AB$，求四边形 $ACBD$ 面积的最大值.

解：（Ⅰ）M 的方程为 $\frac{x^2}{6} + \frac{y^2}{3} = 1$.

（Ⅱ）由 $\begin{cases} x+y-\sqrt{3}=0 \\ \dfrac{x^2}{6}+\dfrac{y^2}{3}=1 \end{cases}$，解得 $\begin{cases} x=\dfrac{4\sqrt{3}}{3} \\ y=-\dfrac{\sqrt{3}}{3} \end{cases}$ 或 $\begin{cases} x=0 \\ y=\sqrt{3} \end{cases}$，因此 $|AB|=\dfrac{4\sqrt{6}}{3}$. 由题意，可设直线 CD 的方程为 $y=x+n\left(-\dfrac{5\sqrt{3}}{3}<n<\sqrt{3}\right)$，设 $C(x_3,y_3)$，$D(x_4,y_4)$. 由 $\begin{cases} y=x+n \\ \dfrac{x^2}{6}+\dfrac{y^2}{3}=1 \end{cases}$，得 $3x^2+4nx+2n^2-6=0$. 于是 $x_{3,4}=\dfrac{-2n\pm\sqrt{2(9-n^2)}}{3}$. 因为直线 CD 的斜率为 1，所以 $|CD|=\sqrt{2}\,|x_4-x_3|=\dfrac{4}{3}\sqrt{9-n^2}$. 由已知，四边形 $ACBD$ 的面积 $S=\dfrac{1}{2}|CD|\cdot|AB|=\dfrac{8\sqrt{6}}{9}\sqrt{9-n^2}$. 当 $n=0$ 时，S 取得最大值，最大值为 $\dfrac{8\sqrt{6}}{3}$. 所以四边形 $ACBD$ 面积的最大值为 $\dfrac{8\sqrt{6}}{3}$.

评注：本例欲求四边形 $ACBD$ 面积的最大值. 根据题目条件引入参数并设出直线方程，联立方程，求解一元二次方程可得未知点，观察几何图形的特征，将四边形的面积表示出来，进而将求面积的最大值问题转化为求函数的最大值问题，此时便可以利用函数的单调性确定最值.

4. 利用三角函数

对于有关向量、夹角等的解析几何最值问题，容易联想到三角函数. 首先将所求值用式子表达出来，可以利用已知条件直接求解，也可以将表示出的式子通过转化，利用三角函数的定义域或值域来求解最值.

例 5 （2019 年上海卷第 11 题）在椭圆 $\dfrac{x^2}{4}+\dfrac{y^2}{2}=1$ 上任意一点 P，点 Q 与 P 关于 x 轴对称，若有 $\overrightarrow{F_1P}\cdot\overrightarrow{F_2P}\leqslant 1$，则 $\overrightarrow{F_1P}$ 与 $\overrightarrow{F_2Q}$ 的夹角范围为 _____ .

解：由椭圆方程 $\dfrac{x^2}{4}+\dfrac{y^2}{2}=1$，可得其焦点坐标为 $(-\sqrt{2},0)$，$(\sqrt{2},0)$. 设 $P(x,y)$，则点 Q 的坐标为 $(x,-y)$，由 $\overrightarrow{F_1P}\cdot\overrightarrow{F_2P}\leqslant 1$，则 $x^2-2+y^2\leqslant 1$，又 $\dfrac{x^2}{4}+\dfrac{y^2}{2}=1$，故得 $y^2\in[1,2]$. 从而 $\overrightarrow{F_1P}$ 与 $\overrightarrow{F_2Q}$ 的夹角 θ 满足 $\cos\theta=\dfrac{\overrightarrow{F_1P}\cdot\overrightarrow{F_2Q}}{|\overrightarrow{F_1P}|\cdot|\overrightarrow{F_2Q}|}=\dfrac{x^2-2-y^2}{\sqrt{(x^2+2+y^2)^2-8x^2}}=\dfrac{2-3y^2}{y^2+2}=-3+\dfrac{8}{y^2+2}$，故 $\cos\theta\in\left[-1,-\dfrac{1}{3}\right]$，所以 $\theta\in\left[\pi-\arccos\dfrac{1}{3},\pi\right]$，故答案为 $\left[\pi-\arccos\dfrac{1}{3},\pi\right]$.

评注：本例欲求两向量的夹角范围，容易想到向量的夹角公式，因此，可以将问题转化为三角问题. 利用题目已知条件表示出 $\overrightarrow{F_1P}$ 与 $\overrightarrow{F_2Q}$ 的夹角的余弦值，易知其值域，于是可直接利用反三角函数知识求出夹角范围.

三、转化为几何关系

解析几何问题求解往往离不开几何图形的几何性质,"以形助数"在很多问题上都能够提供新颖的解题思路与解题方法,可以通过观察发现代数方面问题的几何特征,从而找到新的关系,使问题获得解答[①]. 若题目中的条件与结论含有特定的几何意义,可以借助图形特征,利用几何性质或定义来求解最值问题.

例 6 (2016 年天津卷第 19 题) 设椭圆 $\dfrac{x^2}{a^2}+\dfrac{y^2}{3}=1(a>\sqrt{3})$ 的右焦点为 F,右顶点为 A. 已知 $\dfrac{1}{|OF|}+\dfrac{2}{|OA|}=\dfrac{3e}{|FA|}$,其中点 O 为原点,e 为椭圆的离心率.

(Ⅰ) 求椭圆的方程;

(Ⅱ) 设过点 A 的直线 l 与椭圆相交于点 B(点 B 不在 x 轴上),垂直于 l 的直线与 l 交于点 M,与 y 轴交于点 H. 若 $BF \perp HF$,且 $\angle MOA \leqslant \angle MAO$,求直线 l 的斜率的取值范围.

解:(Ⅰ) 椭圆的方程为 $\dfrac{x^2}{4}+\dfrac{y^2}{3}=1$.

(Ⅱ) 设直线 l 的斜率为 $k(k \neq 0)$,则直线 l 的方程为 $y=k(x-2)$. 设 $B(x_1, y_1)$,联立方程 $\begin{cases} \dfrac{x^2}{4}+\dfrac{y^2}{3}=1 \\ y=k(x-2) \end{cases}$,解得 $x=2$ 或 $x=\dfrac{8k^2-6}{4k^2+3}$. 由题意得 $x_1=\dfrac{8k^2-6}{4k^2+3}$,从而 $y_1=\dfrac{-12k}{4k^2+3}$. 设 $H(0, y_2)$,有 $\overrightarrow{FH}=(-1, y_2)$,$\overrightarrow{BF}=\left(\dfrac{9-4k^2}{4k^2+3}, \dfrac{12k}{4k^2+3}\right)$. 由 $BF \perp HF$,得 $\overrightarrow{BF} \cdot \overrightarrow{FH}=0$,解得 $y_2=\dfrac{9-4k^2}{12k}$. 因此,直线 l 的方程为 $y=-\dfrac{1}{k}x+\dfrac{9-4k^2}{12k}$. 设 $M(x_3, y_3)$,由方程组 $\begin{cases} y=k(x-2) \\ y=-\dfrac{1}{k}x+\dfrac{9-4k^2}{12k} \end{cases}$,解得 $x_3=\dfrac{20k^2+9}{12(k^2+1)}$. 在 $\triangle MAO$ 中,$\angle MOA \leqslant \angle MAO \Leftrightarrow |MA| \leqslant |MO|$,即 $(x_3-2)^2+y_3^2 \leqslant x_3^2+y_3^2$,化简得 $x_3 \geqslant 1$,即 $\dfrac{20k^2+9}{12(k^2+1)} \geqslant 1$,解得 $k \leqslant -\dfrac{\sqrt{6}}{4}$ 或 $k \geqslant \dfrac{\sqrt{6}}{4}$. 所以,直线 l 的斜率的取值范围为 $\left(-\infty, -\dfrac{\sqrt{6}}{4}\right] \cup \left[\dfrac{\sqrt{6}}{4}, +\infty\right)$.

评注:本例欲求直线斜率的取值范围,在解题的过程中,根据题意做出大致图像,观察图形的特点,将已知的角的关系放入三角形中,从而转化成三角形边的几何关系,再根据数量关系求解问题,以形助数.

四、整体转化,巧用换元

在解析几何问题的解决过程中,计算过程往往比较烦琐,因此,可以巧用换元,实行

---

① 康春华. 浅谈"数形结合"的数学思想方法 [J]. 数学学习与研究,2019 (7):136.

整体转换，从而简化计算过程．在解析几何最值问题的解决过程中，遇到复杂的计算形式时，巧用换元，可以将看似复杂的计算问题简化为我们熟知的计算问题，从而使问题得以解决．

例 7 （2016 年山东卷理科第 21 题）如图 4.2 所示，平面直角坐标系 xOy 中，椭圆 $C：\dfrac{x^2}{a^2}+\dfrac{y^2}{b^2}=1(a>b>0)$ 的离心率是 $\dfrac{\sqrt{3}}{2}$，抛物线 $E：x^2=2y$ 的焦点 F 是 C 的一个顶点．

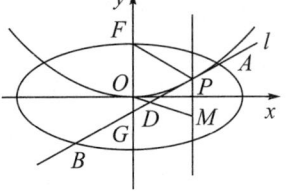

图 4.2

（Ⅰ）求椭圆 C 的方程；

（Ⅱ）设点 P 是 E 上的动点，且位于第一象限，E 在点 P 处的切线 l 与 C 交于不同的两点 A，B，线段 AB 的中点为点 D，直线 OD 与过点 P 且垂直于 x 轴的直线交于点 M．

（ⅰ）求证：点 M 在定直线上；

（ⅱ）直线 l 与 y 轴交于点 G，记 $\triangle PFG$ 的面积为 S_1，$\triangle PDM$ 的面积为 S_2，求 $\dfrac{S_1}{S_2}$ 的最大值及取得最大值时点 P 的坐标．

解：（Ⅰ）椭圆 C 的方程为 $x^2+4y^2=1$．

（Ⅱ）（ⅰ）略．

（ⅱ）设 $P(x_0,y_0)$，有 $x_0^2=2y_0$，则可设直线 l 的方程为 $y=x_0x-y_0$，又直线 l 与 y 轴交于点 G，故 $G(0,-y_0)$．由三角形面积公式，$S_1=\dfrac{1}{2}|FG||x_0|=\dfrac{1}{2}\left|\dfrac{1}{2}+y_0\right|\cdot|x_0|$，$S_2=\dfrac{1}{2}|PM|\left|x_0-\dfrac{4x_0y_0}{1+4x_0^2}\right|$，又 $x_0^2=2y_0$，代入化简，可得 $\dfrac{S_1}{S_2}=\dfrac{2(1+x_0^2)(1+4x_0^2)}{(1+2x_0^2)^2}$，令 $1+2x_0^2=t\ (t\geqslant 1)$，则 $\dfrac{S_1}{S_2}=\dfrac{(t+1)(2t-1)}{t^2}=2+\dfrac{1}{t}-\dfrac{1}{t^2}=-\left(\dfrac{1}{t}-\dfrac{1}{2}\right)^2+\dfrac{9}{4}$，故当 $t=2$，即 $x_0=\dfrac{\sqrt{2}}{2}$ 时，$\dfrac{S_1}{S_2}$ 的最大值为 $\dfrac{9}{4}$，此时点 P 的坐标为 $\left(\dfrac{\sqrt{2}}{2},\dfrac{1}{4}\right)$．

评注：本例欲求两个三角形面积比值的最大值，设出动点坐标，利用坐标表示出两个三角形面积的比值，由于动点在抛物线上，于是通过代换，两个三角形面积比值的表达式只含有一个未知数，但形式较为复杂，再通过换元，将表达式转化成一元二次方程，从而通过配方法求得结果．

五、转化为基本不等式

不等式在高考数学中应用广泛，既可以求一元函数的最值问题，又可以求二元或多元函数的最值问题[①]．在求解解析几何最值问题的过程中，常常将问题转化为函数的最值问题，因此，抓住函数特点，有形如 $\dfrac{x}{y}+\dfrac{y}{x}$ 的函数的最值问题，可利用不等式知识快速

---

① 陈豪．例谈不等式在解析几何最值问题中的妙用 [J]．中学数学研究，2018 (21)：42-44．

求解.

例 8 （2016 年四川卷理科第 8 题）设点 O 为坐标原点，点 P 是以点 F 为焦点的抛物线 $y^2 = 2px(p>0)$ 上任意一点，点 M 是线段 PF 上的点，且 $|PM| = 2|MF|$，则直线 OM 的斜率的最大值为（　　）.

A. $\dfrac{\sqrt{3}}{3}$　　　　B. $\dfrac{2}{3}$　　　　C. $\dfrac{\sqrt{2}}{2}$　　　　D. 1

解：由题意可得 $F\left(\dfrac{p}{2}, 0\right)$，又点 P 在抛物线上，故设 $P\left(\dfrac{y_0^2}{2p}, y_0\right)$. 显然，当 $y_0 < 0$ 时，$k_{OM} < 0$；当 $y_0 > 0$ 时，$k_{OM} > 0$. 故当 $y_0 > 0$ 时，可求得直线 OM 斜率的最大值. 由 $|PM| = 2|MF|$，$\overrightarrow{OM} = \overrightarrow{OF} + \overrightarrow{FM} = \overrightarrow{OF} + \dfrac{1}{3}\overrightarrow{FP} = \overrightarrow{OF} + \dfrac{1}{3}(\overrightarrow{OP} - \overrightarrow{OF}) = \dfrac{1}{3}\overrightarrow{OP} + \dfrac{2}{3}\overrightarrow{OF}$，从而 $\overrightarrow{OM} = \left(\dfrac{y_0^2}{6p} + \dfrac{p}{3}, \dfrac{y_0}{3}\right)$，故 $k_{OM} = \dfrac{2}{\dfrac{y_0}{p} + \dfrac{2p}{y_0}} \leqslant \dfrac{2}{2\sqrt{\dfrac{y_0}{p} \cdot \dfrac{2p}{y_0}}} = \dfrac{\sqrt{2}}{2}$，当且仅当 $y_0^2 = 2p^2$ 时，取等号.

评注：本例欲求斜率的最大值，由于所求斜率的直线过原点，于是利用向量可以表示出点 M 的坐标，从而得到直线 OM 的斜率的表达式. 观察等式，发现斜率的最大值可利用基本不等式直接得出.